深圳大学传播学院
媒介环境学译丛｜第二辑

被数字分裂的自我

意识如何被让与互联网

［意大利］伊沃·夸蒂罗利 著
Ivo Quartiroli
何道宽 译

中国大百科全书出版社

图字：01-2021-4468

图书在版编目（CIP）数据

被数字分裂的自我 /（意）伊沃·夸蒂罗利著；何道宽译 . -- 北京：中国大百科全书出版社，2021.9

（媒介环境学译丛）

书名原文：THE DIGITALLY DIVIDED SELF

ISBN 978-7-5202-1032-4

I. ①被… II. ①伊… ②何… Ⅲ. ①数字技术—传播研究—研究 Ⅳ. ① G206.2-39

中国版本图书馆 CIP 数据核字（2021）第 169786 号

出 版 人 刘国辉
策 划 人 曾 辉
项目统筹 王 廓
责任编辑 葛漫丁
责任印制 魏 婷
封面设计 乔智炜
出版发行 中国大百科全书出版社
地 址 北京市阜成门北大街 17 号 邮政编码 100037
电 话 010-88390969
网 址 http: //www.ecph.com.cn
印 刷 北京君升印刷有限公司
开 本 710 毫米 ×1000 毫米 1/16
印 张 22
字 数 293 千字
印 次 2021 年 9 月第 1 版 2021 年 9 月第 1 次印刷
书 号 ISBN 978-7-5202-1032-4
定 价 69.00 元

深圳大学传播学院
媒介环境学译丛编委会

总　序

20 世纪 50 年代初，哈罗德·伊尼斯的《帝国与传播》《传播的偏向》和《变化中的时间观念》问世。1951 年，马歇尔·麦克卢汉的《机器新娘》出版。20 世纪 60 年代，麦克卢汉又推出《谷登堡星汉》和《理解媒介》，传播学多伦多学派形成。

20 世纪 80 至 90 年代，尼尔·波斯曼的传播批判三部曲《童年的消逝》《娱乐至死》《技术垄断》陆续问世，传播学媒介环境学派形成。

1998 年，媒介环境学会成立，以麦克卢汉为代表的传播学第三学派开始问鼎北美传播学的主流圈子。

2007 年，以何道宽和吴予敏为主编、何道宽主译的媒介环境学译丛由北京大学出版社推出，印行四种，为中国的媒介环境学研究奠基。

2011 年，以麦克卢汉百年诞辰为契机，世界范围的麦克卢汉学和媒介环境学进一步发展，进入人文社科的辉煌殿堂。中国学者不遑多让，崭露头角。

2018 年，深圳大学传播学院与中国大百科全书出版社达成战略合作协议，推出媒介环境学译丛，计划在三年内印行十余种传播学经典名著，旨在为传播学修建一座崔巍的大厦。

我们重视并推崇媒介环境学派。它主张泛技术论、泛媒介论、泛环境论、泛文化论。换言之，凡是人类创造的一切、凡是人类加工的一切、凡是经过人为干扰的一切都是技术、环境、媒介和文化。质言之，技术、环境、媒介、文化是近义词，甚至是等值词。这是媒介环境学派有别于其他传播学派的最重要的理念。

它的显著特点是：（1）深厚的历史视野，关注技术、环境、媒介、知识、传播、文明的演进，跨度大；（2）主张泛技术论、泛媒介论、泛环境论，关注重点是媒介而不是狭隘的媒体；（3）重视媒介长效而深层的社会、文化和心理影响；（4）深切的人文关怀和现实关怀，带有强烈的批判色彩。

从哲学高度俯瞰传播学的三大学派，其基本轮廓是：经验学派埋头实用问题和短期效应，重器而不重道；批判学派固守意识形态批判，重道而不重器；媒介环境学着重媒介的长效影响，偏重宏观的分析、描绘和批评，缺少微观的务实和个案研究。

21 世纪，新媒体浩浩荡荡，人人卷入，世界一体，万物皆媒介。这一切雄辩地证明：媒介环境学的泛媒介论思想是多么超前。媒介环境学和新媒体的研究融为一体了。

在互联网时代和后互联网时代，媒介环境学的预测力和洞察力日益彰显，它自身的研究和学界对它的研究都在加快步伐。吾人当竭尽绵力。

译丛编委会

2019 年 9 月

目录

序

大多数的精神传统（spiritual traditions）都认为，我们与心灵和生生不息思想的认同妨碍我们体认更为高级的觉悟状态。

思想（thoughts）并无固有的实质内容，自我意识（ego–mind）感觉自己悬挂峭壁，随时可能坠落。于是，自我（ego）紧抓思想，试图与思想同一。

让心灵忙于思想，这是自卫机制，旨在预防损害自我意识地位的心态（inner states），而心态是宰制人的主要力量。

自我很聪明，它玩弄许多花招，使心灵专注于和思想的认同。笛卡尔云“我思故我在”，此说体现的是思想和个人身份的纽带。这里的思想包含几层意思：谨守或正或反的理念和情感，认同哲学和宗教，总体上与思想系统认同。

我们可以说，自我意识的任何活动本身都有强制性。自我意识的表演必定进行下去，不中断，牢牢地控制人。

与之类似，数字技术创造着使人上瘾的应用程序和用户友好界面，旨在使人持续不断地使用技术。数字技术撬动心灵，使之追求新奇的内嵌倾向；数字技术利用我们的心理需求和演化需求——与人联系的需求，被人看见和认可的需求，分享和交流的需求。

算法利用心灵的脆弱性，算法在演化过程中不断发展，与人的生存和发展能力相联系。大脑在进化过程中布线，它难以抵挡检索新信息的诱惑；产生听觉和视觉刺激的新信息尤其使大脑难以抗拒。

网页翻篇、聊天短信、电子游戏、视频、电子邮件、股票行情等形式的刺激没完没了，它们使大脑继续不断释放令人欣愉的多巴胺。

几年前，技术操纵人本能的功能就已经达到难以置信的高度。在触及隐私和操纵行为方面，巨无霸技术（big tech）跨越了一切界限。

医学研究揭示，屏幕媒介使大脑额叶灰质缩减，使人控制冲动、预见行为后果的能力减弱。技术是 2.0 版的鸦片。

在一切上瘾行为里，刺激增强，令人欣愉的多巴胺猛增。人工智能和社会工程算法支持上瘾行为的相互作用，造成了上瘾的后果。

自我私下觉察到，其性质缺乏实质内容。同理，巨无霸技术感觉到，其力量依托的是脆弱的地盘。技术本身缺乏实质的内容，技术从使用者乐意提供的内容中吸取力量，这样的力量随时可能分崩离析。

人惧怕沉默，因而丧失了觉察整个系统虚空的机会，只留下闹嚷嚷的虚空。

技术对人的控制还在拓宽，技术的控制从思想操纵、神经系统软件走向神经生理学，走向硬件。

技术巨无霸用神经植入体侵扰我们的神经系统，借此劫持我们的身体 / 心灵。

近年，屡见报端的经颅植入物（Transcranial implant）就在走劫持我们身心的方向。同理，可植入的数字身份（implantable digital identification）、疫苗认证也在走这个方向。面部表情、生理参数或语音频率被用来接收脑电信号或情绪，并借此推导人的思想——诸如此类的技术亦在走这个方向。

技术巨无霸和制药业的合伙更令人担忧。技术官僚受到蛊惑，他们想要量化我们的基因，修正我们的生物参数，操弄我们的基因。

基因编辑或经颅植入物是异位的观点（dystopic view），源于算法为王的信仰。在技术官僚眼里，心灵、情绪和生物性总体上是信息系统。如此观之，它们是可以用算法来分析和编辑的。

在伦理和神圣感缺位的情况下——而神圣感未必是宗教信仰，我们很容易接受这样一个信念：算法应该驱动人的行为和命运，因为算法更“高效”，更“合乎逻辑”——因此，硅谷高管们缺乏共感的现象是广为人知的。

倘若人们脱离心灵的深层，主要生活在数字媒介化的世界里，数字控制和操纵的技术梦想就大受欢迎了。

如此，我们不再信赖我们的身体，而是需要得到健康应用软件的首肯和指引，如此才能觉得，我们在饮食和运动两方面走在正确的路子上。我们不再信赖自己的方向感，而是需要导航地图软件。

脱离现实和身体、脱离感知和知觉的“使命”快要完成了。我们对数字技术设备上瘾，以至于接受技术对隐私的入侵和操纵；对“不齐整”的物质世界和难以逆料的情感世界，我们的态度是若即若离。

新冠肺炎流行期的社交距离、远程工作和远程学习加重了疏离的态度。通过奈飞（Netflix）、亚马逊等公司的应用软件，我们需要的人际互动越来越少，孤立在“安全”的泡沫里了。

亚马逊公司的 Alexa 排名、云端语音服务和类似的虚拟助手填补了人际互动的缺口。数字技术生成心灵里的空洞，然后又拙劣地模仿人原初的需求，借以填补这些空洞。如此，心灵的空洞就永远难填了。

技术在分析、理解、预测和操纵我们的心灵。App、谷歌和个人助理替代了实际生活里导师的指引。

我们喜欢这样的算法机制，仿佛它能感知我们的需求、规制我们的行为，仿佛它就是完美的母亲。技术伪装成呵护我们的母亲，控制我们，并欺骗我们说：人在控制技术，因为人在主动“挑选”轻叩、点击或书写的“我们之所想”。

相反，我们用自己宝贵的数据喂养那些应用软件。我们的数据被技术公司变成金钱，被用来操纵我们的行为；我们的语词、图片、视频、评论、喜好被用来喂养那个信息回路。结果，我们生活在人际关系和亲密纽带的模拟状态中，这样的模拟仅限于心理层次。

我们免费为应用软件打工，骗自己相信：我们在自由表达。然而，如果我们喂养的内容被平台认为不妥当，这些内容就变不成金钱、上不了那个平台了。

数字技术重建了一个世界，这个世界凌驾于心灵世界之上。巨无霸技术不仅能形塑我们的观点，而且能塑造我们对现实的看法；加上人工智能和增强现实以后，巨无霸技术形塑我们和现实的力量就更为强大了。

技术不仅扰乱企业，而且扰乱家庭、宗教、政府和传统文化；用相同的点击、叩击和翻页，技术造成了千篇一律的认知过程。

无论我们接触的内容是什么，大脑的功能重组都必然发生，我们在麦克卢汉“媒介即讯息”的论断里已经悟到了这个道理。数字技术改变心灵机制的力量胜过政府或宗教的任何灌输。

数字技术消除我们与他人和社会机构的联系，消除我们与自己身体和感知的联系，然后填补因此而留下的虚空，来“救场”。数字技术管理工作、财务、社会生活、娱乐、新闻和政治信息。几个巨无霸公司控制的一种技术就足以监察人们的大多数语言、心理甚至精神的需要，这样的局面史无前例。

诸如此类的技术模拟的是数字心理层次（digital mental level）上的精神追求。我们因人工智能创造的意识模拟而如痴如醉；我们受诱惑去下载心灵内容并将其保存在云端，以达成不朽；我们成为“物联网”无穷眼睛和智能的俘虏。

实时计算处理所模拟的“此时此地”的精神状态使我们着迷，纳米技术操纵物质的能力把我们诱惑，智能“生成”心灵的技术使我们振奋，亚马逊戒指模拟的守护天使让我们安心，广告吹嘘的室内微型无人机成为家园的安全守护神。最后，我们成为宗教狂热般的技术信徒。

技术揭示定式心灵（conditioned mind）的本质：这样的心灵是机械的，难以预测的，是可以用算法操纵的。冥想是观察心灵机制和强迫性思维的途径，是与强迫性思维脱钩的方式，这样的结果是通过内心的静默观察达成的；在无穷无尽的数字分神干扰下，内心的静默观察是难以达成的。

冥想不是脱离现实。刚好相反，冥想是观看事物的本来面目，冥想不经过思想、信念和过往定式的过滤。通过冥想，我们能聆听我们的身体、感知和内心的沉静，并恢复与它们的联系，真正的创造性由此而生。

通过冥想，我们有机会发觉心灵的和技术的魔咒，并从中解脱出来。有些精神传统引用以刺挑刺的隐喻：用一根刺挑出扎入脚底的刺，然后把两根刺一并扔掉。

我们不妨把数字技术视为一根刺，借以挑出扎入自我心灵里的芒刺，即操纵和控制机制，这样的芒刺使我们的知觉和同感收窄。

巨无霸技术控制和操纵我们的态度，这是习惯使然的心灵本质的镜像。通过拓展我们的冥想观察技能，我们能摆脱技术控制和操纵人的机制，并重新获得真正的自由。

伊沃·夸蒂罗利

2020 年 9 月

于米兰

译者前言

一、交流桥梁与对话平台

《被数字分裂的自我》（以下简称《自我》）和《数据时代》（以下简称《数据》）不是孪生子，却很亲近。两位作者都是意大利人，都横跨文理、技术和哲学，都批判技术可能对人和社会的消极影响。

《自我》在10月初即已杀青，其“译者前言”却引而不发。我的直觉是，等到《数据》译完后，两本书的“译者前言”齐头并进更好。为什么，因为它们都深受麦克卢汉及其学派的影响，必有彼此呼应、唱和、发明之处。若能深入挖掘两本书的相通之处，必能使两者相得益彰。为什么做这样的选择呢？

（1）《自我》征引麦克卢汉27处，直引和转述各半；援引尼尔·波斯曼《技术垄断》和《娱乐至死》13处。一本不到二十万字的小书如此高频地征引两位媒介环境学派大师的现象，十分罕见。在我的近百种学术译著中，仅此一例。作者伊沃·夸蒂罗利深受马歇尔·麦克卢汉和尼尔·波斯曼的影响，由此可见一斑。《自我》是夸蒂罗利撰写的第一本英文书。

（2）《数据》直引麦克卢汉不多，却深得麦克卢汉“媒介即讯息”“电脑是人脑的延伸”和“寰宇意识”之妙。《数据》的英译者德里克·德克霍夫爱上它十分感人的故事。他写道：“甫一露面，《数据时代》这个书名立刻就引起我的注意，令我爱不释手……第一次阅读的念头是，‘这是我的学生的必读书’。” 2019 年，尽管他忙得团团转，他还是决定立即将其译成英文。彼时，他正在米兰大学设计学院执教“传播人类学”，同时又修订《文化的肌肤》，供我翻译成中文，出第二版。在繁忙教学和写作任务的夹攻之下，他紧抓《数据》这本新书不放，因为他深知其隽永的价值。德克霍夫是麦克卢汉思想圈的重要人物，多伦多大学麦克卢汉研究所第二任所长。目前，他正在与我们亲密合作，帮助我们完成“深圳大学传播学院媒介环境学译丛”。

果然，等到我 12 月译完《数据》后，它和《自我》交相辉映的特质就更为彰显了。几个月前，我决定押后撰写《数据》的“译者前言”，等到《自我》杀青后让两本书的“译者前言”齐头并进，看来，这个决定是对的，我为此而感到庆幸。

（3）《自我》好评如潮的势头十分罕见，英文本撷取了 17 条知名人士的评语，含麦克卢汉两个儿子的评论。我们在此转录他两人的评语，借以管窥《自我》与麦克卢汉思想的关系：

埃里克 · 麦克卢汉（Eric McLuhan）说：“伊沃 · 夸蒂罗利这本书探讨最新的技术强加于我们的一个最紧迫的问题。无一例外，一切电力媒介造成深刻的迷惘与失和，个人和文化层面都有所迷失。这个课题需要细察，其紧迫性罕有与之匹敌者。”

迈克尔 · 麦克卢汉（Michael McLuhan）说：“互联网是我们中枢神经系统的延伸。你用电脑时，就在延伸自己。通过其界面，你可能会通达全球，瞬间即达，无形无相。这样的延伸加重你与自我的分离。相比而言，通过冥想，你从内省的视角摆脱肉体，达成同样的无形无相状态。”

（4）力推这两本书的德里克 · 德克霍夫教授是麦克卢汉思想圈子的重要人物，他独具慧眼，选中这两本与麦克卢汉和北美媒介环境学呼应的新书，功莫大焉！《自我》与《数据》交相辉映，搭建了欧美学者对话的桥梁。两本书的中译本亦将成为中欧学者对话的平台。

二、宣战檄文

2020 年 9 月，伊沃·夸蒂罗利（Ivo Quartiroli）特意为《自我》撰写了洋洋三千字的中译本序。可以说，这是《自我》的“浓缩更新版”，也是对技术统治的宣战书，斗志昂扬，字字铿锵，十分耐读。几十句话，句句是匕首、投枪、子弹。我们撷取这篇中译本序的主题词，每词引一句，借以宣示《自我》的主题：摆脱技术控制、维护心灵健全：

“数字技术创造着使人上瘾的应用程序和用户友好界面，旨在使人持续不断地使用技术。”

“算法利用心灵的脆弱性，在演化过程中不断发展，与人的生存和发展能力相联系。”

“在触及隐私和操纵行为方面，巨无霸技术跨越了一切界限。”

“技术是 2.0 版的鸦片。”

“技术对人的控制还在拓宽，技术的控制从思想操纵、神经系统软件走向神经生理学，走向硬件。”

“我们很容易接受这样一个信念：算法应该驱动人的行为和命运，因为算法更‘高效’，更‘合乎逻辑’。”

“数字技术生成心灵里的空洞，然后又拙劣地模仿人的原始需求，借以填补这些空洞。”

“技术伪装成呵护我们的母亲，控制我们，并欺骗我们说：人在控制技术。”

“我们用自己宝贵的数据喂养那些应用软件。我们的数据被技术公司变成金钱，被用来操纵我们的行为。”

“我们免费为应用软件打工，骗自己相信：我们在自由表达。然而，如果我们喂养的内容被某个平台认为不妥当，这些内容就变不成金钱、上不了那个平台了。”

“数字技术重建了一个世界，这个世界凌驾于心灵世界之上。”

“巨无霸技术不仅能形塑我们的观点，而且能塑造我们对现实的看法；加上人工智能和增强现实以后，巨无霸技术形塑我们和现实的力量就更为强大了。”

“数字技术消除我们与他人和社会机构的联系，消除我们与自己身体和感知的联系，然后填补因此而留下的虚空，来‘救场’。”

“我们因人工智能创造的意识模拟而如痴如醉；我们受诱惑去下载心灵内容并将其保存在云端，以达成不朽；我们成为物联网信息传感器和智能的俘虏。”

此外，通过在东方的灵修和禅宗经验，作者肯定了冥想的修炼价值：

“冥想是观察心灵机制和强迫性思维的途径，是与强迫性思维脱钩的方式。”

“冥想不是脱离现实。刚好相反，冥想是观看事物的本来面目，冥想不经过思想、信念和过往定式的过滤。”

“通过冥想，我们有机会发觉心灵的和技术的魔咒，并从中解脱出来。”

三、本书要义

伊沃·夸蒂罗利论技术和自我的这本书雄心勃勃，从正反两方面拷问和批判数字技术，思想犀利，振聋发聩。何以见得？

首先从书名里的四个关键词说起。

（1）自我（self, ego, subjectivity）。作者将 self 和 ego 混用，多半用 self，偶尔用 ego，两者的意义似乎和其他学者所谓的 subjectivity（主体性）相当。

（2）数字技术（digital technology）所向披靡，横扫经济、社会、文化、心灵的一切领域，是双刃剑，正反两面的影响都极为深重。

（3）意识（awareness）。电子媒介和数字媒介与其说是人肢体的延伸，不如说是人意识 / 心灵的延伸，甚至可以说，它们重塑了人的心灵。

（4）互联网（Internet）是万网之网，互联网的衍生体有物联网、体域网和身联网。数字技术的衍生物有大数据、传感器、算法、区块链和堆栈。人工智能的衍生物有虚拟世界和增强世界。它们都可能使人异化，我们要警惕。

再回味洋洋洒洒的“中译本序”，我们就可以发现作者对东方灵修和禅宗的倾心。通过在东方的灵修和禅宗经验，作者肯定了冥想的修炼价值。

我们还可以用一句话来提炼本书的要义：《被数字分裂的自我》横贯媒体、心理和灵性研究，揭示可塑心灵的本质，探索宗教和哲学的影响。

四、夸蒂罗利，其人其书

夸蒂罗利是杂家，横跨文理，任布达佩斯俱乐部（前身是著名的罗马俱乐部）科学委员会委员。他是技术人，又批判技术。他是编程人、出版家，又是学者。《自我》（2011）是他用英文撰写的第一本书，同年，他还出版了另一本英文书《为什么要退出脸书》（*Facebook Logout*：*Experiences and Reasons to Leave it*）。这两本书可视为他媒介批评的双璧。

我们撷取《自我》的一些文字，让他站出来做自我介绍（以下全部用直接引语）：

我是意大利人，但我这本《被数字分裂的自我》瞄准英语市场，因为这是一本后数字的书；在数字文化渗透全社会的国家里，这本书能得到更好的理解。在意大利，一位政治上强大的大亨（矛头指向前意大利总理贝卢斯科尼——译者）占有大多数媒体，他利用自己控制的媒体污名化互联网。在这样的背景下，对互联网的批评被指控为勾结权力以阉割表达自由，这和我的意图截然对立。

出了自己的几本书以后，我成为计算机科学图书的出版人。

通过我前期主持的出版社 Apogeo，我印行了意大利首批关于互联网的图书。

一旦我的公司能消化成本，我就出版一系列的媒介研究、精神研究和东方文化的图书。这一追求反映在我个人追求真理的生命历程中。我从个人紧跟最新技术趋势开始转向，去参加不同精神传统和技法的研讨会。我造访印度的隐修地，到美国的心理精神学园里研修。

我特别抗拒与老朋友在脸书上交流，因为太受局限……我需要向他们解释，我很少用脸书。

15 岁时，我参加飞利浦少年研究与发明大赛……这个狂想的 15 岁少年想成为未来的数学家。在质数研究中，我进入意大利决赛。这使我有缘与意大利国家科研委员会主席交谈。

那时，我的计划里有一个不可能达到的巅峰：研制一个人工智能系统，用 Prolog 语言编制的逻辑编程系统，旨在深度探索人的心理模型，包括心理模型和精神模型。不过，这个计划没有在初步设想的基础上再跨进一步。

我对信息社会的演化心怀希望：完成从追逐外部刺激到寻求内在探索与静默的转向。

我写博客，办网络杂志，出版计算机科学图书。

我这本《被数字分裂的自我》瞄准英语市场，因为这是一本后数字的书。

五、各章点评

本书二十余万字，不算鸿篇巨制，内容却宏富而庞杂，难以勾勒，只好一反常规，不做“各章提要”，而只做“各章点评”。或一二句，或三五句，分别轻重，点到即止。

作者夸蒂罗利的序一句一主题，值得细看。

绪论的一句话点明本书的追求：“我发现自己在处理意识和处理信息之间穿梭。在渐悟的过程中，我的焦点从我们能用技术做什么转向技术对我们做了什么。”

第一章讲人与技术的双向利用关系，反对技术奴役和技术统治，论及他精神开悟的修行。

第二章论及思维、心灵、禅修，发出惊世之语：心灵也是一种媒介。

第三章追溯信息技术的宗教源头，论及心灵的本质、复制、改进、创新和不朽探求。

第四章讲数据、大数据、虚拟现实、生物性和人生事件的数字化。

第五章讲数字时代的亲密行为与性行为，这是西方著作的“必答题”。

第六章讲数字时代的商品化与货币化，这是经济学和金融学的必答题。

第七章讲数字技术对政治、政府、民主、参与和控制的影响。

第八章“聚集”：内心里的孤独与外部的社交追求相生相伴。

第九章“数字儿童”讲童年、童贞的消逝。

第十章肯定书面文化、分析技能和批判技能，提出一个假设：更多信息≠更多交流≠更多理解≠更好的世界。

第十一章讲信息过载、信息迷失、上瘾机制、多任务处理、数字记忆与人的记忆。

第十二章是本书的重头戏，涉及分裂人格、精神分裂、他者意象、本体状态、眼睛和耳朵的偏倚以及全球的部落主义，再议“作为媒介的心灵”。

他征引麦克卢汉的言论来说明数字时代的“无身份”状态：“身份一向是与简单分类和分割以及非介入的状态联系的。在深刻介入的世界里，身份似乎已烟消云散。”

夸蒂罗利所谓的“无身份”就是全球一体的、超个人的集体性。

第十三章讲“知识”“不知”，讲“心脏脑”和“腹部脑”的认知功能，以及“思维的外化”。

第十四章继续讲技术、自我、心灵、修行和寰宇意识。

第十五章继续讲修行，且非常肯定冥想的价值：“千百年来，冥想都嘉惠于人，在日常生活和灵修中都是这样的。在过去的几十年里，科学证实了冥想的价值。”

何道宽

于深圳大学文化产业研究院

深圳大学传媒与文化发展研究中心

2020 年 12 月 30 日

谢词

几位朋友拨冗审读《被数字分裂的自我》，并支持其出版，令我深受感动，特此深表谢忱。这是我第一本用英语撰写的书，原本是由自己张罗出版，不曾想会受到如此之多的好评，原不敢期待得到这么多领先思想家和作家共同的关注，不曾想竟然得到正面的首肯。我发现，围绕东方的灵性，这么多身处技术和媒介的人们会有共同的兴趣。这使我对信息社会的演化心怀希望——完成从追逐外部刺激到寻求内在探索与静默的转向。

绪论

和当今的许多人一样，我的个人生活和职业生涯都与技术关联：无论身处世界何地，我都用互联网与我的研究项目和朋友保持联系。我的第一本书写的是意大利的互联网。我写博客，办网络杂志，在网上投资、购物，用 email 和 Skype 做访谈，甚至来一点网络性爱。此时，我正在亚洲写一本书，其中的许多参考都引自网文、博客等互联网上的材料。我还得到朋友们大量在线的支持：加利福尼亚州的一位出版编辑、印度的一位文字编辑、意大利的一位图书设计师，还得到美国几个地方的印刷和发行服务。我的生活浸淫在数字环路里。

我在学生时代就研究信息技术。我练习冥想，探索灵修，养成了内观，发现了超越心灵的状态。如此，我发现自己在处理意识和处理信息之间穿梭。在渐悟的过程中，我的焦点从我们能用技术做什么转向技术对我们做了什么。作为第一手的探索者，我看到我们大量使用互联网过程中细腻的变化。

只有在观察并把握了心灵以后，心灵研究者才能超越它；同理，只有在进入数字世界以后，你才能超越数字世界。如果不参与数字世界，你就意识不到数字世界。既然数字世界已无可避免，我们就必须掌握它，不迷路，完全自觉地使用数字世界的工具。

在这样的时候，心理输入的强化是必须要平衡的一种现象。我们西方的当代文化不认可超越心灵的东西，但在其他传统中，精神世界只不过是健全个性的一个方面。在西方，笛卡尔[①]似的“纯思维”（pure thinking）被

① 笛卡尔（Rene Descartes, 1586—1650），法国数学家和哲学家，将哲学从经院哲学中解放出来的第一人，黑格尔称他为近代哲学之父。代表作为《方法谈》和《哲学原理》。——译者

奉为优先。固然，头脑是最广为人知的思维器官，但它不是唯一的认知模态（cognitive modality）。心腹部的神经系统已经被发现；修行人达成的总体意识弥漫人体，不会只在局部定位。但这些模态不能用数字来表现，于是它们就被排挤到边缘的位置。

我们的技术社会妨碍不间断的、有意识的注意力，有人写书详细描绘了信息技术对注意力、读写能力和知识技能的影响。信息技术还侵犯我们静默的时间；若要意识到内在变化，则需要静默的时间。我们没有意识到自己已然成为信息技术的伺服机制，其原因正是：信息技术弱化了自我认知的内在技能。广袤丰富的人文素质被缩减，只能用数字来表现和运行的素质获得优先地位。这样的倾向源于自我意识（ego-mind）和西方历史的性质，西方历史生成并重视现实的心理再现。在这里，我的研究重点是弄清楚，为何人的心理被工具的魔力诱惑，却忘记了使用工具的人。

我们相信，在提交博客、使用社交媒体时，我们在个人层次上和政治上被赋予了权力。实际上，我们把"用户生成的内容"喂给机器，这些内容成为广告商的糖果，反过来，他们根据我们在推特、脸谱上甚至电子邮件里说的话来设计广告。

若要重获真正的自由，使思想免于定型和信息操弄，那就必须从信息的获取跳向自我理解，无论这自由是自我生成的自由，抑或是源自外部的自由。我们把千兆字节的传输误认为自由了。

在先进的技术社会里，我们默认生活里内在的、精神的或形而上的维度。凡是不能被计算的因而是"不客观的"东西，都被认为是不值得研究的。至于技术和技术心理的冲击关系，人们甚至更坚决地予以否认。科技迷宣称，技术只不过是工具而已，仿佛在继续不断的数字媒体互动下，我们的心理会无动于衷，仿佛我们能控制技术对我们的影响。我们当然可以控制数字媒体，但那有一个前提：我们要熟练掌握数字媒体所不能到达的认知模态。

若要免于数字媒体的影响，我们就需要像佛祖那样的觉悟，要有持久的注意、正念与内省。然而，挣脱下意识所需的这些品格是特别难以养成的，因为我们淹没在信息里，而信息又是转瞬即逝的，缺乏广阔的叙事维度。佛祖那样的觉悟赋予信息意义和深度；若要拓展觉悟，我们就需要腾空心灵。有个故事足以说明这个道理。有位大学教授向一位禅师学艺。禅师示之以茶道：茶杯既盛满，斟茶却不休。茶杯已盛满，就像那位教授的脑子一样；茶杯要清空，脑子才能悟禅。数字世界也是这个道理。

在世界各地，人们都在使用互联网。他们点击相同的图标，用相同的电子邮件和微信走捷径，靠相同的脸书模态互相连接。这就是心理的全球化。在现实被数字化的过程中，无论数字化的内容如何，我们都使用大致相同的有限的心理通道，用相同的工具互动。我们把同样的态度、体态和程序带到工作、约会、购物、交友、性唤起和科学研究中。大多数诸如此类的活动都因互联网现象而变得贫瘠枯竭。万物都被视为信息系统，从领地的数字化（如谷歌地球和增强现实的软件）到我们的生物学属性，莫不如此。

犹太—基督教文化把自然和物质世界置于人手。它认为，对自然和物质世界进行加工是收获善果之道，完美的伊甸园会失而复得。在这种文化里，奇迹被视为上帝存在的证明。我们开放的技术就像奇迹和圣迹。我们禁不住要用进步、繁荣和相互理解的修辞来欢迎新技术工具的到来。

电报、电话、广播、电视等媒介一直被视为民主、世界和平、理解和自由表达的工具。互联网只不过是最新的救世主，一连串的工具都是给人希望的救世主。但在这个世界上，我们并不享有比过去更多的民主。实际上，媒体巨头和强权比过去更强大，表达自由让位于大公司和政府机构的控制。像电视一样，互联网使人们在家里享受娱乐，使人不说话，不考问体制。对正在经历经济和环境恶化的社会而言，互联网可能就是新的恐怖游戏。但是，由于和互联网联系的庞大经济利益，批评互联网的效应就类似于咒骂上帝了。

许多技术发展吸引人，因为它们回应了心理需求甚至精神需求，比如理解他人、与他人联系的需求。数字技术已承担了真和爱的需求，这样的需求是人类特有的驱力。在心理层面上，这些原始的需求虽得到满足，反映在心理层次上，完美的灵魂被清空，它渴望真实的品格；我们躁动不安，渴望信息，难以得到满足。

我们的自我在心理发展的过程中感到失落，敏锐感知、自我实现和安宁的状态失去了。我们要重新发现这些失落的自我状态。同时，信息技术还能满足我们对权力和控制的悠久冲动，即使手指的一点或触摸都能给我们若干选择。

不断的信息操作使自我的心理忙碌，甚至处在表演的中心。这是最强大的心理“推手”，给自我的心理喂养二元性，反映在二进制技术的镜像中。电视的吸引力框定在电视节目的起点和终点里，互联网、电子游戏和智能手机的吸引力都远不止于此，它们没有结构性的停顿或终点。勾连在“实时”信息流里之后，这些技术设备把我们带离“实时”的时间框架和妥当的时间框架。

计算机把我们的心灵映现在网上，使我们着迷。我们就像那喀索斯①，误读水中倒影，进入一个封闭的回路，被我们的映像迷住了。从一开始，互联网就被视为可以瓦解中央政府和核心组织的技术。也许，这样的预告是我们内心后果的外部投射吧：我们的心灵整合可能被扰乱了。

冥想有助于我们意识到我们在建构现实，而思考引领我们偏离现实。冥想是回归现实、真义之道，是了解和把握思想的路径，掌握计算机不是

① 那喀索斯（Narcissus），河神刻菲索司与利俄佩之子，美少年。回声女郎厄科 (Echo) 爱上他，但是他只爱自己在水中的倒影，不爱任何女人，致使回声女郎憔悴而死。他自己亦憔悴而死，死后成为水仙花。——译者

外包思想技能的路径。冥想是拓展觉悟、进入另一个全球“网络”的路径，这是渗入万物的意识的网络。

我是意大利人，但我出版的这本书瞄准英语市场，因为这是一本后数字的书；在数字文化渗透全社会的国家里，这本书能得到更好的理解。在意大利，一位政治上强大的大亨占有大多数媒体，他利用自己控制的媒体污名化互联网。在这样的背景下，对互联网的批评被指控为勾结权力以阉割表达自由，这和我的意图截然对立。

对拓宽我们自我表达机会的每一种媒体，我都持欢迎的态度。但是我知道，唯有在真正的自我存在的情况下，真正的自我表达才会发生，而真正的自我是难以用屏幕媒体形塑的。

感谢我的诸位心灵导师。在我心灵修炼的旅途中，他们为我开启新的维度。特别要感谢阿尔玛斯 (A. H. Almaas）强化的灵修和澄明之境。感谢我的文字编辑迪伦・巴尔（Dhiren Bahl, www.WordsWay-Copyediting.com）精心矫正我的英语文本，感谢我的图书编辑大卫・卡尔（David Carr, www.MovingWords.us）在文字清晰和风格上进行的润色。感谢难以列举的诸多朋友，与他们的交谈使我们心心相印并分享求真的激情。

第一章

从技术的意识到意识的技术

从学童时代起，数字的神秘就令我着迷。学到质数时，我被那些独特、孤立、难预料、不可分割的奇数俘获了。

12 岁时，我渴望找到它们的规律，别无所求。几年后，我发现长串的数列，它们可能与质数关联。我发现第一批数列的公式，但更复杂的数列包含许多达到 15 位数的数字。袖珍计算器不能计算这样的质数，于是我就用笔计算。

用笔计算的速度慢，这使我能“感觉”质数，计算每个质数都停下来想想，以感觉它与数列里其他质数的关系。15 岁时，我参加飞利浦少年研究与发明大赛。只有几个月准备时间，没有时间把所有的计算都过一遍。在同学们迷惑不解的凝视下，这个狂想的 15 岁少年想成为未来的数学家。

在计算的过程中，我到大学的计算机房去寻求帮助。我有漫画的基础，感觉只要给计算机投喂数列里的数字，计算机就能吐出公式。彼时，意大利的计算机房和其他实验室相像，高阶的技术人员都着正装。我尝试给计算机房的几位学生解释我的问题，多半的学生爱理不理。一位和蔼的雇员直接告诉我，计算机不能为我的数列找到公式。它们甚至不能加减我这样的大数字，除非它们配置了程序。我不解地想，“真的吗？计算机真这么笨吗？”

我从她那里获悉，我需要一款适合问题的“软件”。我接着问：“好的，您能为我做一款软件吗？”她说不能，因为具体的问题需要特别设计的软件——此外，计算机房计算机工作的时间很有限，连本校学生都难获准上机。我不得不回头动手用笔算。

1976 年的时候，计算机体积庞大，难以接近，就像使用计算机的人那样不随和。随后，计算机对人更友善、更快，但其笨拙并不减少。计算机技术人员脱掉制服，改穿更随意的便装，但是他们保持距离的态度并没有显著变化。

在质数研究中，我进入意大利决赛。这使我有缘与意大利国家科研委员会的主席交谈。他不鼓励我研究质数规律，说那是“浪费时间，几百年来的数学家都做了尝试，没有谁能成功。”我可以集中精力开发科学应用。他引导我了解现实：能转化为产品和金钱的科研是最受社会欢迎的。

我做研究的乐趣和热情该怎么看呢？我一头扎进质数的神秘世界，又该怎么看呢？虽然（或许因为）这是个不可能完成的任务，但我在这个追求里学到了坚忍不拔。有什么收获呢？在一开始就有瑕疵的漫长的计算中，我养成了容忍挫折的能力，结果如何呢？

现在我意识到，在我追求质数的过程中，一些重要的内在品格养成了。

拉丁词 *putare* 有“修剪”“切割”“清洁”等意思。“计算机”的词源里有一个隐形的目标：达成、完成明确的结果。

计算的作用在我们的生活中日益彰显，产生了我所谓的“现实的数字化”（digitization of reality）。计算想要的是结果——界定分明、清除了“噪音”的结果，而且它想要快速的结果。

笛卡尔的《方法论》（*Discourse on the Method*）塑造了西方科学。他追求纯思维，摆脱身体、不带情感的思维，因为他认为，身体和情感扭曲科学追求。他可能会因当代的技术开发而感到骄傲，因为科技进步使科学家和普通人能通过纯思维与计算机互动。然而，如果他能窥视我们这个世纪，他就可能怀念他那作为科学家的哲学态度和精神态度——技术竞赛已抛弃了这样的态度。

在我们急匆匆的生活中，凡是能被自动化和加速的东西都已经被数字化了，能用比特和字节表征的一切都吸入了数字化心态。

上大学时，我也这样想，所以我进了计算机科学专业，部分是为了满足我写程序的需要，我想要寻找数列的规律。稍后，我不再追求质数，但成了程序迷。

不变的是我完成不可能任务的倾向。因为喜欢吉他，我写程序生成和弦和声。随后，我想要捕捉吉他手吉米·亨德里克斯（Jimi Hendrix）或卡洛斯·桑塔纳（Carlos Santana）的秘密，着手把他们的演奏转化为数字形式。我想，音节毕竟有数学的结构，我可以解码并重建他们的作品，如此，我的软件就可以生成令人震惊的新旋律，并用我的吉他演奏他们重建后的作品。

彼时，还没有办法用耗资合理的方式生成品质好的计算机音乐，所以，我的软件（用 UNIX 操作系统的 C 语言编程）输出的是：一系列的音符，它们的音调、音长、滑音——我能在自己的吉他上演奏的乐谱。不是什么杰作，好玩，像活人的漫画。

与此同时，我在米兰大学新版的计算机科学学院的计算机实验室打工，我喜欢在实践中学习，而不是为考试而学习。20 世纪 80 年代初有一种创业的气氛，许多学生成长为意大利网络革命的企业家。

我的计划里有一个不可能达到的巅峰：研制一个人工智能系统，用 Prolog 语言编制的逻辑编程系统，旨在深度探索人的心理模型，包括心理模型和精神模型。不过，这个计划没有在初步设想的基础上再跨进一步。

第一节　技术的极限

我探索质数的规律，寻觅伟大吉他手的秘密，试图理解人的心灵——那是 25 年前的事了。我当时达到了可计算性的极限，现在仍然止步于此。

找到那样的极限，这也许是我们技术驱力里无意识的秘密目标。凡是能数字化的东西都只不过是心灵创建的模型，任何时候，心灵自己就可以重塑或摧毁它。

心灵本身是二元的，就像计算机以二进制逻辑运算一样。这种二元 - 二进制看世界的态度赋予人和计算机强大的鉴别工具，这一工具使人和计算机能生成海量的数据，能强有力地对物质起作用。通过这样的二元心灵，我们能完成最高级的“使命”——做自然界的主人，就像《圣经》赋予人的使命一样。但用数字形式来呈现空灵的事情是不可能的，这样的事情有：艺术创作、创新、灵光一闪的直觉、怜悯心、爱情、欢乐、平和，以及体验深度冥想里的“无”之类的精神状态。信息技术不能指向那些状态，也不能在那样的状态上给人以启示，常见的情况是，信息技术使我们停留在信息层次的回环往复中，实际上使我们远离了诸如此类的状态。

我们到达技术极限时，技术发展有以下可能：要么刺激我们进一步研究；要么从信息处理跳到意识处理，彼得・罗素（Peter Russell, 1995）对意识处理做了界定；要么被无穷多的信息形式催眠。像迷人的幻象一样，数字领域使我们震惊不止，基本上，数字领域停留在技术生成的那个心理层次。

回头看，我不可能完成的任务就是自伤的公案（self-inflicted koan）。所谓公案是禅师向弟子提出的问题，没有明显的答案。寻找答案的努力使意识转化，最后总停留在心里。停留在未知时，心不舒服，但那是把追寻的问题与心灵虚空（inner void）联系起来的最佳途径。从这里，更高层的直觉升起。与此相比，多半的互联网产业旨在开辟路径、快速解答。这并非不好，但这可能削弱内心追求的驱力，的确起到了这样的作用。

因为不可能的任务没有回报，我就转向更有实用价值的软件，撰写计算机科学的著作。1982 年，Unix 操作系统的内部结构仍然严格保密，没有多少为终端用户的使用说明。那年，我和两位同学就合作写了一本讲 Unix 的书，用一台低质量的点阵打印机打出来，我们感觉自己像技术切格瓦拉，正在为计算机知识的解放而奋斗。

第二节　凡不能计算者皆不真实

20 世纪 80 年代为科学杂志撰稿时，我既写技术性文章，也发表对哲学家和心理学家的访谈录，探寻计算机革命的心理影响和社会影响，还为《今日信息》（*Informatica Oggi*）写专栏“回路”（Loops），《今日信息》是当时意大利头牌的科学杂志。几个月以后，我另类的专栏被出版人废弃了，因为有读者抱怨，那些课题和计算机科学没有关系，它们要读“真正的”和“有用的”信息。

180 度转向内心，从我们能用技术做什么，转向技术对我们做了什么，那是不受欢迎的一步。直到今天，凡是带有哲学、心灵或形而上气味的东西，仍然被深陷技术的人投以怀疑的目光。在他们笔下，这样的视角“可能很有趣，却是含混不清的、不科学的”。大多数情况下，挑战技术几乎成了我们文化里的禁忌。在《技术垄断》（*Technopoly*）里，尼尔·波斯曼[①]（Neil Postman 1992）抗辩说：“计算机显示……”，“计算机判定……”相当于说“这是上帝的意志。”他又写道：“这两句话的意思大致相同”。

技术似乎是“必然”。很少有人考虑，对技术敏锐的人，还可能拥抱和使用技术。不过，这些人是 360 度全方位对待技术的，并不局限于从正面、阳光的一面看待技术。

技术先进的社会默认，生活有内心、精神或形而上的维度。但内心生

---

① 尼尔·波斯曼（Neil Postman, 1931—2003），纽约大学教授，媒介环境学派第二代精神领袖，横跨教育学、语义学和传播学，弘扬了麦克卢汉、伊尼斯开创的媒介环境学，推动媒介环境学进入北美和欧洲传播学的主流圈子，在世界范围内产生跨学科影响。

活只被视为与宗教有关，内心生活的作用是强化历史性的权力分割：科学君临物质、宗教君临灵魂。凡是不能计算的、非客观的东西多半被忽视，技术对心理隐形的影响也被忽视了。

对内心生活的敏感态度很容易被贴上老龄歧视和原教旨主义的标签，甚至被视为不可思议。冥想被误解为思考。身心连接是 DNA 序列所要破解的密码。超越心灵被误解为潜入心灵之下、人被钝化，而不是更深入地感知了。“理解”只是从理智上推导出来的东西。心灵虚空只能是计算机宕机时你意识到的东西，我们看着屏幕发呆。人们主要是从认知能力和表现方面去看待心灵的，心灵被认为是一套神经递质，总是能靠药物分子去“修理”或“增强”。

第三节　早期互联网的前景

出了自己的几本书以后，我成为计算机科学图书的出版人。1994 年前后，互联网在意大利流行起来，我热情欢迎它。和许多早期的热心人一样，我把互联网视为更加民主地生产和分享信息的途径，能威慑强权甚至民族国家，且具有塑造全球意识的潜力。

通过我前期主持的出版社 Apogeo，我印行了意大利首批互联网的图书；我说服传统媒体，互联网并不关注恐怖主义者、恋童者和危险的黑客。许多年来，互联网与电视、印刷媒体两军对垒，各占一边。对互联网的敌视与竞争性利益和简单的无知有关。

彼时，在社会上和人们的头脑中，对互联网作用平衡的、批判性的观点是难以找到的。凡是批评互联网的人都在冒风险，都可能被扣帽子：心灵封闭的保守派、砸机器的勒德分子、“旧媒体”的支持者，他们想要限制互联网，因为互联网似乎在拓宽自由表达。

事实上，虽然互联网进入我们的生活已有二十年，但它允诺的大多数前景并未实现。世界上并没有更多的民主，媒体巨头和强权国家更强大，全球意识并未兴起。固然，人人可以上传任何东西，简单而便宜，但是我们对伊拉克和阿富汗发生的事情的了解并不比越南战事多，因为越南战争有大量的电视播报。现在的情况是，有些网站泄露信息，但那仅仅是每日信息的沧海一粟而已，况且看到泄密网站的仅仅是小部分网民。

即使另类选择的信息呈现出来，那也可能是在不那么流行的网站，另类信息在谷歌的网站排名上位置很低，只不过诱使我们相信，我们拥有一种向世界传播信息的工具。相反，在大多数情况下，另类信息就像是邻家院子里的闲聊。实际上，那样的闲聊是能被追踪和控制的。媒体巨头没有消失，它们在互联网上的存在更强势了。

再者，政府和谷歌、脸书之类公司在应对隐私和控制问题时，至少是令人担心的。曾经没有商业利益的地方如今充斥着广告，有些免费服务可能变成了收费服务。

一旦我的公司能消化成本，我就出版一系列的媒介研究、精神研究和东方文化的图书。这一追求反映在我个人追求真理的生命历程中。我从个人紧跟最新技术趋势开始转向，去参加不同精神传统和技法的研讨会。我造访印度的隐修地，到美国的心理精神学园里研修。

第四节　从信息处理到意识处理

我在信息处理和意识处理之间往返，在技术的意识和意识的技术之间转换。信息和我的心灵互相喂食，恶性循环，使我难以驻足回头凝视内心的宁静。信息机制鼓动我们逗留在反馈环路里了。

我主观的内心探索不仅对了解内在自我重要，而且对寻求澄明和更广泛地了解外部世界也很重要。摆脱思想的定型和信念的积累证明是效果不错的，在日常生活中有效，对深入理解现实也有效。虽然常有人误解，但精神路径是走向现实和澄明的路径。超越定型的心灵后，我们能更清楚地观照现实了。

每一位冥想者都很快体会到，我们的选择表面上看是“我们自己的”。但是在大多数情况下，它们是我们早年生活讯息的结果，显豁的和无意识的都有，它们构建了我们的心灵。如果我们不专注于它们，这些早年生活的结节是解不开的。

不停地有意识注意，伴之以静默的时间，以此去察看我们的内心世界——技术世界使这样的探寻十分艰难。用莫洛·马加迪（Mauro Magatti 2009）喜爱的话说，那把我们的注意力隔离起来。无论我们注意的是什么内容，互联网的模态都倾向于分裂我们的注意力，我们在网站、短信、电子邮件、社交网、图片、视频、软件工具中顾此失彼。由于计算机处理速度和网速的日益加快，每个人都可以同时开启几个窗口和网站，在它们之间快速跳动。

链接本身是互联网的黏合剂，它们有用，但也可使人分心。我们贴近最良好、最有趣、最深度的信息，用的是内心同样的分割模态。马歇尔·麦克卢汉[①]使人觉醒的名言“媒介即讯息”同样适用于互联网。互联网不仅是一种媒介，而且可以被视为一切媒介的总和。因此，它对我们内心生活和外部生活的冲击比一切过往媒介的冲击大得多。

我们总是可以掌握自己注意力的，这句话对吧？不错，但由于互联网在我们生活里日益重要的存在，我们指引和维持注意力越来越困难了。

---

① 马歇尔·麦克卢汉（Marshall McLuhan, 1911—1980），20世纪最富有原创性又最具争议的媒介理论家，媒介环境学第一代旗手，著书十余种，代表作有《机器新娘》《理解媒介》《谷登堡星汉》《媒介定律》等。

第五节　一切都进了数字粉碎机

现实的数字化始于数字密集运算，这是贴近计算机语言的运算过程。起初，计算机被用于科学和工程计算，稍后其功能延伸到阅读、写作、研究、工作、娱乐、旅行、计划，用于联系亲朋、约会、性唤起、购物和银行业务。这些活动全都在线上发生，参与的人越来越多。“物联网”有望再进一步，任何带电子标签的物件，指明一个互联网地址的，都会被吸进互联网，互联网就像吸尘器。永远喂不饱的互联网不会止步在任何地方，体域网（Body Area Networks）也不会止步，它们监护人们的生理参数。

互联网不断在人类活动清单上添加项目，所有的活动都可以数字化表示，以惊人的应用程序使我们迷恋。互联网数字化传统的需求和欲望，刺激新的需求和欲望。欲望转化为需求，这是技术社会的主要活动之一；在这个方面，技术社会共有相同的态度。

但我们可以脱机下线呀，不是吗？你说对了，但互联网倾向于在时空里扩散，就像煤气一样。通过无线连接和智能手机，它尾随我们，步步紧跟。互联网上的交流即时，快速回应的压力是相互的。即使离开互联网一两天，我们也可能错过重要的工作信息、朋友的近况、航空公司的通知、好朋友诱人的邀请、信用卡交易、房门把手的选择、图书证和信用卡过期通知，或保险公司的来信。

我们的大多数同事和亲友都在线上，一旦离线，我们就觉得生活在地球上偏远的角落。因此，我们很乐意把我们的生活迁移到网上，在脸书之类的社交网上展示自己的生活，把个人的文件存在“云”端；我们拥抱技术，技术有望令我们吃惊，给我们力量。我们高高兴兴地脱离肉体进入云端，就像“纯净”的天使一样。

第六节　技术不可挑战

我刚用电脑时，计算机正在从大型机到个人机转移的过程中。这是个人被赋能的里程碑，终于，个人可以在自己的时间、地点，在个人的 PC 机上管理数据了。软盘的性能可能很有限，但我们欢迎这样的自由。今天个人电脑比昔日的大型机还强大，但我们心甘情愿把数据和电脑又交还给云端的互联网服务。

计算机到来后，一直有人担心它们影响我们的头脑。电脑普及后，雪莉・特尔克（Sherry Turkle）指出，它们影响个人自我的建构；约瑟夫・魏泽鲍姆（Joseph Weizenbaum）探究电脑使用者的态度。然而实际上，对他们研究课题感兴趣的人并不多，而追逐最新超级技术小玩意儿的人多得多。

尼古拉斯・卡尔（Nicholas Carr, 2008）掀起了一波辩论。其他评论者写道，互联网凸显最新新闻，细碎的信息把历史语境和广阔的隐含意义逼到阴影中。

有人担心上网成瘾，比如易贝拍卖上瘾、色情与网络性爱、网络赌博和聊天上瘾。家长和老师担心，他们要保护未成年人，使之免于不适合信息的伤害，比如网络猎食或网络霸凌的伤害。

虽然有批判的声音存在，但批评技术却是不容易的。2009 年，神经科学家苏珊・格林菲尔德（Susan Greenfield）在英国下院演说，论及过度使用社交媒介对儿童大脑的风险："到 21 世纪中叶，儿童大脑可能婴幼化，其特点是注意力短暂、偏爱轰动效应、没有同情心、认同感不稳定"（Wintour, 2009）。人们在博客和网站上反击，指责她的"猜测和一般看法没有科学证据"。

这像是反向的宗教裁判所。曾经，教会谴责任何与《圣经》不吻合的思想。如今似乎是这样的情况：如果得不到刚性科学证据和大量数据的支持，没有任何东西是有价值的。有了这个前提，任何内心、哲理或伦理的追求都没有价值。凡是不能计算的、统计数字不一致的、不能科学证明的一切，都被说成是一般的“意见”而已，都远离真理。这是对“技术垄断”的欢迎，那是尼尔·波斯曼界定的技术垄断。

“不科学”或“我们没有足够的数据”——这些说辞是偏重技术者的典型防卫术，是用来反驳批评或担忧的。他们所持的立场是，技术所生的任何问题的答案都在于技术本身：选择越多、速度越快，功能就越改善。这是他们防卫术的新版本。

我们熟知那些常见的口号。“技术和工具本身是中性的，重要的是你如何选择使用它们。”但是，除了我们使用工具的方式外，使用任何工具都有更广泛的社会影响和心理影响。比如，汽车的存在重塑了风景，改变我们与风景的关系，使人重新布局，改变人的呼吸，使人更多地静坐；汽车修正地缘政治关系；在动力、汽车的生产和维护、道路的修建和保养的基础上，我们建立起庞大的经济。没有汽车是可以生活的，但难以做到，尤其在公共交通需求不旺盛的地方更难以做到。然而，在如何使用汽车方面，我们是有选择的：既可以用汽车杀人，也可以为穷困社区运食物；不过，我们难以规避汽车对我们生活的影响。汽车延伸我们的腿脚，腿脚不使用就退化虚弱。不动腿走路，我们就分散了对它们的注意。同样，电视把我们的视界拓展到居住小区之外，但看电视的行为本身就把我们与家人和邻居隔离开来了。

计算机和互联网以越来越有力的方式影响我们的生活。如果说汽车重塑风景，计算机就使风景无用。我们足不出户几乎就可以在电脑屏幕前做任何事情。就是到了户外，我们也可以领略用智能手机过滤后的“增强现实”。计算机和互联网还创生了一种大规模经济，它建立在我们对发明小玩意儿和信息日益增长的欲望上。计算机和互联网影响我们的身体、头脑和内心生活，渗透之广超过汽车。

无论用互联网去做什么，是散布种族仇恨，或是为受困人员组织后援团队，我们都坐在电脑屏幕前，在某种身心背景下使用软件工具；都在与分享类似背景和工具的人交流。不经意间，我们都在喂养软件、电信数据线和硬件生成的大规模的互联网经济；这些设备大多数是在劳动力廉价的国家生产的，在那里，生产对环境的影响并没有引起辩论。这些国家可能是我们永远不会造访的国家。

第七节　技术利用我们

现实数字化的过程把我们的需求转化到数字精神领域，并产生新的领域。有人说，我们有如何使用技术的自由，但那是童话，那掩盖了这样的事实：我们利用技术，同时又让技术利用我们。麦克卢汉说："由于不断拥抱各种技术，我们成了技术的伺服机制。"我们清除自己身为伺服机制的意识，相信技术拓宽了我们的选择和自由，并赋予我们力量。汽车广告强调自由和动力，演示山地或沙漠里的越野车——然而实际上，我们困在车里、堵在路上，堵上几个小时。

我们总是忙忙碌碌点击这里那里，不注意技术和信息如何改变我们的内外状况。我们失去某些心理能力和内在品格，麻木不觉，因为它们被技术包围起来。技术强调此刻和新潮，直到我们忘记自己原来是什么样子。这不是埃克哈特·托利（Eckhart Tolle）之类的心灵导师描绘的"此时此刻"那样的状态。不过，由于追随源源不断的新信息流，即使满足、摆脱今昔负重的释放正在模拟"此时此刻"的心理状态。

技术取向的人们也在表达合理的关切。在社会和政治层面上，他们敏于觉察数字鸿沟的含义，以及软件架构的隐私性和公开性——然而，他们大多数人仍然忽视数字沟隐含的命题。

第八节　用字节喂养心灵

通过冥想和心理－精神领悟，我从信息处理走向意识处理，猛然醒悟，许多技术发展之所以吸引人，那是由于它们杂有深层心理需求甚至精神需求和虚假的需求。这些原始需求转化到信息的精神层次时，清空的灵魂渴望真正的品格，躁动的心灵谋求更多的信息，但信息永远无法满足灵魂的真实需要。这样的躁动不允许我们微妙的内在品质渗入我们的意识。

在心理层面，互联网的吸引力之一是，它满足我们被人看见、聆听和认可的需求。被认可不是自恋，而是个性发展之必需——在童年时代，我们得到父母、老师和其他角色楷模的认可。唯有通过别人的眼光，我们才能初步确认并珍视我们的内在品质。

父母不给孩子足够的时间和注意（因为工作太辛苦，或陷入了技术循环），或者父母本人缺乏内在品质时，孩子的镜像需求得不到满足。于是，技术提供了第二个机会，让我们通过社交网展示自己，与他人联系。然而，我们得到的东西仅仅在心理层面上反映我们，这不能用基本的人的品格来喂养我们的心灵，我们需要被认可并体现自身的品格。

心灵导师 A.H. 阿尔玛斯（A. H. Almaas, 1986）辨析许多基本的人的品质，比如爱、怜悯、欢乐、力量、激情、坚毅、韧性、直觉、好奇和内心的宁静。在脸书上让朋友看见是一回事，与一个血肉之躯联系并吸收其真正的品格是另一回事，因为他体现了阿尔玛斯列举的品质。我们通过外界来填补内在的空缺，只能是短暂和虚幻的方式，因此我们身陷其中，需要不断得到认可。心灵永不停息地寻求认可。

技术的使用还对我们的神经生理产生影响。研究结果显示，深陷计算机和电子游戏的少年大脑额叶发育不良（Small, 2008）。额叶对开发推理和判断能力以及长远计划至关重要。计算机的使用能即时满足人的需求，却弱化广阔的视野和计划的能力。发育不良的额叶还是精神分裂症的典型特征。

第九节　不朽的心灵

通过技术和互联网，我们渴望神力和凡力。因此，雷蒙德·库兹韦尔（Raymond Kurzweil, 2005）用未来的前景吸引我们，技术进步将给我们带来永生。我们下载心灵，将其交给计算机。在西方科技史里，他不是第一位把救世和宗教的语汇用于技术的人。毕竟，人类是被挪亚方舟技术拯救的，肯定会有长生不老之道。

库兹韦尔等人暗示，用计算机和生物技术来驱动我们的演化反映一种追求：局限在生物、心理和精神的层面、旨在使意识超越心灵层面的追求。然而，由于这一追求是用心灵生成的技术激活的，我们就只能停留在心灵的层面，无论这心灵通过外部支撑和提升而得到多大的拓展、变得多么复杂。

库兹韦尔称："最终，我们跳出地球的边界，整个宇宙的每一点物质都具有智能……。"他的结论是："这就是宇宙的宿命。"说得对，但宇宙已然是这个样子，不必要我们贡献技术。大彻大悟的心灵导师知道，宇宙贯穿着聪慧的意识，凡人的头脑难以把握，但通过高阶意识的精神探索，宇宙的聪慧意识是可以体认的。

因为我们的文化主要是把人与心灵的内容联系在一起，所以不朽的意思就是保存信息。但如果我们跳到另一个层面，心灵内容的保存就可以被视为在实验室里用机器维持肾功能一样的操作而已，并不特殊。觉悟和人的基本品性并不是笛卡尔式的纯心理状态，而是灵魂的一部分；我们通过内省的能力来感知灵魂。我用灵魂指身心的整体，包括心理和精神状态。阿尔玛斯对这些基本品性做了这样的论述：

> 本真（Essence）显现的每一种方式都有一些可识别的属性和特征，体验上和其他方面区别开来。因为本真不是物质，我们不用身体感官去感知其存在，但通过微妙的内在心理能力，我们清楚感知并识别本真；内在心理能力对应外在的身体感官。

内在心理能力需要我们对整体身心的觉悟。我们不能把本真的品性迁移到互联网上，不能携带它们踏上技术不朽的旅程。

第十节　凭借技术的内假体和截除机制

我们正在取得许多技术进步，却没有问一些基本的问题：什么驱使我们进入技术，技术实际上对我们做了什么？我们花时间讨论技术是关注其工作原理，而不是用在技术的目的是什么。没有点明的是：看上去增加我们选择的任何技术发展都具有积极的影响。

麦克卢汉写道："任何发明或技术都是人体的延伸或自我截除。这样一种延伸还要求其他的器官和其他的延伸产生新的比率、谋求新的平衡。"我们倾向于只看延伸的部分，而不是延伸触发的变动的平衡。我们喜欢看我们的延伸，而不是我们被截除的后果，因为我们的脑子养成了一个倾向：向外看舒服，而不是向内看。

我们向外投射，指向技术，反过来，技术映射我们的自我形象。但自我截除妨碍了识别。越是把我们的品质迁移给技术，我们越难以觉察到失去的东西，因为我们弱化了自我意识的内在工具。像酒鬼一样，我们不觉察自己的情况。

对自我意识而言，把现实转化为信息很有吸引力。如此，自我就可以把世界视为一个宏大的信息系统，等待人去理解、分类并用软件去控制——这个世界是心灵的延伸，心就成了至高无上之王。

心灵与数字技术有许多共同之处。两者几乎都模拟万物，两者都把万物融入自己的领地。心灵和思维过程是我们文化中最珍贵的实体。但那不是故事的全部。

第十一节　超越心灵

心灵之外直觉可达的地方别有洞天。精神开悟（spiritual enlightenment）是存在的，它把人提升到神圣的、整体意识的高度。历代的心灵导师都指出这种状况，虽然超越心灵的状态是难以言传的。

语词本身是信手拈来的二元性工具，可用于描绘与整体融合的非二元性状态，此所谓精神开悟、意福融合、佛性、神性的实现、终极的觉悟。我在修行道路上瞥见了这些高阶的觉悟，隐隐体悟到这样的回声。

心灵导师的语词是地图，而不是领地，我个人的经验只不过是幻觉。实际上，有些心灵导师说，任何经验都尚未到达那一境界，所以我的禅宗师傅大概会给我棒喝。事实上，我或任何人都没有办法证明这一境界的存在，因为每一种证据都停留在心的层面。总之，这是一个信不信的问题。连科学也有自己那一套公理或假设，都有理所当然的真理。

信仰一词被一神教、原教旨主义联系在一起，与公开的真理追求对立。信仰，假汝之名血流成河啊。信仰还被用于不承认科学真理的意思，我这里说的不是那种意思。

我的信仰来自何方，已然成迷。也许，我读书时有所触动，也许体会到超越心灵的回声，也许我在新灵导师的身上辨认出更高级的存在。

如果要在心灵开悟确乎存在之上追加任何一点高于素朴信仰的东西，麻烦就尾随而至。比如，如果不说“上帝存在”，而是说“上帝是善”，我们就陷入了二元论的视角，很容易陷入“凡是不信上帝的人都是邪恶之人”的陷阱。再者，如果把精神觉悟的假设引申为“我知道走向觉悟的唯一途径”，那就会陷入原教旨主义的陷阱。心灵想要把它不可能知道的东西拽进自己的视野。

语词是观念 / 二元心灵的产物，谈论“无念”（no–mind）时，谁也无法规避营建结构和教条的风险。但重要的是在任何探问的根基，都维持开放的心态。

第十二节　信念与信息技术的脆弱性

科学不可能构想超乎自我和心灵的东西——即使心理学之类的学科也不能，超个体心理学（transpersonal psychology）除外。因此，放弃我们心灵的内容就像是彻底的失败。在西方，虚无主义时常敲门。这是因为心灵生成的东西转瞬即逝，心灵本身能摧毁它生成的东西。如果不承认精神的一维，你就禁不住要说，没有什么是坚实可靠的——最后你就要说，任何东西都没有意义。

建立在“我思故我在”基础上的文化紧守思维，生成思维工具，让脑子忙个不停。但对精神取向的人而言，总是有一个 B 计划。自我意识的放弃相当于幼虫化蝶。

思维的结果稍纵即逝，这一特性在冥想中变得清晰。我们用洪荒之力观照思想和感觉，而不是紧守思维，让思维把我们的思想带走。冥想时我们看到，我们集中精力观照单一对象的技能是多么虚弱，我们的思维结果是多么短命，我们对它们的控制几乎为零。心灵导师把头脑比喻为醉酒的猴子。但是我们珍惜思维过程，将其视为人的至上的表达形式。

技术和信息也很短寿。和其他媒介相比，保存其数字内容的机会就相当晦暗。莎草纸能保存几千年，图书能保存几百年，（质量最好的）光盘能保存几十年，硬盘只能保存几年。

我上大学时写的软件备份在磁带上。我不知道是否还有与其兼容的磁带机深藏在某个实验室里。即使有，很可能那磁带已消磁。即使没有消磁，那个软件也必须要重写，方能与当前的操作系统兼容。

在恢复几年前的数据时，硬件格式和软件格式的问题都存在。把数据转化为日益变化的计算机格式是浩大的工程——可能任何个人或机构都不会做。即使转换工程完成，谁又能读懂那浩如烟海的数据呢？

在其他方面，技术也是脆弱的。《低技术杂志》显示，高技术设备的能耗如火箭冲天。制造高技术产品所需的能量扶摇直上。“单单一台计算机内存芯片的内含能量就已经大大超过了一台平板电脑三年内消耗的能量”（deDecker, 2009）。像我们钻探石油以来的许多其他技术开发一样，数字技术也是廉价能源的产物。如今，能量成本增长，石油生产的巅峰隐约可见，我们看见的高技术设备不如以前多。况且，许多高技术产品依赖稀土，而95% 的稀土产于准备限制其出口的中国。

此外，高技术产品对太阳风的电磁辐射很敏感。目前的太阳活动周期，时长 11 年，始于 2007 年，2013 年达到巅峰，比上一个周期强烈得多。太阳耀斑向地球发射高能光子，扰乱地磁场，可能会影响电网、电信、卫星、GPS 信号，甚至电子芯片。

1859 年，一场强烈的太阳风暴切断电报线，在北美和欧洲引起山火。如果这样的电磁风暴在今天发生，根据美国科学院的报告，恢复电力线路就要花 4 到 10 年。既然所有的系统都相互依存，整个社会受到的影响将是破坏性的。

练冥想时，我们学习观察，放弃上浮的思绪。像练习冥想的技法一样，也许我们应当练习放弃我们对信息回路的依赖。

第二章

『不过是一种工具』

倘若有一条法律规定，“人们应该在不睡觉的大部分时间里端坐于电脑屏幕前，室内户外都如此，尽可能避免现实生活中的会晤，通过互联网找到心灵伙伴，平均每天消费 340 亿字节的信息”（加州大学，2009），那就会爆发一场革命。但如果这样的做法被视为我们个人的“自由”，那就是好的。技术能起到这样的作用，因为它在高于法律、规章或强制措施的层次上起作用。尼尔·波斯曼（Neil Postman, 1993）写道：“技术重新界定‘自由’‘真理’‘智能’‘事实’‘智慧’‘记忆’‘历史’等词汇的意义。所有这些词汇都是我们的生活必须依靠的词汇。”脸书甚至改变了“朋友”和“喜欢”的意思。

对我们大多数人而言，技术的深刻影响在于，它移动了我们与内心世界联系的意识，有力地重新界定了内心生活和外部生活。持久的注意、意识和内省等打破自动化思维的品格将变得特别困难，因为我们淹没在信息的汪洋大海中，而多半的信息是简短的，指向最新的新闻。

早在 1976 年，约瑟夫·魏泽鲍姆（Joseph Weizenbaum, 1976）就探讨了工作上欲罢不能的程序员的性格。他发现，这些人对身体的需求不感兴趣，与周围世界脱离。在高技术成为日常生活一部分的国家里，遇见这样的人不足为奇。

我 2000 年旅行时遇见的古巴人一般都很活泼，喜欢直接与个人接触，感性，与近身的现实联系。令人印象深刻的是，两位古巴计算机技术人员刚好相反，他们与人若即若离，言语不多。我意识到，日常接触工具——这里的工具是计算机和编程（这些工具在古巴只有三年的历史）——对社会态度和个性的影响超过对社会集体的影响。

个性和生活选择大概有相互的回馈，但毫无疑问，技术也形塑心理。

早期的道家云，工具的使用有把人变成工具的风险。今天，从中国香港到巴西，从立陶宛到南非，从埃及到新西兰——凡是在人们使用互联网的地方，他们都点击相同的图标，使用统一的电子邮件和聊天软件，用同样的脸书模式链接，这就是心灵的全球化。

第一节　技术不可质疑

马克·斯洛卡（Mark Slouka）在《世界之战》（*War of the Worlds*, 1995）里忧心忡忡地传达了，被数字革命渗透令人担心，人们不反思那真正的含义：“我们在全国听到的唯一关切大体上是，我们有些人可能会掉队”（p.9）。

在媒介史上，从来就没有多少媒介对人心理影响的反思。从负面影响反思者寥寥无几，而且他们常常被视为反对进步和革新。

技术人不相信自己会被技术改造。实际上，他已被人说服，他是技术的主人。他相信自己的内心生活（事实上今天不为人知，就像弗洛伊德之前不为人知一样）是不会被任何工具修正的。他的心灵被认为是高于一切的；工具至多不过延伸他心灵的可能性，绝不能影响他的选择。但即使机械工具对人的影响也不小，遑论信息工具。

技术人受制于笛卡尔的二元分割：物质世界和思想世界的分离。技术人认为物质优先。早在笛卡尔之前很久，《圣经》就赋予我们物质的主人的角色，授予我们上帝的土地。这是一种无意识的信念：我们的心灵优于一切，结果，罕有关于技术改变心理的辩论。

第二节　用身体去学习

鸟儿本能地筑巢，许多动物“知道”如何狩猎觅食，但人只被施与了一套有限的本能。其他一切都源于学习——很大程度上是一个具体的体现过程。虽然从幼儿园起就强调阅读书写和记忆，但引向学业成功的因素很可能还是游戏和社会技能。研究证明，儿童用身体学习。比如，儿童早期对几何物理的理解几乎就是身体的学习。

《自然》杂志刊发的加州大学圣克鲁兹分校的一篇报告证明，动物学习运动任务时，脑细胞联系立即形成并永久强化。我们都知道，我们用身体学习比如学骑单车时，骑单车的知识永久留下来。

在进化路上，我们首先看见肌肉出现，接着，由于和栖息地的互动，运动功能出现，然后出现的是相关的神经生理功能。运动对大脑起作用，随后对身体起作用，以便使行为完善。恩格斯注意到，拇指与其他四指对握和直立行走完成一百万年以后，大脑才进一步发达。改变大脑的是人的活动，两者的贡献不是反过来的。

他的观察被稍后的化石记录证实。手的复杂动作尤其影响我们的神经系统。从悠远的时代起，身体运动和体力劳动的“技术”就影响并“开发”人的大脑。在相互回馈中，我们的大脑形塑了我们日益复杂的工具，直到我们达到当代工具的水平。当代工具几乎专门与我们的脑子互动，并形塑了我们的神经系统。

2008 年，伦敦大学学院做了一场著名的实验，研究者用磁性扫描仪阅读 20 位的士司机的大脑活动。司机在虚拟的伦敦街道上开车。研究者用脑功能磁共振成像扫描，得到司机把乘客送达目的地过程中详尽的大脑图像。

司机计划线路、寻找熟悉地标、思考乘客的情况时，不同的脑区被激活。在穿越复杂街道寻找正确线路所需的信息时，被激活的脑区增多。更早一些的研究发现，的士司机的海马区大于大多数人的海马区。海马区是导航所需的重要区域。

第三节　技术“影响”我们

首先与我们的脑子互动的技术直接对神经生理产生影响。比如，脑功能磁共振成像扫描对每周看暴力视频 14 个小时的 18 至 26 岁的年轻人进行研究，结果显示他们的小脑扁桃体激活。小脑扁桃体在颞区，被认为是边缘系统的一部分，本能性情感反应在此发生，包括我们对威胁反应的调节。

另有实验证明，计算机新手用谷歌搜索三天，结果就足以改变其神经回路，尤其激活侧前额皮质，这个中枢对短期记忆很重要，对感性信息和记忆信息的整合起作用。无论是信息技术与脑子互动，抑或是机械工具主要与身体互动，两种情况都对我们的身心产生影响，甚至造成永久性的影响。

高科技工具所需的人体动作主要在手和手指，我们用鼠标和键盘，触摸屏幕。据《美国科学院院报》（PNAS, 2009）报告，手势激活的脑区和语言相同，都在额下和颞后区，做手势的意大利人很容易证实这样的互动。

仪式性手势总是和心态的激活联系在一起。印度教的动姿是手和手指组成的精神姿态之道。古老的训练比如茶道和太极有与心灵发展相连的动作。

手和脑的联系是最强大的神经联系。手写本身涉及细腻且高度个人化的动作，借助笔迹学甚至能窥见我们的个性。有些技术几乎只和脑子互动，几乎不和身体互动（长期静坐电脑屏幕前明显的心血管风险和肥胖风险除外），如果我们只使用这些技术，会产生什么后果呢？

某些脑区的激活是人类进化故事的全部吗？我们的认知能力贮存在人体的每一个器官和细胞——会不会是这样的呢？或许还存在于身体之外，比如存在于电脑和神经系统之外呢？神经影像学不能推导出意识本身，智慧或伦理更不能在大脑中定位。

如果说伦敦的士司机根据导航经验开发了一部分大脑中枢，当我们只依靠 GPS 导航时，会出现什么情况呢？我一位朋友开车从南到北穿越意大利。我问他走的是什么路线，是否经过了什么什么城，他回答说没有注意，因为他跟着 GPS 导航走。的士司机发达的大脑中枢如果不用就会退化——有没有这样的可能性呢？更令人不安的是有关儿童额叶发展的研究成果。

第四节　技术是生死攸关的大问题

我们依附、迷恋、需要工具，这有悠久的根源。和其他物种不同，人类不具备在专有的生态区域生存的自然的特化倾向。倘若我们不会用技术手段在环境上运行，我们早就灭绝了。

对人的生存而言，用火、用狩猎工具、修理犁头或拖拉机等硬件形式的技术是不可或缺的。机械工具调动整个人体、空间想象力、注意力和专注力，这是安全使用机械工具的必备条件。人类需要记住领地特征、工具操作的模态和工具的存放位置，这是生存必需的能力。

即使最原始的人群也需要拓展力量的工具。比如，人类只能生存在温度范围狭窄的地区。有一个时期，没有危险掠食者的环境几乎是不存在的，所以人类需要用工具提供安全保护。

我们能理解为什么我们如此依恋技术，如此依恋由技术获得的力量。那是关乎生存的问题。我们还完成了用硬接线的方式去注意新的视觉刺激，以便识别潜在的威胁。在进化过程中，注意新的刺激得到了令人愉悦的多巴胺刺激，如今，屏幕上变化的像素就是这样的刺激。

第五节 二进制与内在二元性

技术不断发展，把我们带到当代的数字技术。计算机和电子设备的核心都由 0 和 1 构成，二元序列用编码文本、图像、视频来表征世界。工具的内在结构反映它被使用的方式，正如材料分子结构反映其宏观特征比如密度、质地和阻力一样。

分裂、区别、选择和重复是布尔逻辑的主要形式。在用于开发程序的计算机语言里，主要的逻辑结构之一是“如果 – 那么 – 其他”的三元运算符（如果 A，那么 B；如果不是 A，那么 C），这样的结构使陈述式能在选择和二元性的基础上运行。

功能的二元形态是理性思维的典型特征。计算机延展了这样的认知模态。心灵的第一个二元分割事件起始于婴幼期，婴幼儿区分愉悦 – 美好 – 爱 – 温暖 – 关心的感觉和不愉悦 – 不好 – 恐惧 – 孤独 – 饥饿的感觉。首批的观念是在分裂经验中诞生的。婴儿还没有任何观念或理解身边事情的途径，但已经拥有感觉和感知办法。

在婴儿未分化的世界里，最初的二元心理结构形成和他的生理紧紧相连，比如感觉好坏就是这样的结构。稍后，他的二元态度将产生更复杂的心理结构，比如进一步精细界定的概念和构想。

在藏传佛教里，心（mind）的性质被认为是二元结构。其作用是强化我们与人和物的分离。“拥有二元感觉者，即把握或排斥外物者——这就是心。根本上，心就是与某一‘他物’相连者，换言之，和有别于感知者的‘某物’相连者就是心。这就是心的定义。”（Trungpa, 1991, p. 23）

我们的心不仅是机械的、逻辑取向的二元工具——我们还能感知到情绪。虽然思维和感觉常被视为不同的实体，但在藏传佛教传统里，心还包含情绪和感觉。即使最吸引人的感觉都和心有关系。情绪支持心的运行。创巴仁波切（Chogyam Trungpa）解释说，“白日梦和散漫的思绪是不够的，如果只有它们，那就太枯燥。二元的把戏太单薄，我们往往生成一波又一波的情绪，涨涨落落：激情、攻击性、漠视、骄傲——各种各样的情绪”（p. 23）。

情绪支持心，使它维持二元分离任务。连计算机都演化出超越工具的一面，它不再仅限于鼓励脑子枯燥、理性的态度。如今，计算机用音乐、视频、性和社会联系滋养我们的情感。

第六节　用心脏去体认

一般地说，心灵被确认是思维器官，但不是唯一的认知形态。还有另一种通过心脏的方式，不仅应对情绪的方式，与探求真义（truth）有关的方式，直接认知的方式。精神传统认为，求知的心脏接受寰宇意识（Universal Consciousness）的智能。

精神的心脏（spiritual heart）与能量的人体相连。比如，心轮（Heart Chakra）就在胸部。即使能量联系被认为是不科学的，但科学发现证明，心脏有神经细胞，这些细胞也向大脑传送信息。

心脏拥有自己的神经系统被发现以后，美国的心脏数理研究院（The Institute of HeartMath）着手研究感觉即心脑交流和认知功能的重要联系。在《心脏科学》（*Science of the Heart* 2001）的研究报告里，他们指出，心脏生产最大的电场，约为大脑电场的 60 倍。心电图机可以在体表的任何部位探查到心电场。此外，心磁场比脑磁场大 5000 倍；在离人体几英尺远的地方，在任何方向，都可以用地磁仪探测到心磁场。也许，进一步的研究将要揭示，心脏的神经生理机制就是我们微妙认知能力的人体对应机制。

心脏可能是比心灵更广、更深意义上的认知工具。心脏的认知模式不通过分裂和推理而生，而是以直觉和接受的方式生成。清空了条件作用和信念的心灵为心脏的认知能力腾出空间。

如果说心灵以非此即彼、0/1代码即二元性的方式运行，心脏的认知地图就以两者并举的方式和逻辑运行，它把被心灵分离的两个实体联系起来，把个人的自我和存在的其余部分联系起来。在有些传统中，精神觉悟被称为非二元性，这暗示着心灵二元性的终结。

如何与精神的心脏相联系？你可能想象用爱去体验——但那是特殊的爱。阿尔玛斯觉得，灵魂的基本特征是为真义的爱而爱，爱是真义的表达。正如客观性的心理品质必然产生爱真理一样——爱真理是心的品质——头脑和心脏的许多品质是相互联系的。

自我的生成是防卫性的，这是应对和掩盖难以忍受经验的方式。因此，内在实现所需的基本品质与自我的防卫性迥然对立。防卫和抵抗有害于真义，爱则是支持真义的。爱真义使防卫消失，能揭示一种经验——起初为了确立抗拒模式而防卫的经验。

婴儿期的首次分裂生成自我，同时生成二元心理。这次分裂在婴幼年发生，和难以忍受的痛苦有关，例子有好坏感觉的分裂。那最先的幻觉是最先的虚拟现实“软件”。这是塑造每个人生命必不可少的、人性的、难以避免的一步。然而，通过爱真义以重获人性的完整仍然是可以揭示和消解的幻觉。

心灵能大力支持真义的探索，但到了一定的深度，它又是无能为力的，因为心灵的存在本身依靠掩盖真义。对心灵而言，揭示真义就是自杀。不过，心脏喜欢揭示心灵不能探查的层层真义。

鲁道夫・施泰纳（Rudolf Steiner, 1991）也指出了心脏未被人认可的认知功能。他把爱的能力视为获取高阶知识的第一步，这是上升到直觉水平不可或缺的。只有重新界定爱到极致的能力并将其灵性化，才能了解心脏的认知功能。不过，在我们物质主义的时代，这没有被当作认知力接受。必须要演化到足够的高度，人方能把爱的能力变为认知力。

二元心理的降生是心灵发展必要的一部分。为了认识自我，我们需要区分自己和他人，需要养成个人的个性。在精神发展的高级阶段，二元心理被超越，同时被超越的还有个人的个性。奥修（Osho, 2008）提出这样一个观点：

> 存在是不可分割的；一切分割都是心理分割。心灵观照万物的方式造成二元性。心灵的囚笼使心理分割。心理不可能不分割。心理难以把两个矛盾构想为一，把对立的两级视为一。心理有一个强制性的冲动执着地寻求一致。它不能把明亮和黑暗构想为一。

心理综合论（psychosynthesis）创始人阿萨鸠里（Assagioli, 1971）做了这样的表述：

> 我们通常不能说，一个人始于何处，另一个人止于何地。在和谐的群体里，在有组织的集体里，自我的界限、群体成员个性的界限倾向于流失，并不清晰。我们浸没在心理氛围中，沉浸在多种分殊的集体心理中（p.18）。

通过二元分割，我们失去了整体的亲密连接，但获得了其他物种不曾有的强大的心理能力。分辨事物的意识使我们能界定人际分离的自我个性，使我们能对外部物质进行干预，并打造复杂的工具。

第七节　我们与工具同一：从黑猩猩到晶片

除了人类，只有少许动物具有使用工具的身体特征和心理特征，最突出的动物是猴子。手的动作由大脑的 F5 区控制。意大利帕尔马大学的里佐拉蒂（Rizzolatti Umiltà, 2008）记录了两只猕猴手的动作，它们学会了用钳子取食。他记录了 F5 区和 F1 区皮质的活动，摆弄器物时的活动。他发现，猴子用手抓和用钳子夹的皮质活动是相同的，于是得出结论：神经活动从手迁移到工具，仿佛工具就是手及其末端手指。他还指出，f5 区富含镜像神经元，这是他稍早前的发现。手动时或看见别人手动时，镜像神经元会兴奋。专攻工具使用的考古学家迪特里希·斯托特（Dietrich Stout）告诉我们：“显然，猴子使用工具的含义是，工具融入身体基模（body scheme），质言之，这就是身体的延伸”（Umiltà, 2008）。

猴子不能区分自己的手和手用的工具，仿佛工具就是它身体实实在在的延伸。这使人想起麦克卢汉的论述：媒介和工具是人体和人脑的延伸，无论这工具是狩猎的工具、语言“技术”、印刷机，抑或是当代的认知延伸。

工具可能像是神经层次上的人体延伸，但我们区分事物的意识使我们理解，工具是“外在”的东西。在里佐拉蒂的实验里，神经科学难以把握的意识因素缺失。意识是否在场、缺失以及何为意识都不能用实验来确认。

猴子体会不到人的自我意识所生成的二元性，它似乎更接近“与万物齐一”的精神状态——超越二元性。不过，这样的齐一发生在前意识层次，不发生在意识走向真义的终点。

我们的自我意识亦喜亦悲，因为它使我们陷入二元心理的困境，把我们和其他的存在物分隔开来，把我们的心理分裂为互相矛盾的部分。然而，自我意识又使我们能完成饥饿的猕猴所不能完成的任务。自我意识以及自我的发展把我们和其他存在物分离开，它是猴子的心理和我们的精神启蒙状态之间的中间阶段。

和猴子一样，每当我们使用工具时，我们都失去对自我的意识，即使知道我们与工具是分离的，我们的注意力往往还是被引向工具，于是我们就忘了自我。猴子不识别自我之外的东西。也许，对待我们的老朋友工具时，我们也报同样的态度；自古以来，我们就与其融合，借以刺激我们神经系统的进化，确保我们的生存。

工具作用于脑子时，忘记自我的情况很容易发生，电视和互联网就是这样的工具。它们吸引我们，直到我们专注于外部的刺激。这使我们想起我们曾经需要注意环境以求生存的时光。

技术的吸引力多半依靠其性能：它唤起我们的紧迫感，使我们惊叹。我们的意识被魔术师重新定向或被绑架时，魔术就生效了。电子小玩意儿比如魔盒降低了我们对广泛意义的意识，使我们的注意力指向诱惑人的闪光，造成一个全娱乐的社会。

我们陶醉于任何小机巧技术时，就难以维持观察者身份，难以与自我保持接触，难以不消失到工具和信息流中了。

第八节　重新连接心流

于是就生成一个悖论：我们不是完全浸淫在吸引我们的活动中，比如舞蹈、做爱或演奏乐器，而是忘记自我——然而，一种内在的“见证”形成了。这样，动作和对动作的知觉联手。动作的主体消失，意识却留下了。我们忘记小小的自我，却与较大的活动（如做爱、音乐）融合，我们和意识重新连接。我们短暂地放弃了心灵的第三身而到达第四身——第四身是有意识的观察者。印度教深奥教义认为，第二身是情感身。

如此，我们就不至于在行动中迷失，不像用钳子的猴子，也不像浸淫在屏幕媒体里的人。相反，我们在行动的意识形式中找到了深层的自我。

奥修（Osho, 1990）说，这样的事情是存在性的，不是智能性的。我们全身心体验这样的事情时，感觉到新的东西，不觉一惊。全情投入歌唱时，全新的意识油然而生。歌唱者不见了，唯有歌声留驻下来。但歌唱者并非全然无意识。相反，意识拓宽了。

稍早，奥修（Osho, 1970）写道：

> 如果你百分之百有意识，你成为“见证者”，来到一个跳跃的起点，使进入意识状态成为可能。在意识状态中，你失去“见证者”，唯有见证的过程留驻：你失去了动作者，失去了主体性，失去了自我中心意识。于是意识留驻，没有自我（p. 190）。

无论是在神经科学领域或心理学领域，西方的心灵历程都不曾构想没有自我的意识。不过，即使从我们自我的状况来看，我们也能通过浸淫于行为而瞥见灵光一闪的顿悟。我们能再次整合为一。舞蹈时我们与舞蹈合一。做爱时，我们与爱和爱人合一。演奏乐器时，我们与乐器和音乐合一。米哈伊·奇克森特米哈伊（Mihály Csíkszentmihályi, 1991）将这样的整合称为心流（Inner Flow）。

整体态（totality）是欢乐表达和意识同在的状态。意识扩张并拥抱行为，行为者和见证人合一。冥想练习可以达到这一状态。身心调动的活动如呼吸技巧、强烈的性爱也可以达到这一状态。有时，迫在眉睫的危险也能突然增强我们的意识。

我们并没有意识到，客体抓住我们的注意时，我们失去了自我，就像猴子不知道自己在用钳子一样。“见证者”消失，我们在外物中失去意识——无论这外物是工具、他人或屏幕媒介。我们掉进心理学所谓的与物或人的对象关系（object relation）中。

在对象关系中，我们失去内见证，我们容纳外部现实，仿佛它是我们精神的一部分。比如，我们无意间把朋友或恋人视为替代父母的功能对象。此时，我们和那个人的关系就不是与其个人特征的关系，而是我们心理结构和期望一部分的对象。

雪莉·特尔克（Turkle, 1984）探索，计算机如何成为我们心理模式里的功能对象。我们能与技术对象融合，将其纳入我们对象关系的星座里。计算机能成为我们融合的功能对象，就像与母亲那样安心融合。

第九节　从旁观者到见证人

我们把期望、推断和需求加诸现实时，其实离猴子并不远，它会误认为钳子是自己的手。我们把现实嵌入自己的心理结构时，我们与现实合一，不像自我被超越时的状态，那时的我们是与整体合一。与整体合一时，我们倒退回前意识状态，不能把我们的投射与现实真相区别开来。

表面上看，我们又整合为一，但我们在路上失去了意识。我们没有成为自我的见证者，而是成为单纯的旁观者——我们把注意力带到外部世界，同时忘记了内心世界。

诗人和导演贝尔托·布莱希特（Bertolt Brecht）相信，观众无批判地浸淫于他那个时代的戏剧，这使纳粹的编舞艺术被放大了。他创造一种戏剧技巧，使观众的注意力重新回到自己身上。这是记住自己的技巧，神秘主义者葛吉夫（G.I.Gurdjieff）在西方传授的技巧。布莱希特之后，人们对媒介的迷恋指数般增长；今天，许多媒体使我们与自我拉开距离，使我们的心灵洞开、被人操弄了。

第十节 心理空洞与技术填料

无论有无技术，人的成长都有生长和失落。在各个成长阶段，这个心灵演化的过程都以各自的速度养成各种心理品格。基本心理品格的失落或缺乏可能发生得很早。

对象关系的内化是个性发展一个必要的阶段，但在自我理解的高级阶段，对象关系必须要被理解和放弃。甫一降生，甚至在此前，我们就需要通过与他人的关系来喂养我们的心灵。稍后，我们内化对象关系，无意间将其投射到他人和工具身上——从小熊熊玩具到脸书。这样的对象关系不能用必需的品质来滋养我们的心理时，一般会发生这样的情况：我们感觉内心空虚，试图补救。

阿尔玛斯（Almaas, 1987）认为，新生儿的发展始于同一状态。三个月大时，一个“融合”的二元同一状态出现，这对母婴关系的发展至关重要。这三个月支持稍后的力量、价值、欢乐品质和个人本质的发展。但由于不完善的干扰和冲突，这些品质可能会发育不全。创伤性遭遇阻碍品质的发展，因创伤的性质和发展的时间而略有不同。当一种品质最终被堵塞时，空虚的感觉——像内心被掏空的感觉——将伴随我们未来的人生。

新生儿享受最好的身心呵护，这一点至关重要。然而，即使有幸享受最呵护他的家庭环境和社会环境，初始的心理品质的部分缺失或全然消失也难以避免。从二元性的出现到基础品格的缩减或消失，个性形成的过程是必然发生的。

在通过心理－精神路径发展自我意识的过程中，我们重新发现心灵的基本品格，那是在婴幼儿时期失去的品格。我们甚至能达到超越二元性的状态，与婴儿的原初本能截然不同的状态，与婴儿整合的、非二元性不同的状态；婴儿缺乏区分力和意识。

与心灵深层联系的缺失以及基础心理品质的丧失，会留给我们空虚的感觉。我们必须要想办法补救。无论是否意识到，每个人都觉得内心空虚，都需要再次成为完整的人——如果不能用正宗的方式，至少可以用替代品，就像婴儿的奶嘴。通过对象关系内化和想象，心灵本身会得到补偿。

心理部分的失落感就像是截肢——我们需要假体才能感觉到自己是完整的人。正宗基本品格的住所被自我的假冒部分夺占，冒牌货模仿正宗的品格。比如，通过顽强的努力和自我的施压，本真意志力的失落是可以补救的；意志力给人深层根基的感觉，宛若宇宙的支撑。力量可以被骄傲取代，同情可以被肤浅的多愁善感取代。自我的能力受限，只能做这么多。

既然我们灵魂深处并不能找到每一种真实的品质，寻求补偿的努力通常就指向外部工具。由于历史和宗教原因，用技术拓展的需求源于重新发现部分自我的需求，那是生活之旅中失去的自我，我们需要回到原初的健全状态。

除了延伸我们的身体——比如开汽车，我们还把内在品质投射到技术上。比如，心宁神静、亲密感觉和个人意志就是这样的三种品质。通过诱导消极和接受的心态，电视有望满足平静和放松的需求。同时，正如一些研究者所示，一旦看完电视，我们又感到不安和受挫。为了缓减这样的烦躁，我们又看更多的电视。

通过社交网络和交友网站可以获得亲密的感觉。我们的连接揭示深度接触的欠缺，因而更感孤独。解除孤独感的办法是通过互联网寻求更多的联系。

内在意志力的需求投射到不知疲倦的机器上，它们永不停息地为我们的利益服务。这种机械化主导着我们个人意志的意识，所以，我们通过技术去谋求更多的自动化和权力。

我们调动心灵，努力补偿失落的品质，那是在概念心（conceptual mind）形成之前失去的品质。就像陷入泥潭的汽车一样，越用力挣脱泥潭，反而陷得越深。通过外部工具去得到东西，只能开启恶性循环，因为那种方式永远达不到目的。

我们依靠技术去恢复自己的完整性，可能因此而成为技术的伺服机制。刘易斯·芒福德（Lewis Mumford, 1934）指出，自时钟到来以后，我们经历了从遵守时间到节省时间再到服务时间的过程。自时钟发明以来，技术发展得更加复杂和无所不包了。

第十一节　无形无象的纯思维

技术被赋予很大的力量，我们和身体的亲密感觉脱节，两者的原因大同小异。一种笛卡尔式的“纯思维”优先于其他认知方式。

虚拟系统在 20 世纪 90 年代出现时，马克·斯洛卡（Slouka, 1995）写道，物质世界提供的语境使我们能明辨善恶，生死苦乐提供我们判断何谓更好的基础。相比之下，虚拟系统提供的是脱离世界的现实，我们看见的是没有伦理基础的宇宙。

数字环境基本上是无形无象的。身体有一个边际作用——甚至可能被视为阻碍。这种态度的根基在于犹太－基督教传统，它流放身体，甚至远离神——这就是万恶之源。市场社会正在恢复我们的身体，却几乎全都囿于享乐。我们对人体的知识转换为技术知识，归结为：我在跑步机上燃烧脂肪需要什么样的心率？什么样的体检结果才能让我确信，我健康无虞？我如何用化学品改进身心健康？我如何用基因技术再造自己？

从外部看身体却感觉不到人与身体的关系时，人与身体的关系是很容易被数字化的。如今的人体被技术管理——从生到死。几种研究报告指出，妥善的大脑发育需要婴儿与母亲的乳房接触，使婴儿既接受环境的刺激，又接受适当的人体接触。没有这两个条件，人的智能和社交能力就不能正确地开发。稍后，自我意识就觉得重获了身心和意识能获得的品格。

西方文化贬低身体的价值，否定同情之根；我们觉得，同情心位于身体、心灵、感知和伦理价值的十字路口。如果没有人体和有形有象现实的联系，同情和同感是难以感觉的。所以，媒体展现有人被杀时，我们竟漠不关心、无动于衷。反复接触虚拟现实使我们的参与能力弱化。罗纳德·莱因（Laing, 1959）说，“不在现实里活动、只在幻觉里活动的人自己成为不真实的人”（p. 85）。

杰里·曼德尔（Jerry Mander, 1978）在经典作品《根除电视的四大主张》（Four Arguments for the Elimination of Television）中转述了记者简·马戈尔德（Jane Margold）的经验，“这是真实的；一个人的血肉之躯躺在我面前，流血至死，但我没有什么感觉。这就像是一场电影”（p. 236）。

否定身体通向心灵的作用时，同情心就成为单纯的心理状态。自从身心的整体被抢走后，同情心就适合在脸书上拥抱泰迪熊的视频，或文字上的“祝愿你康复”了。

第十一节　心灵成长的工具

工具和技术是用来开发人的真品性的。创巴仁波切（Trungpa, 1999）是一位富有冒险精神的佛学导师。他在西藏长大，回忆如何受西方生活吸引，曾经想西方人一定很聪明。童年时，他得到一只手表，将其拆开，尝试还原，表却不走。稍后，他得到一座自鸣钟，又将其拆开，然后把手表和自鸣钟的零件并排在一起比较。这才发现自己把表装错了。他把钟表的零件清洗干净，装上，钟和表都走得很准。他很自豪。他没有工厂的概念，钟表生产所需的训练和耐心使他印象深刻，手工制作那些小小螺丝钉需要训练和耐心。来到西方以后，他遇见了创造奇迹的机器工人。可是他发现，西方有大量知识，却没有多少智慧。

他对工具的态度既是内心感知，也是外界感知。技术的不同特性比如精密、毅力和耐性在工业制造和心灵建构两个方面都能够匹配吗？工具仅仅是做事和延伸力量的方式吗？它们能用来开发心理品质吗？通过工具，我们需要尽可能达成结果，而不论我们实际在场、全神贯注吗？工具可以被用作心理训练的工具吗？

儿童用游戏的方式使用工具，不必达成什么结果。常常，他们抛弃搭建的东西，因为他们享受的是搭建的活动。在藏传佛教里，有一个习俗是用彩砂创作精湛的曼荼罗。有时需要几个月耐心的工作方能完成，一旦完成，随即抹去。

对一种很简单的工具，比如木刻的小刀，使用者的态度却可能大不相同。我们可以先设计安排，盼望尽快完工。为达成心中的形状时，我们可能会骂两句，达成目标时，我们会感到自豪。有可能，我们动刀时并没有计划，只是跟着感觉走，感觉和木头及工具的接触，让设计跟随时间流动，把“错误”融入一个新奇的图案。还可能，我们有意识地用手发现新技巧，观察某一个念头来自哪里，审视雕刻过程中发生的各种感觉——欢乐、流畅、挫折和沉默。如此，我们就能产生注意力、耐心和觉悟，培养放得下原定计划的能力，并接受不断变化的生活之流。

在我们的文化里，技术意在赋予我们更多的力量、延伸和可能。我们的重点是：我们能用工具做什么，而不是如何做事，也不是工具如何与我们的心理状态相联系。自我负责——毕竟，这就是自我的工作。

对自我来说，干了一会儿，重复性任务往往就变成无意识之举，人的注意力就逐渐消逝。自我心灵渴望的是新奇，很容易厌倦。一旦实现自动化，我们就不会在场、注意并参与——因为任务外包给机器了。自我想要的是目标和力量。

2009年底，人工智能科学家马文·明斯基（Marvin Minsky）介绍麻省理工学院一个新的工程。他指出，他的iPhone手机能下载数以千计的应用软件，使这些软件立即执行新的功能。为什么不能让大脑完成同样的功能呢？“我需要下载玩杂要的能力，学习玩杂要太枯燥乏味”（转引自Chandler, 2009）。

明斯基相信，我们能把玩杂要的能力和学习玩杂要过程中的心理变化分离开来。以笛卡尔的风格，知识被认为是“纯粹的”，和主体的参与分离，与身心的介入脱离。如果我们认为，知识是可以用数字表征的，那么，我们就应该能够下载知识并将其装进我们的神经生理系统，就像我们下载知识装进计算机一样。这是库兹韦尔等人的预测。

如果我们不重视活动作为成长工具的一面，也不觉得我们活动时“在场”，我们就想要将一切能自动化的东西都自动化，包括有助于心灵成长的活动。我们的关注点就会迁移，从活动是否枯燥、有用转向通过我们的存在来塑造我们的心灵。在禅院里，即使最重复性的任务比如淘米扫地都用做悟禅之道。但自我想要的是目标——而且想要快快达到目标。

甚至精神修炼之道如禅宗都提倡工具的使用。一部禅学经典阐述用箭术修习之道：

> 学习箭术的人不再意识到自我，他不像射靶心的人。只有在完全清空自我的情况下，才能达到这种无意识状态。他与箭术的完善浑然一体，不过，那是迥然不同的一种境界，任何持续不断的进行性艺术研究所不能达到的境界（Herrigel, 1953）。

这样的描绘令人困惑。学习箭术的人应该达到了较高的意识程度，可他“不再意识到自我”。他进入了“无意识状态……完全清空自我”，与工具浑然一体。这看上去更像是猴子把钳子误解为自己的手了。

但是，在外部工具里忘记自我是一回事，以神奇的方式掌握工具而放弃自我是另一回事，两者根本不同。如同使用媒介一样，我们过早地舍弃自我；我们舍弃在场，舍弃与身心变化的联系。我们的心里充满了信息，但我们缺乏掌握心理训练所必需的专注力。习禅的箭师经过长期训练把他的觉悟转向心里。他的心进入清空状态，直到他能舍弃自我、击中无念的核心。

外在的箭靶是心灵的隐喻。禅师的弓箭是工具，是通达内在自我的桥梁，不是外在的靶子。我们通过修禅达到那个靶心时，就不再与工具同一，也不再与靶心同一，甚至不再与我们的自我同一。修禅习剑时，我们的心灵完全腾空——如此，我们就可以与万物联系。至于信息技术，我们用它装灌我们的心灵，直到它完全塞满为止。

第十三节　心灵本身就是一种媒介

媒介还可以用来直通灵魂——请考虑照片、小说和诗歌，它们把我们的注意力从外部引向内部。正如麦克卢汉所言，照片的发明可能引起了传统艺术的革命。随后，既然比照片更生动地描绘景物毫无意义，画家们就爱上了解释创造性内在机制的手法，用上了表现主义和抽象艺术。

与此相似，作家也受到照片、印刷媒介、电影和广播的影响。诗人和小说家转向探索心灵的内在机制。借此，“我们获得洞见，创作我们自己以及我们的世界”。艺术偏离物质现实的描绘，走向心灵和灵魂的探索，各种媒介遂相互竞争。

计算机和互联网又如何呢？它们也能称为心灵探索的工具吗？

计算机用作生产工具转变为用作心灵编程，博客和社交网络提供了这样的刺激。这些新媒介使我们能分享内心生活与思绪。然而，互联网削弱了画家、小说家持久的注意和静默。就像水烧成蒸汽一样，改变心理状态需要大量的时间，不能被外部的干扰打断。

前所未有的竞争在人脑和电脑之间展开，电脑成了心灵的延伸和截除。电脑管理和拓展我们的心理能力——记忆、信息搜索、计算、数据分析、路径计划等。从这些任务解脱出来后，我们的心灵更注意元思维，注意思维机制及其内部运行。

但计算机是万媒之媒，它拓展了我们心灵走向外部信息的可能性——有望引领我们进一步远离观照心理的能力。计算机是我们心灵的镜像，用反射图像使我们着迷，就像那喀索斯被自己水中的倒影催眠一样，他再也听不见回声女郎爱的呼唤。于是，他变成水滨的一株水仙花，随时都可以看见自己的水中倒影。

我们可能会承认，计算机是使许多心理功能外包的媒介。但我们从来没有考虑过的是，心灵本身有媒介的性质。它不停地建构现实，可以模拟我们在发展过程中丢失的心理品质。

灵魂与存在融合时，原初灵魂的完整性被截除，心灵由此而生。这一损失引起的震撼抹去了我们对原初本真的承认。所以，心灵唯一能做的事情就是构建自我个性，模仿失去的完整性。像那喀索斯一样，我们被心灵反射的映像麻木，相信这个自我映像就是我们的真我。

心灵导师教导里反复出现的主题之一是，我们的意识在睡觉，为了唤起意识，有必要用内省力来翻找心理内容，内省力是通过冥想和内心探索获得的。

梦境把心灵的外部活动纳入其故事，防止我们梦醒，心灵不停地活动，保持觉醒的幻境。内噪音不足以维持梦境时，它可以生成技术，使造访我们的信息成倍增加。这一切使自我观察难以进行，并防止我们的灵魂超越幻境。

概念心因防范难以忍受的分离经验而生成，它只不过是掩盖真实心灵的媒介。于是，大概是因为感知到这一事实遥远的回声吧，我们将其外包给机械的计算机，借以摆脱它，让我们再次在没有过滤的情况下去看现实。

然而，使我们摆脱幻象的心理品质正是首先要被信息技术隔离的对象。这些心理品质有：持久的内心集中、冥想和静默、充分的身体感知。自我意识有许多维持自己主导地位的诀窍。

我们的心理构建虚幻现实，心理创生于心灵原初完整状态的失落。计算机模拟心灵，用映像之映像使我们眼花缭乱——这是双层的幻象。不二论传统用芒刺的隐喻：一根刺用来挑出脚底的另一根刺，然后被丢在第一根刺的路上。

忘我的状态，以及与数字技术互动所需的有限心理能力的调动，都不足以使我们回到与深层心理接触的状态。我们需要平衡我们给予信息的压倒性关注和一些做法，以便恢复我们最充实的人的技能。它们是：专注力、敏锐识别力、持久注意力和内心的静默，创生力由此而生。

第十四节 信息技术削弱了我们在场的感觉

信息技术削弱了向内看的意志，同时又削弱了身体的活力，身体活力是意志表达的基础。我们的在场、内心活动的意识和外部事情的意识，以及我们从心灵深度行动的能力都被削弱了。在神经生理学层次上，由于长期接触数字技术，赋予我们广域视野和长期谋划能力的大脑额叶就被钝化了。

专注力和爱真义这两种能力能引导我们消解囚禁旧思维定势的心理结构。它们甚至能揭露把我们与原初整合心灵分离开来的主要事件。

精神修行的路径（spiritual path）使我们走向自我理解，把曾经被心灵夺取的角色归还给心腹部。据说，顿悟之道超越心灵之道，或走向“无心”（no-mind）之道。这常常被误解为心理静止的消极状态，甚至静默笨拙的状态。修行者大树下打坐、面无表情的形象一直是常见的图像。

事实上，心灵达到精神状态时效率降低。正如葛吉夫（Gurdjieff）所言，真正的主人回家时，高一级的意识占据首位，心灵遂回归仆人的角色。

主人不在家时，仆人篡夺其角色，甚至在方向不明的情况下维护房屋，使房子不至于坍塌。从心灵到高一级的意识的过渡是通过自我观察发生的。精神探询不是要摧毁心灵，而是要整合心灵。超越心灵之前必须要有心灵——甚至是运行良好的心灵。

心灵的基本技能由计算机管理时，我们不妨相信，我们可以把注意力转向更富有创新力的努力。不背负机械式思维的包袱时，我们应该能把心思指向更高级的追求比如艺术、哲学，或精神修炼。技术给我们的期盼亘古不变：把我们从繁重的和重复性的任务中解脱出来，起初是用机械工具，替代大量的体力劳动；如今是信息技术，使智识性任务更容易些。

由于基本的心理任务已经外包给计算机，我们可以把我们的意识用于自我认知，用于研究我们心灵的内部运行过程。我们可以集中于解构定式的心理机制，从内部去认识我们的心灵媒介。这就是每一种精神修炼的目标：从心智到智慧、从心灵到无心、从自我到顿悟过渡的精神修炼目标。

然而，信息技术似乎更强于把我们禁锢在信息回路里，而不是激发我们更高一级的自我认识能力。自我心理的存活实际上受到信息技术的支持——但它同时又被信息技术肢解分割，这使它永远处在“建设过程中”。源源不断的信息流使我们滞留在同一层次——仅仅是外形变化，就像万花筒。

使用信息技术时，我们冒基本心灵技能萎缩的风险，没有反过来开发更高一级的能力。心灵功能的一部分是掩盖它被造物的本质，并没有真实的本质。心灵甚至使计算机劫持我们的观察能力，结果，我们就看不见心灵是不真实的结构了。

> 首先……你把自己的脑子用作终极拼图。你拿到全部拼图块，将其切割成数以百万计的碎片。然后……玩腻了后，你坐下来拼图，重新拼成可以理解的东西。兰子知道……上帝发明时间，以便让我们能玩这样的拼图。（Ram Tzu, 1990 ）

第三章

信息技术之根

第一节　强烈的生产欲望

西方层层叠叠的深层信仰把我们绑定在一个理念上：一切好的东西都来自经济技术发展。虽然有一些质疑的声音，但长期以来，这些信念成为我们社会的一部分，被视之为理所当然，成为我们集体无意识的一部分。“生产意志”背后的力量可以被视为自我强化回路（self-reinforcing loop）的一部分。

（1）通过商品和技术的生产、分配和消费，期待一个更好的社会（含社会福利、和平、公正、民主和权利）。

（2）未达成上述目标时，有必要在全世界进行干预。为润滑生产机器，有必要进行自然资源的开发。自然资源的获取要得到政府的同意。结果就是经济政治文化体制的出口——此现象名曰全球化。

（3）一切行动都带有强制性，急匆匆，这个重要的因素妨碍人的认识能力，使人难以觉察社会环境的中长期后果。它还妨碍我们个人放慢速度、驻足反思的能力。

（4）愿景中光芒四射的未来从未到来，虽然已有的成就接近那一光辉愿景了。唯一的解决办法是增加生产。绝不会有“足够了”那一刻。

（5）我们回到第一点。这一机制很像是毒瘾的恶性循环。

这一愿景主导西方的诸多意识形态比如“民主市场国家”，其实，整个西方世界都渗透了这一理念。这种思维定势之根非常悠久，早在随工业革命而生的政治 / 社会分割之前就扎根了。

基本的西方思想似乎专属于政治体制即我们所谓的资本主义，但即使其历史的对手马克思主义也憧憬类似的人类天堂美景。马克思认为，通过再分配生产资料（如机器），人们能摆脱剥削，平等、和平和进步就会到来。

第二节　信息技术由《圣经》启动

技术带来更美好世界的理念来自犹太－基督教传统。《圣经》云，上帝在创世纪末尾创造了人类。世界及其万物在人类之前业已存在。万物与人类截然不同，因为人类是按照上帝的形象创造的。这就是将人类之外的宇宙万物称为对象，“在那里”，没有神性。人有灵魂、意识、自由意志，这就是人的独特和优势。

在《主体性的禁忌》（*Taboo of Subjectivity*, 2000）里，艾伦·华莱士（Alan Wallace）分析道，西方的探寻和研究为何仅仅指向创造物的“客观”面，而不是指向人的主观面：

> 为了理解上帝的创造，人必须要放弃一切仅限于人的探寻模式，毕竟，人类仅仅是在上帝创世末尾到来的。人探索预知的方式必须要接近上帝创造世界的视角。他必须争取用超越他自己主体性的局限去看世界，就像上帝超越自然造化一样。简言之，他必须要谋求纯客观（神性）的上帝视角，在他对客观宇宙的一切经验研究和分析研究中驱逐一切主观（亵神）的影响。就这样，客观主义的种子被犹太教、基督教和穆斯林神学引进到地中海地区。（p. 41）

《圣经》说，唯有人是按照上帝的形象创造的。但就传统而言，在世俗生活中，人类永远不可能完全达到神性的高度，只有一人例外：耶稣基督。《圣经》又说，造化被创造出来的目的是让人利用它为自己谋福利。因此，人被上帝的权威赋予权利，他能利用造化达到自己的目标。

基督教补充了原罪和自由意志的概念。人虽然一出生就有原罪，却又被赋予了自由意志——因此，人可以决定向善而不是向恶，并因此而救赎自己。对西方的技术发展和社会发展，这些讯息是极其重要的。

在古代道家文化里，工具已为人知，但被有意识地抛弃了。在经典时期的希腊，艺术和哲学大发展并不是与技术大发展同步兴起的。希腊人甚至不能设计有效利用马力的办法。“柏拉图和亚里士多德都鄙视‘低贱的机械技艺’，大概他们认为，提高效率和生产力的努力不可能使头脑更加高贵。”（Postman, 1993, p. 25）

第三节　技术回归失去的完美

对导致当前基督教世界里人与技术关系的历史事件，戴维·诺布尔（David F. Noble, 1997）进行了分析。他的结论是：西方技术的活力始于中世纪的根基和精神。在古典基督教里，体力活动是被抛弃的，但中世纪时，技术开始与超越性同一，与基督教的赎罪观念联系起来。

随着时间的流逝，技术越来越清楚地和亚当夏娃堕落后重获完美的可能性划上等号了。中世纪基督教经院哲学最重要的代表之一埃里金纳（John Scotus Eriugena）断言，艺术知识乃完美人所固有，只不过在亚当夏娃堕落时被罩上了乌云。然而，通过研究和努力，这一知识失而复得，它能帮助人回复本性，至少部分回归原初的状态。“实用艺术”的进步成为人与神形象同一的标记。学习有用的艺术是为救赎做准备。

作为超越路径的技术在清教革命后期特别强劲。这一革命形塑了资本主义的滥觞期，其殖民目标把“信仰”和“实用艺术”与“上帝荣光”联系起来，与恢复对自然的控制联系起来。那时的科学冒险拓宽了人类干预的领域。

但回复我们失去的完美再也不够了。科学不断拓宽，走向神圣的知识。行动不再局限于创始之初那样的创造，而是走向新的创造。然而，科学家开始自认为创造者时，通过实际行动获得救赎的基督教计划就开始失控了。

弗朗西斯·培根（Francis Bacon）预见到，总有一天，人类会创造新的物种，人会像神，因为“造物主的脚步烙印在圣灵的身上”（Noble, 1997, p. 67）。科学推进了人支配自然的工作，推动由《圣经》赋予人的使命。同时，这样的工作又证明，通过神圣的行动，人是按照上帝的形象创造的。

简单归纳一下基督徒得到的神旨：虽然基本上生而有罪，人还是应该自认为是特别的物种。人有机会通过做善事自我救赎，善事包括技术创造。为此目的，自然应该由人摆布。

但这里有一个问题。在行善者有生之年，善事不会有结果。实际上，根据圣经，永生和幸福只属于天国。我们此生能做的一切就是用此生的美德为来生做准备。

然而，你可以说，人已获永生，因为他曾经和神形的耶稣基督一道生活。不过，《圣经》认为，耶稣是上帝的独子，谁都无望获得这样的地位。我们只能效仿耶稣。我们此生不能遇见神——最多只能在来生够得上这样的资格。

根据《圣经》提供的真义，另有一途达致神性：时间尽头的救赎，大灾大难后末世的救赎。

新的简述是：人在造化中有特殊的地位，但生而有罪。用自由意志，人通过善举可以自救，为此目的而看重创新——但不能指望此生遇见神，因为那是耶稣独有的地位。人有机会未来进入天国，大概是在死后（如果生前表现得足够好），除非他们生活在末世。

与考虑转世的宗教不同，基督教明确表述，我们在地球上只有一生，没有第二次机会。救赎必须要在此生完成。这就需要另一个要素：急匆匆时不我待。如果我们急忙行善，防止未来行为后果的责任心就必然缺乏。如果我们停止生产、开发、拓展在世界上的干预，我们就会感到失落，我们的使命就缺乏意义。

上帝给我们信号，指出我们救赎的机会。但因为我们有自由意志，救赎的行为完全取决于我们自己。如果我们表现不好，我们将在永恒的诅咒中了却此生。然而，即使我们此生表现很好，我们也不能在此生受益。

第四节　矛盾的讯息使心灵短路

接收到这些讯息以后，人发现自己陷入了两难境地——格雷戈里·贝特森（Gregory Bateson, 1972）将这些讯息界定为矛盾的讯息；它们带有强烈的情绪，既缺乏出路，又缺乏清晰的解读。比如，一个人求人拥抱，另一个人靠近他要抱他时，他又变得冷漠和僵硬。贝特森猜想，这样的两难境地可能会导致精神分裂。

以下是西方生活的两难困境：

我们按照上帝的模样降生，必须要效仿耶稣的美德，但我们永远不可能达到耶稣与上帝的那种关系。我们必须要做善事救赎自己，但我们未必能达到被救赎的境界。

我们与世界分离，我们要为自己的目的开发自然。但实际上，人没有与世界分离——环境上和精神上都没有分离；因此，以独立实体与自然联系的企图必然导致异化，导致因环境灾难而自掘坟墓。

我们要为永恒的救赎和革命的未来而奋斗，但这个未来在我们此生绝不会到来。

我们迷惑，急于从两难境地的迷宫中解脱自我。我们试图创造地上天堂以摆脱困境——利用技术来自救。虽然我们与整合的世界分离，当良知清明时，我们还是感觉良好，因为我们施行美德。但我们永远不可能像耶稣，因为我们不敢肯定能达成自救。因此，技术导致在世俗生活里搜寻伪拯救——比如用生物技术在创生和不朽的神圣层面上去操作。我们的文化把奇迹视为上帝存在的证明，同时却又开发仿照神迹的技术。

放弃生产、寻求神奇技术的驱力，那就意味着放弃救赎的希望。与此同时，我们还必须放弃这个念头：人类在创造中有特殊地位，人可以在放弃此生所作所为基础上建立的个人身份。个人行为能引向地上的救赎，却不能对自然产生影响，人会感到失落，被罪感击垮。

第五节　失宠于上帝的孩子

因为上帝只有一个儿子耶稣，所以人觉得自己不像上帝够格的儿子（而且还生而有罪）。所以，就像九型人格的第五型一样，退守、专攻一业、回头展示能力——通过技术变得像神一样强大。技术成为向上帝证明的方式：我们能像耶稣一样创造奇迹，惩罚我们的上帝会接纳我们。即使上帝不接纳我们，至少我们在现世创造了光辉的未来，建成了地上天堂。

至于地上和天堂光辉未来的前景，我们长期苦苦追求的胡萝卜已经腐烂，环境和社会都腐烂了。本应由我们支配的自然并不温顺地屈从于人类的异想天开——脆弱的平衡被打乱时，自然就转身与我们作对，危及我们。

幸福未来的愿景不过是海市蜃楼。但我们不能活在当下，因为我们没有钱行当下的生活。我们的劳作越来越多，消费也越来越多，但我们从未觉得拥有的东西足够多——实际上我们的幸福感越来越少。连我们曾经引以为傲的经济发展、科学、技术也在背叛我们，结果证明它们并不能克服环境危机和社会危机。

第六节　心理防卫

由于受到挫折，在昏暗未来和不幸当下的双重挤压下，精神分裂的人用防卫机制做出反应。

（1）否定一切，直奔使人解放的《圣经》启示录

例子有：拒不承认气候变化是我们的责任，自然资源正在逐渐枯竭。在基督教世界里，启示录与救赎紧紧相连，与众生的得救相连。因此，即使未来是世界末日式的大灾难，即使那是我们自己造成的，那也是解放。否则，虽然精致的模型和科学知识让我们知道正在发生的变化，我们为未来承担的责任却小得令人吃惊——这该如何解释呢？

（2）强推更大的增长

另一条试探性的出路是：脚蹬发展的踏板，增加贸易，降低利率，印发钞票，促进消费，避免停步。这种防卫机制反映和代谢的是：我们的文化走在悲惨的道路上。

第七节　作为终极救星的技术

西方生活的重要主题之一是光明未来的救赎形象。用于工业社会时，这一愿景见证了各种奇迹的诞生，无穷的能源得到了，人类从堕落后被谴责的痛苦中解放出来了。

自由获取无穷能源的神话是地上天堂的心理投映。我们无穷神性的神

话失灵了，因为我们不相信，我们真有神性，因为我们生于原罪，不能获得唯有上帝拥有的东西。在过去的几个世纪里，远见卓识的技术人寻找终极的能源——从煤炭驱动的蒸汽机、电能、石油，到超越核电厂的冷核聚变、氢能，直到可再生能源。

历史地看，每一种新技术或能源引进时都大受欢迎，被当作超越性成就讴歌，仿佛那是回到天堂之路。

铁路工程先驱莫里森（Morison）成为当时领先的桥梁建设工程师，他用上帝福音的语言描绘当时的技术：

> 这个世界正在经历巨变，从来不曾有过任何变革与之匹敌；“这个新时代有别于以前的一切时代”，它将缔造一种全然“新的文明”。这个时代将要见证“蒙昧”“野蛮”“愚昧”和“迷信”终极的、必然的毁灭。随后，“人类必享长期的平和”，其标志是“满足”“舒适”和“幸福”。而且，这样的美好时光不是一城一国的境况，而是全球的美景，没有任何东西能改变它，除非和另一个星球的交流会被打开（Noble, 1997, p. 95）。

印刷机、电报、铁路、广播、电视、空间技术、通信技术和互联网都受欢迎，被当作万能药方了。

卡基（M. Kaki）转用《科学美国人》（*Scientific American*）1996 年 6 月号的一段话：

> 计算机网络为世界和平提供了最健全的基础，世界和平已然呈现。和平必然在理解的堡垒上打造。国际计算机网络将在互相尊重的纽带中将世界各民族团结起来：团结一体的可能性非常广阔，千真万确（Kaki, 1996）。

但这句引语闹了笑话。这句话真的取自《科学美国人》，但那是50年前的一句话，说的是电视。但卡基转引时用“计算机网络”取代“电视”。教育界也发生了类似的笑话。

> 斯坦福大学的教育学教授拉里·库班（Larry Cuban）快速扫描了一种又一种新技术——幻灯片、磁带录音机、电影、广播、投影机、阅读工具包、语言实验室、电视、计算机、多媒体和如今的互联网——果然，人们每一次都发现了教育金矿。最后，那闪闪发光的东西总是要失去光泽，我们发现自己手捧的原来是一块黄铁矿——那是傻瓜的金子（《童年的联盟》*Alliance for Childhood*, 2000, p. 97）

第八节　心灵的本质

环境破坏很大程度上要归咎于社会政治、经济和技术的力量。不过，这一后果的背后隐藏着一种心态。如果世界各国政府提倡可再生能源优先，地球的状况肯定会改善。但除非我们深刻意识到我们的渴望产生的根源，没有任何资源——无论其多么有效、清洁并可以再生——能满足“不够多”的黑洞。

在导致强迫性生产的机制中，两难困境的宗教讯息扮演了重要的角色，但它们不是贪婪的最深层根源。归根结底，自我建构的过程引导我们认为，我们是万物中特殊的物种。拉马虚·巴尔谢卡（Ramesh Balsekar, 1992）说：

> 心智使人能分辨和解释认知到的东西，动物不需要这样的能力。可见，心智使人能分辨和解释认知的能力赋予人个性的感觉，是他认

为自己在万物的表现中特殊。再者，他甚至相信，万物的表现都是为他的得利而生！如此，他就一直想，“我如何从开发自然得利？”人类使自己“获利”究竟到了什么地步——我们大家都看清楚了（p.16）。

即使更光明未来的希望之根也远离技术和基督教。阿尔玛斯（Almaas, 1996）对此做了阐述：

> 自我的中心——自我的主动性、行动和感知的中心，是一种心理结构，其特点是特定的模式和不停的心理活动。其模式或特别的心理组织提供行动的方向，其活动提供行动的驱力。这就给自我以方向、中心和意义的感觉。心理活动包括希望——自我有意无意地希望达成目的或理想。这意味着，我们向未来投射达成某一目的的可能性……希望启动欲望（p.85）。

心灵的本质（nature）比宗教的本质更古老。自我获取无限力量的意志暗示，每个人心中都有一个无限的精神本质。达致这一精神本质是真实的追求，但它被自我心理占用、被技术当作权力意志实施了。

人有认识自己神性的潜力。连自我也不能忽视无限精神本质的呼唤，在它有限的层面上，自我能尽其所能，尝试变得更“高大”。

> 精神实现（spiritual realization）不主张用暴力使有限转换，因为精神实现的本质是爱局限，不是恨局限。相反世界的混乱源自创造和救赎的极端分离，靠急剧变化的手段、用技术改造自然的企图由此促成（Watts, 1950, p.188）。

第九节　概念碎片与固守心灵的技术因子

在过去的几百年间，西方哲学和科学瓦解了千百年来仔细建构的许多确定性。首先，康德洞悉心灵的局限，理解“物自体”（thing in itself）。随后，尼采和海德格尔挑战现实的本质以及我们理解这一本质的能力。哥德尔（Gödel）发现一切形式系统的局限，而量子科学家使我们的现实感连根震撼。

神经科学家使我们更加怀疑个体自我的本质和自由意志的存在。现在，人工智能开始解构我们的思维过程。最近几十年来，我们见证了意识形态的终结，宗教露出了黑色的下腹部。我们在伦理上和意识形态上被清空，在经济上和环境上受到威胁。

确定性不再被摊在阳光下。为防御不确定性引起的不安全感，21 世纪的我们用多种不同的方式回应。一是向后看：通过宗教派别和领地身份固守旧的确定性，带来原教旨主义、狭隘主义和种族主义的高涨。

另一种反应是放弃。因为没有确定性、没有希望，许多人感到压抑。现在有了第三种方式。波斯曼（Postman, 1993）写道：“在观念的残垣断壁之中，只剩下一个可以相信的东西——技术。”

第十节　不朽的探求

由于思想的确定性受到哲学、知识论和科学的威胁，技术存在物（technological being）就开始追求不朽，尤其是心灵的不朽——心灵被认为是最接近上帝的实体。

心灵被认为是人最高级的表现形式。心灵不朽的追求有历史先例。比如，印刷机起初被视为追求不朽的工具，因为人们为千秋万代留下自己的思想记录。终极的升级版将是下载我们的心灵并将其上传到互联网上，以永远保存我们思想的内容。

聪明的科学家和强势的企业家支持这样的工程。最强大的信息技术公司之一甲骨文的总裁拉里·埃里森（Larry Ellison）赞助不朽研究院（Immortality Institute），这个组织的使命是“征服非自愿死亡的阴影”。

谷歌和NASA赞助奇点大学（Singularity University），其校长是提倡不朽的雷蒙德·库兹韦尔。该大学集合公司领袖、研究者和企业家，以研究“各种技术加速发展所引起的前无古人的进步，包括生物技术、纳米技术、人工智能、机器人和遗传学的进步。”

雷蒙德·库兹韦尔是未来学家、才气横溢的发明家，著有《奇点临近》（*The Singularity is Near: When Humans Transcend Biology* 2005）。他展望未来的一个世纪，进化中的人类通过电子技术和生物技术与机器连接。他的研究和发明涵盖面广，从音乐到人工智能，从言语识别到光学。他给奇点下的定义是：在这样一个时代里，我们的智能不断增加非生物性，比今天的智能强万亿倍——一个新文明即将破晓，它将使我们超越生物局限，将放大我们的创造力。

库兹韦尔和格罗斯曼（Kurzweil and Grossman 2004）预测我们智能的提升，让大脑与非生物的智能纳米机器人融合，使我们的神经元能在局域网里与纳米机器人交流。我们会一直在线，直接从大脑开始，通过网络与别人的大脑交流。

这一追求和极端生命延长的研究相似——甚至和永生不朽相似。库兹韦尔相信，通过生物技术，我们在最根本的层次上对我们的生物性重新进行编程。接受《什么是启蒙》（*What is Enlightenment*，已更名为 *Enlighten Next*）这一杂志采访时，库兹韦尔说，我们处在信息技术和生物学的十字路口，我们把生老病死理解为信息过程。

他认为，我们可以开始给基因重新编程，基因被视为软件编码。生物智能和非生物智能融合后，人类的智力将极大地拓展，于是，思维过程将是两者的杂交。非生物智能将强大得多，从而产生智能的新形式和增强形式。库兹韦尔写道：

> 这还与长寿有关，因为非生物系统长寿的实际情况与生物系统不同。如今，我们生命的软件是我们大脑里的信息。我估计，其容量是数千万亿字节，代表着我们的全部记忆、经验和技能以及我们大脑的总体状况。这就是软件，它与我们的硬件千丝万缕地连在一起。我们大脑的硬件撞裂以后，其软件也随之死亡（转引自 Hamilton, 2005）。

库兹韦尔把我们的整个生命视为信息档案，称之为“心灵档案”（mind-files）。我们大脑里的信息独立于硬件后，我们可能就达到不朽的高度了。有人问他，“人们会说，想要不朽的念头是不自然的，对于这一理念，你怎么说？延寿的追求违背生死的自然周期，如果我们长生不死，我们就步出了秩序，在某种意义上就不再是人了吧？”他回应时说，他认为，我们这个物种独步天下，我们不断努力超越我们之所能的自然边界。我们没有被我们的生物性囚禁在坚实的大地，连我们智能的局限也没有捆住我们的手脚。人生最高尚的目的是开发各方面的知识，从艺术到科学技术（Hamilton, 2005）。

库兹韦尔追求不朽的动机背后有一个感人的故事。他童年时代丧父。他和父亲弗雷德里克畅谈音乐和科学。他是个聪明的年轻发明家，努力用很多方式让父亲高兴。他接受《滚石》（*Rolling Stone*）杂志（2009 年第二期）的采访时说，通过他父亲的 DNA 以及能在人们大脑里漫游的纳米机器人，他能重建父亲的心灵，赋予它形态，就像虚拟现实里的化身，或者像功能完备的机器人。采访者问他首先对父亲说什么，他回答道："您记得我们用计算机创作音乐的谈话吗？说它们终将胜过模拟计算机吗？哦对了，我实际上动手用计算机搞创作。"

库兹韦尔对父亲的挚爱令我深深感动。同时，年轻的库兹韦尔争取父亲赞许的形象在我眼前晃动，他不甘心接受父亲逝去，想要重建父亲的心灵，以继续他们中断的联系。不过我相信，他分享的远远不止是与父亲的"心灵档案"。

第十一节 复制、改进和创新思想

库兹韦尔不是预测技术驱动的救世主世界的第一人——也不会是最后一个人。如果心灵被视为进化的终极产物，那么，我们就能将其指向更高效、更强大、永恒的心灵，用电子技术和遗传工程支撑的心灵。

1969 年接受《花花公子》(*Playboy*) 访谈时，麦克卢汉把电子媒介比喻为基督再次降临，热情洋溢地说：

> 电子媒介的发展终于使心理上的公共整合成为可能。这种整合开创了但丁预见的意识普世性。他认为，人结为一体，形成统一的、无所不包的意识之前，始终是支离破碎的。从基督教的意义上说，这就是对基督神秘身体的一种新的解释。毕竟基督是人的终极延伸（转引自 Harkin, 2009, p.58）。

我们发现，将心灵下载并上传到网上的驱力可以追溯到 1964 年。麦克卢汉在《理解媒介》里写道："既然已经将我们的中枢神经系统延伸进或转化成了电磁技术，那么，将我们的意识迁移到电脑世界中去，只不过是再走一步而已"（p.60）。

另一个极端的技术倡导者汉斯·莫拉维奇（Hans Moravec, 1999）指出，心灵的内容可以在机械设备上复制，甚至可能像器官一样地植入设备。他假设，借助光学物理环境，生物脑（biological brain）的能力可以被提升的高度会大大超越其自然预期寿命，但它不太可能永远有效地运行，因为它的运行仅限于一个人的一辈子生命。与此相反，他认为，在生物脑开始衰减，先进的神经电子学可以逐渐取代它。优越的电子对应体可以使我们的个性和思想更加清晰，即使我们原来的肉体或大脑可能并未留存。

莫拉维奇不接受人心的自然变化周期，其间夹杂着对降生、成长、衰老和死亡过程中世世代代智慧演化的否定。我们的社会（含多半的神经科学）没有看见，虽然长者的短期记忆和心理过程速度无疑在减退，然而，在人的一生中，所谓心灵的“在场”和意识的成熟并不会受到很大的影响，与年纪因素相关不大——实际上，心灵和意识更稳定。

更准确地说，衰减心理能力的演化可能有一个目的：减少我们与心灵内容的认同，自然而然地放慢心理活动，从而给思维的观察腾出空间，就像冥想时发生的变化一样。然而，只有在生命过程中训练我们深层的意识，生命局限性的变化才可能进入人的深层意识；只有把放弃认同当作成长而不是失落，这样的变化才可能发生；只有接受空荡荡空间经验而不是将其视为缺少什么东西，才可能发生这样的变化。

库兹韦尔说得对，人不必只跟随生物过程。人是有意识的存在物，我们有能力克服生物层面的局限性，包括身体和精神两个层次的局限性。库兹韦尔和莫拉维奇认为，这样的发展是外部技术带来的，但是，千百年的“内禅”技术卓有成效，能改变心灵与思想同一的“自然”机制走向。精神修行的路径能解脱心灵，不必将心灵保存在机械媒体里，修行的路径能在意识里达成不朽。

在生产力不如我们发达的社会里，长者被视为智者，年轻人向他们求教。相反，在我们的社会里，长者被视为无用之人。如果心智的发展不与相似的心灵品质成长匹配，心智（intellect）的衰减就成为大问题，因为没有任何东西能取代心智的品质，而心智不可避免的衰减是进行性的。

有了食品增补剂和健康生活方式，延缓心灵的生物衰减是有可能的。同时，如果用神经元电子学替代心灵的功能，就可以防止老年期身心错误识别的自然过程。新研究指出，智者的大脑可能真的是比较智慧的大脑，这是对意识领域大量数据使其大脑功能缓慢的补偿。

超越肉体、获取不朽心灵的技术梦想是旧梦的复活，那是“不纯洁”肉体和“圣洁”心灵分离的主张，基督教和笛卡尔科学都提倡这样的分离。汉斯·莫拉维奇也许是这个集体梦想最明显的代表。他的视野倾向于保存认同心灵，使心灵超越与生物机体的联系；他坚持认同心灵内容，同时又无差别地通过生物和电子支持心灵内容。

那么，我们心灵的状态在互联网上又怎么样呢？有些人工智能和人工生命专家认为，我们将拥有意识，因为互联网本身将有自觉意识。通用人工智能研究院主席本·戈泽尔（Ben Goertzel）说：“信息技术也许已经拥有一定程度的意识。”在布鲁塞尔自由大学研究意识和人工智能的弗朗西斯·海拉恩（Francis Heylighen）也唱和道：“增强意识的方式更多的是微调和增加控制……而不是飞跃到一个完全不同的层次”（转引自 Brooks, 2009）。

科学将意识视为日益增加的信息复杂性的副产品，意识是突显的，同时又是在一个完全不同的层次上发现的。

第四章

现实的数字化

技术社会日益多方面渗透我们的生活。社会关系、财务、工作、研究、新闻、交友、娱乐、购物这些活动，大规模迁移到互联网上。它们呼唤我们心灵的不同品性，在各种不同的外部背景中起作用。

我们工作、购物、与朋友交谈时，或与吸引我们的人交流时，我们的内心态度有所变化。我们从办公室和实验室回家，转移到大自然或商店或卧床休息。此间，原型、缪斯以及我们心灵里的不同侧面激活我们。

自我的不同部分被调动时，内心品质、心灵和身体维持整合不变。然而，一旦端坐电脑屏幕前参与这各种各样的活动，我们的背景却保持不变了——我们的心灵带动一套有限的技能（速度、效率、理性），而我们的身体却多半停留在那个背景中。

无论我们线上做什么，我们主要是在用同样的心理频道和计算机互动；无论我们使用的操作系统是 Windows、Mac 或 Linux，都没有实质的区别。将同样的模式用于约会、购物、与朋友交流、性唤起和科学研究使大多数这样的活动贫乏苍白。

宗教和哲学分离不朽的心灵和必朽的肉体，这样的分离构成用数字表现智能和生命的基础。神经生理学告诉我们，理性体现在肉体中，但身心分离的主张还是继续下去。我们的心灵不可能在与身体分离的情况下运行。“纯粹心灵”是不存在的。观念和理性是肉体体现的过程，就像食物消化是肉体体现的过程一样。

然而，由于灵肉的分离，我们如何与计算机互动就成了心理自我防卫机制的沃土。自我感觉受威胁时，这些防卫机制就被激活——它们防御青春期和成年经历的非理性状态像僵尸复活了（Zanarini, 1985）。数字媒体应有可预测性，能让我们放心——只要敲键盘、触屏幕，我们可以感觉到对形势的掌握。

数学家、工程师、逻辑学家和哲学家用机械运行的语言进行解释，对我们理解心灵做出了贡献。乔治·布尔（George Boole）、查尔斯·巴贝奇（Charles Babbage）、阿达·拉夫莱斯（Ada Lovelace）、伯特兰·罗素（Bertrand Russell）奠定了基础，用数学语言表现思维过程，使之能用机器复制。尼尔·波斯曼（Neil Postman, 1997）考察巴贝奇用机器操作非数字符号的成功实践，将其比喻为三世纪希腊人的发现：字母表的每个字母不仅有独特的发音，字母可以组合成书面词。字母可以用于信息的分类、储存和检索了。

计量和数字是现实数字化的主要成分。哲学家、实证主义之父孔德（Comte）认为，凡不能计量者均不真实。物质的计量可以应用于人，可以在人与物之间确立一种对等性。没有数字和量化价值，“精确”科学就失去了——同理，社会学和心理学之类的人文科学也失去了。

我们用数字（或数字的替代符号）给学生打分。我们用智商指数计量智能。医学多半是与生理参数有关的数字价值。近日我看见的一则牙刷广告吹嘘，该牙刷“深入牙齿 50% 以上，清除 25% 以上细菌。”这一信息是数字化的——我们可以信赖。

然而，意识是不能计量的——主观心理状态或伦理行为更不能计量。因此，人的价值超越信息社会的范围。马加迪（Magatti, 2009）断言，在技术 - 功能系统里，世界被视为可以计算的客体，其计量等同于真实情况。如此，一种慢性的差距就产生了。换言之，任何外在于技术模态的东西比如非科学语言，都绝不可能上升为“真实”或“真理”。

吊诡的是，虽然计算和现实的数学模型被视为现实的终极客观性和理解，却反而造成虚幻和非现实的空间。根据数据操作来构建现实的模型脱离有机、伦理和精神的层次，容易造成表面上匹配真义的模型。一个例子是继续通胀的金融泡沫，罕有人挺身警告，它已经偏离真价值的现实了。

操作观点和数据时，理性化（rationality）很高效，且提出逻辑宣示；但理性化本身可能会欺骗我们，就像非理性一样。

第一节　数据为王

数据的力量表现在大规模数据中心，大型的信息技术公司都组建了数据中心。谷歌、微软、亚马逊、雅虎、脸书都有数十万计的服务器，服务器并行工作，管理百万亿数量级的海量数据。（虽然有更高效的微处理器，但那些庞大的数据中心使我们的工作更高效，同时让我们消耗越来越多的能量。）

克里斯·安德森（Chris Anderson, 2008）为《连线》（*Wired*）杂志撰文称，由于今天能处理的信息量很大，理解世界时就不再需要理论和模型——统计数字和数学分析足矣。他特别指出，谷歌就不为模型而烦恼。谷歌搜索的主管彼德·诺维格（Peter Norvig）清楚表明："一切模型都是错误的，没有模型你也能成功，越来越是这样的。"

这一态度对两种人都有吸引力：一种人感觉到模型甚至范式的局限性，另一种人根本就不在乎模型和复杂的思想。在过去的一百年间，模型被猛烈抨击，确定性被哲学家和量子力学家摧毁了，如今，我们正在失去脚踏实地的确定性。

过去的数百年见证了准确营造确定性的冰消雪融。康德看到理解"物自体"的局限，哥德尔提出不完全性定理（incompleteness theorem），这一走势证明形式系统固有的局限，再到海森堡的不确定性原理（uncertainty principle），我们陷入了对认识物质世界可能性的怀疑。埃德加·莫兰（Edgar Morin, 1986）表达了大致相同的意思：没有确定性基础，没有奠基性真义——随同终极分析、终极原因和首要解释，基础理念本身正在塌陷。

我们生存的地盘只剩下数据。另一方面，寻找真理既是我们心灵的活动，又是对外部客观材料的探索——对历史和心理材料的探索。

虽然我们不能通过心理创建的模型到达终极真理，但我们能抵达越来越精细的真理的近似态。但正如安德森所言，巨量的数据使科学方法的利用不再可能。如今，假设、实验和数据分析笨拙难行。他的态度似乎意味着，凡是有效的东西都被鼓动为“真”。然而，赋予信息意义的是人的意识。

实际上，给予数据如此重要意义的正是它自己的意识形态模型，这个模型生于一个信念：通过数字数据，我们能理解、复制和处理现实。信息技术组织和解读数据的方式同时就是一个模型。波斯曼（1993）认为，虽然技术垄断的专家只不过是自己专业领域的专家，但他们自称拥有其他一切事物的知识。当我们容许数据宰制时，数据就被视为理解的工具，而且是用于人类各个领域的工具。于是数据就成为一个威权主义的模型，现实必须被裁剪得适合这一模型。我们发现自己的文化正处于这样的境地。再以波斯曼的一个例子为证，没有足够的证据支持废除种族隔离的学校时，你必须用标准考试来证明：隔离的黑人学生得分更低，他们有被羞辱的感觉。

第二节　领地的数字化

我们的行星正在失去传统的文明、动物物种和植物物种、森林与河流，给我们人类留下失落的感觉，以及对未来的焦虑，姑不论我们的经济一团糟。

罕有人承认，问题出在我们自己的态度——赋予自我支配者的角色，忽略精神生活。我们的文明不能超越心灵的构造——我们对不确定性的回答是更加强推精神生活，并在那个层次上重建世界。

互联网已经在再造现实方面拓展了自己的角色。互联网刚刚引进时，我们仅仅探索数据；我们多半只能搜索信息，一旦信息到手，我们的任务就完成了。

交流的发生多半靠电子邮件和实时聊天。几年后，博客、电子游戏社群、社交网站出现。人们开始在网站上花更多时间，用文字、图片、视频、音乐和思想丰富网站内容——就像乔迁新居时使家居个性化一样。随后，一种更广阔的能力出现——建构并栖居虚拟空间。“第二人生”（Second Life）和与之类似的虚拟世界在白手起家、建构另类现实的方向上前进。

有人指出，美好的旧现实尚未上网。谷歌、微软等公司群起袭击那个领地，用摄像头去数字化、映现和呈现数据形式的世界。谷歌地球之类的镜像世界出现，邀请我们在数字领地徜徉和飞行，去发现一层又一层的领地数据。

那层层数据使我们意识到环境被毁的领地，但从屏幕前的安全区，我们未必能感觉到实际生活和心灵生活的复杂意涵。通过“第二人生”或谷歌地球，我们正在网上创建一个新的地球——我们能按照自己愿望形塑的数字地球。这使我们否认失落、规避为被毁世界应当承担的责任。我们用珍贵地球的现实去换取其他的选择，那些选择根据我们的梦想设计，供我们栖居，仿佛我们可以独立于物质世界之外而生存。

第三节　增强现实

对患了信息饥饿症的人而言，平淡无奇的旧现实看上去很枯燥乏味，仿佛它应当被放大，才能匹配上网的经验——而对许多人而言，上网的经验成了他们唯一的经验。他们不深化观照现实的心灵观点，反而通过“增强现实”技术转向数据的成倍增加。

增强现实界定物质世界和技术的联系。它从我们的领地推知更多的信息，比如，我们的智能手机摄像头指向旅游目的地，博物馆某艺术品的详细介绍；我们的设备从传感器和摄像头获取当地的气象资料或交通情况。通过连接到我们身上的感应器，我们的生物状态也能够被互联网获取。

增强现实可应用的范围很广，从力学到医学，从物理学到生物学，从建筑学到旅游业，当然还应用于军事，许多革新就是从军事领域开始的。

极端情况下，互联网和移动技术在基本层次上对所在地域起作用。其作用不限于数字化领地，不只是通过镜像世界和增强现实使我们疏远领地，它们甚至使领地毫无用处。我们可以在电脑前操控自己的银行账户，购物，与朋友交流，寻找心灵伙伴，在数字化的工作岗位上工作（写作、设计、会计、营销）。互联网还衍生了新的职业。

公路迫使大多数人买汽车，同理，信息高速公路几乎迫使人人买电脑并上网。广告宣传增强现实使人对真实领地的“经验更加丰富”，增加几层对领地的解读。然后，这些解读就可能成为观察现实的潜在方式。不久，如果不被增强，真正的领地就可能被视为枯燥乏味，没有吸引力了。

今天，射频识别（RFID）和“物联网”可能会给每个产品、器物、动物或人一个电子标签，通过射频无线信号与互联网连接。这就使在万物上叠加数据成为可能。

第四节　心灵是首要的虚拟现实工具

数字技术到来之前，现实的数字化和重塑过程就始于心灵与物质的分离，心被赋予了较高的地位。由于这一态度，领地起初被物理上重塑（甚至摧毁）——这个过程因工业化而获得动力。现在，通过数字技术的抽象力，领地可以被重建和模拟。人的心灵本身是创造另类现实的工具——在神经生理层次上，那是简单的看的活动。进入我们眼帘的东西经过多层过滤，从击中视网膜的光子开始。另类现实的创建是九型人格第五型的表现（附录里有介绍）。第五型的人能建构现实并栖居其间——直到他们的投入比普通的现实更加重要，甚至完全替代现实。在虚拟世界里，我们可以随意一日数次看日出，如愿形塑身体，没有污染，却有诸多原始景观。在虚拟世界里，我们似乎能建构心灵的确定性。

麻省理工学院《技术评论》（*Technology Review*）2007 年 7、8 月号合刊有一个长篇报告，讲虚拟世界和镜像世界可能的融合。作者韦德·罗什（Wade Roush）长期使用“第二人生”。他写道：“如果我们共同创造的这个世界不像现在这个世界孤独，不那么难以预测，我们起步就会干得不错。”这句话清楚申明他的态度，这个世界孤独、有凶险、难以预测，可以通过退出来矫正。

这篇文章还引用了马克纳科技公司首席执行官迈克尔·威尔逊（Michael Wilson）的一段话。他在那里开发虚拟世界技术。他写道：

> 倘若我们可以建构一个欧洲模型，其海平面比今天高 10 英尺，或者，我们在阿拉斯加北部踏勘，观赏十年前的冰山和白令海峡，情况会怎么样呢？那时，我们对全球变暖的感觉就会变了（转引自 Roush, 2007）。

我肯定，迈克尔·威尔逊的意向是好的；但我怀疑，点击计算机模拟的全球变暖就会引起我们态度的变化：从自然由人利用的态度变到根据我们意愿重塑自然的态度。只有我们觉得自己是自然的一部分，而不是在“优越的”心灵里创造特殊的虚拟世界时，我们对自然的关爱才开始发生。

在我们的文化里，物质和精神被视为分离的实体，所以一个普遍的误解是：注意心灵就会使我们与可触摸的实体拉开距离。相反，精神的路径是接触真实实体的过程——这里的实体包括物体和我们的身体。从精神的视角看，与真实实体的直接接触和关爱地球在广义的意识里结为一体，这种意识始于自我意识，始于我们究竟是什么，我们真的需要什么。然后，我们可以通过精神土壤再次与现实结合。用精神意识，我们感知什么是真实；相反，只用心灵，我们就可能既偏离我们的物质根基，又偏离我们精神的翅膀。

环境问题的解决方案几乎总是被视为技术的方案。就技术被用来呵护地球而言，技术被视为救世主——这是幼稚的思想，无边的魔力被映射到技术上了。

第五节　生物学的数字化

现实是数据集合的科学想象，这个观点已经被延伸到整个生物学界。诺伯特·维纳（Norbert Wiener）的控制论对今天的信息技术产生了广泛的影响。在《人有人的用处》（*The Human Use of Human Beings*, 1950）里，他写道：

> 人体的个性写在我们的基因里。既然如此，我们能用于国家间电报发送的类型，和生物体比如人体的传输的类型之间，就没有绝对的差异；传输生物体比如人体至少理论上是可能的（转引自 Harkin, 2009, p. 27）。

六十年后，制造合成生物有机体的科学家克莱格·文特尔（Craig Venter）说道："基本上，生命是信息处理的结果，是一个软件程序。""我认为：细胞是软件驱动机器，软件是 DNA，真的，生命的秘密就是写软件，软件就是 DNA；这是事实，真的很神奇”（CBS, *60 Minutes*）。医学和生物学已经踏上这样一条路：多半要用机械语言看人体。不过，遗传密码被测序后，数据和生物学的联姻真值得大大庆贺了。

数据形式的生物学不再限于理解何为生命。基因工程能把“不完美”的人体恢复到起初的完美状态。作为神，我们将制造新的生命形式。2010 年，文特尔宣布造出第一种合成生命形式，使我们在那个方向上迈进了一步。

一方面，许多基督徒反对基因工程；另一方面，文特尔的憧憬也是在基督教文化里萌芽的。基督教文化认为，奇迹就是神迹。同时，基督教文化又排除在有形有象生命里遇见神迹的可能性。人只有一次生命，我们渴望创造地上天堂，并通过我们的努力来达成失落的完美——这不足为奇。

人类基因组计划的 DNA 测序，生物系统的数字化似乎加速了。这一工作需要难以想象的数字密集运算。起初，它仅测人类基因组 2% 的 DNA。其余的被认为是垃圾 DNA，因为它们没有编码的功能。

随后，几位科学家开始怀疑这主要部分的基因竟然无用。因为有些原始有机体的 DNA 含量是人的数百倍，很可能，这 2% 的 DNA 并不是我们生物性的全部故事。科学家意识到，“垃圾”核糖核酸（RNA）对调节蛋白质生产和基因表达必不可少。基因不控制我们的生命：根据垃圾 DNA 序列，基因可以被抑制或表达出来。我猜想，基因的抑制或表达还受其他因素（比如思维）的影响。据估计，人有 200 多万种蛋白质，每一种的功能都不同。蛋白质组学项目（Proteomics Project）尝试对蛋白质进行编目——但只有 25 000+/– 的基因能生成有限数量的蛋白质。现在，我们开始了一场新的竞赛，去弄懂那 98—99% 未测序的 RNA，对蛋白质进行分类，理解基因激活和蛋白质生产的机制。人们已开始接受，基因决定的机制并不像过去认为的那么多。通过数据（在这里是生物学数据）去认识人类的幻觉看不见尽头啊。

RNA 测序和蛋白质分类所需的计算力大概是 2005 年人类基因组计划计算力的数十亿倍。因为蛋白质互动，我期待科学家弄懂它们的组合与角色。这需要其他量级的计算。我可以想象，一旦接近完成测序和计算的终点，其他因素还会冒出来——这需要更强大的计算力。为什么不计量两个人 DNA 的互动，甚至整个群体 DNA 的互动呢？如果人类生物学被视为信息系统，组合元素的可能性就没有尽头了。

我不反对透过信息棱镜看现实。数字令童年时代的我着迷，现在，生物学和物理学的计算模型使我感到敬畏。但地图不是领地。生物学和物理学可以在信息层次上表达，但这并不意味着信息层次是我们理解其性质的唯一层次。这就像是说，人是由体内不同比例的矿物质组成的——这是物质材料的物理现实。然而，关于何谓人的问题，我们从那样的层次并不能发现多少东西；即使掌握了每一种元素的最精确计算，我们也不能发现多少东西。

我们搜集可储存、解读、控制和操纵的数据，借以缓减我们对未知的焦虑。我们产生错觉，以为自己认识整个宇宙。因为我们的科学主要是在信息层次上寻找真理，我们就认为信息是人的根本特性，这不足为奇。在这个时代，我们将自己认同于自己的基因和 DNA，相信它们决定着我们的身体、智性、情感甚至伦理特征。

互联网上有许多为消费者提供基因组信息服务的公司，其中一家名为 23andme，创建者之一安妮・沃西基（Anne Wojcicki）的丈夫是谷歌的联合创始人之一谢尔盖・布林（Sergey Brin）。谷歌投了资。

2008 年，我申请 23andme 公司为我做 DNA 报告。公司邮寄来试管，我在试管里装上我的唾液，把试管寄回去。几个星期以后，他们用电子邮件通知我，数据已就绪。我到指定的网站上去查看我的基因特征和医疗风险，既好奇，又担心。

在几份健康、身体特征和医疗研究的报告中，我发现，我有些基因导致高概率的强直性脊柱炎（对，我 15 岁起就有）。这是一种自身免疫性疾病，关节肿胀，使人虚弱。奇怪的是，有些数据预测我患此病的高概率，另一些数据却显示小概率。也许，这可以部分解释，为什么典型的退化在晚期到来前就停下来，使我能过正常生活，虽然有时还感觉到疼痛和不适。

可能是这样吧：由于不明的环境条件，基因被激活或停止激活。因为我从未服用系统性合成药物治疗强直性脊柱炎，所以我猜想，自然疗法和意识练习对症状的缓解起作用了——我查询创伤性事件以后，症状尤其改善了。不过这种种情况仅仅是我的猜想。

23andme 公司告诉我，我有肥胖倾向，又说这需要“更多研究”。我这辈子一直偏瘦。今年 49 岁，增加了一点体重，但基本上一直偏瘦，基础代谢有点快。

根据该公司的报告，我有不宁腿综合征基因，还有慢性多发性抽动的轻微倾向。不宁腿综合征表现为，睡着后禁不住要抽腿。白天坐着时，右腿禁不住有节奏抖动，于是有人问我是不是紧张——其实不紧张。也许，白天让右腿抖动，它晚上就不打扰我了。不宁腿综合征的特征是难以控制的广泛抽搐。我有轻微的抽搐倾向，疲倦或天气变化时倾向明显，但表现轻微。

有时候我想，自己是意志弱、觉悟低吧，因为我连简单的抽搐都控制不住。不过，随着时间的流逝，我学会接受它，就像我不能有意识地控制其他新陈代谢过程一样。

大体上，报告提供的信息是准确的。报告警告说，许多情况下，主要的风险因素与膳食和生活方式的关联度和基因一样；健康和基因关系的研究还是太少。这一警告很重要，像其他领域里的“不足”咒语一样。技术里的咒语是：“我们需要更高的速度、更大的储存、更多的互联网连接。”经济学里的咒语是：“欠发达和贫困仍然存在，因为市场经济尚未普及。”

通过 23andme 公司，我们还可以探查我们 DNA 的总数据，这些数据读起来像我们读不懂的软件代码。所以我们可能希望，有一个用户友好的界面，以达成变化，并给我们更可取的特征。我不敢想象，如果谷歌把我们的遗传信息与我们上网的信息联系起来，掌握了我们的导航、偏好、文件、我们的联系人等信息，谷歌的势力将会是多么强大。

生物学似乎是信息技术的新边疆，它向现实的数字化狂奔，停不下来。我们当然可以在一个信息平面上读人，但我们容易忘记，每一个平面都与其他平面交流，影响着其他平面。詹姆斯·杜威·沃森（James Dewey Watson）和弗朗西斯·哈利·克里克（Francis Harry Compton Crick）认为，基因完全决定人的特征。从他们那个时代起，问题变得更复杂了。斯蒂芬·塔尔伯特（Stephen Talbott, 2009）指出，染色体由染色质组成，含有 DNA，同时含有更大比例的蛋白质，蛋白质给 DNA 赋形。因为遗传学家集中研究控制编码基因的魔法，所以这些蛋白质很大程度上被忽视了。但许多实验室现在发现，染色质影响基因。与此同时，研究线索从染色质走向了许多新的挑战：解码“甲基化谱”和“膜蛋白”，“组蛋白密码”和“RNAi 干扰密码”。最重要的是“表观基因组”——控制基因的各种各样的细胞过程，它们影响基因是否被复制，甚至改变遗传字母的序列。

塔尔伯特怀疑，几乎一切东西都介入到其他一切的调节中。如果说单个基因难以捉摸、难以确定，基因协同工作时，情况就更加复杂。鲍博·霍尔姆斯（Bob Holmes, 2009）论及不同基因的系统关系与合作关系：“基因难得单独运作。相反，它们合作，成为互动基因网络的一部分；在这些网络中，许多基因影响每一种特质，每一种特质影响许多特质。”

于是，情况似乎是，曾被奉为遗传生物学圣经的“自私”基因理论（道金斯 /Dawkins, 1976）确曾红极一时，就像里根经济学和雅皮士曾经风光一样。达尔文竞争与存活的原理已不再是故事的全部。合作与利他主义也被视为物质存活的重要因素。

霍尔姆斯提议，生物带（biotic zone）区域失去平衡（比如早期移民定居时新英格兰的混杂原生森林）时，容易受戏剧性环境事件的影响，伴生物种形成一种模式，以保护大生态系统（比如北美乔松快速生长，为混杂原生森林的再繁盛提供栖息地）。

23andme 公司肯定，饮食与运动会影响健康，他们是对的。但迄今还没有形成基因受内部因素改变的观念。然而，的确有人持不同的想法。布鲁斯·利普顿（Bruce Lipton, 2005）和道森·丘奇（Dawson Church, 2007）提出表观遗传学（Epigenetics），对当前的生物学范式构成强大的挑战。他们探索 DNA 受思想影响，拓宽了研究面。

生物学的数字化可以引领我们回到祖先，身份的建构把我们与家族联系起来。今天我们缺乏这样的联系，于是，www.geni.com 或 www.23andme.com 这样的网站就从我们归属历史谱系的需要来获利了。技术铲掉了我们寻根问祖的根基。我们试图重新连接上家族之根时，技术使我们能寻找与我们共享 DNA 的人，这些人可能就是我们家族的一部分。

第六节　现实的比拟模型

深奥的东方传统认为，我们由不同平面的几个“身体”组成，它们互相作用、互相影响。生物体可以通过饮食、锻炼和环境改造——也可以被其他的平面改造。比如，情绪体（emotional bodies）或心灵体（mental bodies）可以改变生物体的功能。肉体受到的震撼反过来可以影响情绪体和心灵体。

23andme 公司之类的研究试图回答古老的问题“我是谁？”，不过那仅限于信息层次，而不是心灵追问。然而，作为人主要驱力之一的自我认识既可以通过单纯的冥想技法和心理调查来获取，也可以用模型和系统来获取。

从道家的五行说到阿育吠陀类型说，从荣格的原型到占星术，从脉轮系统到精微体，从易经到九型人格学，理解现实的符号系统和人的灵魂把个体的人与大宇宙联系起来，把他和宇宙能量及原型联系起来。这些符号系统成为内心意识和外部知识联系的桥梁。

寻求自我认识时，我探索了几种符号系统，发现各有其价值。地图不是领地，同理，对自我认识而言，系统有天生的局限。然而，和语词一样，系统可以让我们大踏步前进。我最喜欢的符号系统是占星术，19 岁时开始学，通宵达旦读第一本占星术的书，它讲的不是报纸上每天刊布的星相，而是讲自我认识。

伽利略、笛卡尔、牛顿、荣格践行的神圣的科学被误用和猥琐化了。不过，对想要了解这门科学的人而言，其知识还是完好无损的。占星术既不是精密的科学，也不是决定性的科学，就像遗传学不是决定性的科学一样。然而，通过占星术，我们可以在不同平面上认识自己，我们可以和永恒的象征系统联系在一起。我的占星术星盘告诉我，把几个因素（行星、相位、房屋及其复杂互动）综合起来，水星符合我的特征，不过其他影响还是存在的。

我的水星星座和不宁腿综合征、抽搐综合征倾向比较相容，和身材瘦、多交流以及感觉中的关节问题也比较相容（仿佛关节与土星更相配）。水星是快速运动、交流和媒体的行星。我一直和出版、通信知识有瓜葛。通过其开放系统，占星术描绘我的情况时，其平面比基因学或心理学的平面多。

我体内还有高水平的水银，这是用矿物探测器查出来的。汞在我体内的富集大概是来自镶牙和污染的鱼。随后我自问，我体内富集的汞是否就是机械的影响，是否还来自我水星的天性，因为水银象征性与水星的特征相近。

承认我的性情和水星的象征系统类似，这有助于我接受水星的品质和特质。如果我评估自己感染某一疾病的风险时不将其和我性情的象征意义、神秘特征联系起来，而是只考虑我的数字基因序列，我就会失去水星星座丰富的原型个性。

原型不是数字的，而是二元的："这"或"那"、0或1、开放或封闭。自我的象征观点引导我接受这个原型或水星的品质，包括其"影子"品质。以土星为例，其象征意义传达沉重、缓慢、土性，和固态结构联系。在身体层面，固态结构由骨骼系统表现；在个性层面，其结构表现为纪律和毅力；在心理层面，其结构赋予持久研究的能力，或沉郁的倾向。在社会层面，土星与社会秩序和长期机构的结构有关系。

与土星的象征意义相联系意味着全盘接受其原型。悲伤被制药公司病态化；在传统日本，悲伤被视为养成坚强个性的恩赐。荣格悲叹："众神成了疾病。"土星的缓慢并不被视为非生产性的，相反，它带给人贯穿人生的意识。土星意象在身边时，我觉得自己像一个平静的武士，它赋予我快速变化的水星气质的根基。

第七节　我们的数字神经系统

现在我们知道，"纯心灵"不存在，连脑子里也不存在"纯心灵"。神经心理学证明，如果不与感觉和身体联系，我们的思想是不能存在的（Damasio, 1995）。经过几百年对身体的否定以后，自20世纪60年代起，我们都渴望自己的身体回归。但在新世纪初，我们想要它们以数字形式回归，就像万物数字化的形态一样——身体成为了"数据"。

身体成为公司征服的新领地：整容、神经强化剂、智能药物、健美运动、减肥药，甚至性玩具。其走向是与身体的享乐主义关系——不过仅仅是以机械的方式。这并不矫正我们的心灵。就像用信息技术去追寻"纯心灵”一样，在对待身体时，我们构想的是不均衡的“纯心灵”，反过来看，同样的裂痕也是存在的。

神经系统在全身传导信息，比其他身体系统快，神经系统通过电信号工作。其神经元和突触结构类似网页和链接组成的网络。用数字化来表征神经系统，像信息系统那样，看上去是可能的。信息技术产业有兴趣与神经系统连接，大概就是这个原因。诸如此类的属性使神经系统成为数字技术的最佳候选对象。

神经工程项目分布广泛，从大脑植入物到神经系统内外发送信息。有些项目试图创制假体，以模拟大脑特定区域比如海马体的工作，海马体在记忆形成中起作用。

另一些项目用自供电微芯片、无线识别、传感平台（WISPs）和无线体域网（WBANs），把芯片植入人体。这样的研究项目将探测生理参数或健康问题，并将其在网上传递。

对神经系统的兴趣走向植入芯片（硬件）和改变分子化学（软件）。把致幻药物用作意识扩张工具的时代已经过去。如今的药物是“聪明的”。神经增强剂或“聪明药”比如阿黛拉和利他林是合法的精神兴奋剂，用于提高清醒度和注意力，基本成分是安非他命，效果与可卡因类似。利他林是广泛用途的处方药，用于治疗儿童多动症（ADHD），过去几年用药急剧上升，部分原因是受过度诊断驱动，部分原因是儿童受媒体过分刺激，社会失序真的加剧了。

除了医学用途，学生和其他人对精神兴奋剂的需求大大增加，他们想提高效率，以应对信息社会的要求。莫达非尼使人每晚的睡眠减少一两个小时，没有明显的副作用。军方和航天员对开发这样的药物很感兴趣。现在，除了治疗应用（如发作性睡眠病）外，精神兴奋剂还被用于娱乐药物和考试前的支持药物。

精神兴奋剂的非治疗应用是不合法的，但这类应用的合法化大概仅仅是一个时间问题——对头脑的日常运行，它们的作用将日益增加，原因是：脑子正失去聚精会神的能力，它需要应对信息量的增加。无疑，有人将担忧所谓的“神经沟”（neuro divide），因为有些人的脑力将被提升，其他人则不变。

大脑是神经系统的一部分，虽然被认为是思想产生的地方，心灵导师却从内部审视心灵的本质，他们感知的是另一种不一样的现实。

> 思想（thought）不是你的或我的；思想是我们共同的遗产。所谓你的思想、我的思想是不存在的。只有一个心灵（mind），人类已经知道、感觉到和体验到这样一个心灵，代代相传的心灵。我们大家全都在那个思想域（thought sphere）里思考、运作，正如我们全都共享呼吸同样的大气一样。思想就在那里，就在这个世界里运行和交流，理智地、聪明地运行和交流（U.G Krishnamurti, 1988, p. 43）。

第八节　程序编制

把现实转换为计算机能读懂的语言需要难以置信的海量编程，没有这样的编程，现实的数字化是不可能发生的。自从巴贝奇和拉夫莱斯奠定编程基础以来，编程工作任重而道远。

> 计算机中心在无数的地方建立起来了，包括美国和世界一切工业化的地区都建立起来了。无论在哪里，计算机中心聪明的年轻人都不修边幅，眼窝深陷却闪闪发光，坐在计算机前，手臂紧张，准备用手指头开火，指尖发力，敲击键盘，全神贯注，状若赌徒死死盯着赌盘上滚动的色子。不那么呆坐不动的时候，他们仔细阅读工作台上散

布的打印件，就像着迷的研究者钻研神秘的文本一样。他们工作到几乎瘫倒的地步，一口气干 20、30 个小时。如果自己安排饮食，他们就点外卖：咖啡、可乐、三明治。如果可能，他们就睡在电脑旁的小床上。但只不过小睡几个小时，然后又回到电脑前，或看打印件。他们的衣服皱巴巴，他们没洗脸，没修面，没梳头——这一切证明，他们不在乎身体，忽略了他们所处的世界。至少在如此全身心工作的状态下，他们的存在仅仅是通过计算机达成的，他们仅仅是为计算机生存。他们是计算机乞丐，走火入魔的程序员。他们是一种国际现象（Weizenbaum, 1976, p. 115）。

魏泽鲍姆把程序员比作赌徒——被走火入魔的行为驱动，没有什么自发性活动或快乐。包括弗洛伊德在内的心理分析家发现，欲罢不能的赌徒的主要心理特征是自大狂和无所不能的幻想。对欲罢不能的程序员而言，生活只不过是一个程序，在一台巨型计算机上运行，每一个侧面都可以用程序语言来理解。他们从计算机那里去寻求安慰（Weizenbaum, 1976），就像儿童得到的母亲的安慰一样。科学只能靠简化现实来前进。第一步是抽象——意思是忽略一切不适合现有观念的经验数据。魏泽鲍姆认为，工作狂程序员的自大狂幻想只不过是那一倾向的极端版本——这是一切自我验证思想系统固有的现象。

魏泽鲍姆警告我们不要试图把世界塞进一个思想系统中。认为现实只不过是一连串事件的可计算的序列，而这些事件又是靠因果关系和算法来连接的——这样的看法有风险。

程序编制要求的一种能力是，超脱现实的某一面，以便能用客观的语言看待它，能观察其实质。但这样的距离是双刃剑——从我们自己看尤其如此；同时，如果同样的观察技能转而向内，与身体和情感整合，我们就可能越过我们的心理模型。

程序员常常还对心理状态感兴趣，但他们用技术、药物、神经技术工具寻求心理状态，而不是将其视为从心里自然发生的。

作为程序员的我热爱那样的心灵颤动：揭开现实谜团，达致过程的实质，用计算工具解构和掌握现实的一个切片。如果我能写音乐程序，我会觉得自己就像神，能分析旋律与和声，因而能创作任何音乐，骗自己相信，我发现了音乐的哲人石。一个程序员可能会觉得，自己能驾驭全局、掌握一切，无论数字图片、声音、动画、人际交流、天气预报、物理实验或材料属性。

如果认为通过编程我们就能理解并复制现实的机制，那就很容易使自己骄傲。那样，“最终使用者”就被视为一套中性体制的底层，而程序员就是那少数被上帝选中的人。最终使用者被视为一个与算法互动的过程，他必须被界定分明的边界框定，因为他基本上是一个傻瓜，会把事情搞得一团糟。

2009 年 5 月，谷歌的首席执行官埃里克·施密特对一群 4 000 人的开发商讲自己的未来计划。他说：“我个人相信，计算机科学家身居宇宙的中心。正如互联网所见证，可扩展性和强大的功能刚刚开始。我们正处在这个起步阶段。”

计算机科学家身居宇宙的中心，这不是引诱听众的花言巧语。他们为谷歌操纵数据和算法的作用是十分明显的。

第九节　像软件那样思维

国际象棋大师加里·卡斯帕罗夫（Garry Kasparov, 2010）在《纽约图书评论》（*New York Review of Books*）撰文指出，现在，人人都可能有一个粉碎大多数国象大师的国象程序。但那样的程序依靠计算的蛮力，而不是风格、模型、理论或创新。“虽然我们仍然需要强烈的直觉和逻辑才能下好棋。但今天的人开始更像计算机那样下棋了。”他指出，下棋软件不再需要新的创新思想，因为为了赢棋的目标，蛮力程序已经足够高效。

由于现有强大的计算能力，下棋软件的创造性减少，棋手也采用这样的态度，只寻找“什么起作用”。无疑，现实的数字表征和我们如何看待现实的那些方面——两者是互相回馈的。音乐界的朋友告诉我，自从有了作曲软件，他们的创造性态度沿着音乐软件生产的机制在变化。

图像、视频生产、建筑、音乐和无数的创意活动受到软件的支持。算法和编程态度正在从计算机延伸进实际生活。减肥、讲演、寻找伴侣、留住伴侣、尽享性福、改进自尊——全都变成了“如何做”的问题。有了正确的说明、遵循正确的程序，我们相信自己能掌握生活中的任何事情。

但计算机还不能做人轻而易举就能做的许多事情——于是，我们就让人的工作适应机器的需要。亚马逊土耳其机器人（Amazon Mechanical Turk）服务精细描绘了它如何支持人伺服机制的创作过程：

> 开发者能利用这一服务，把人的智能直接嵌入其应用中。计算机技术在继续发展，但仍然有许多事情由人的智能办起来比计算机有效得多，诸如识别照片或视频里的器物、重复数据删除、转记录音或研究数据细节（http://aws.amazon.com/mturk/）。

2007 年 7 月，《连线》介绍验证码系统发明人路易斯·冯·安（Luis von Ahn）。他设计用人的智能解决而计算机不能解决问题的游戏，比如图像识别。他的结论是：“由于人上线了，人类正在成为极端先进、大尺度的处理单元。”

人类历史充满着人与技术工具的联系。工具使用延展人的可能性，这是人类发展史的一大步。但我们现在面临的是新情况。用土耳其机器人时，一切人类活动都首先被转化为数字活动，连需要想象和直觉的活动都被转化，想象和直觉是计算机无能为力的。随后，大脑资源被用于解码机器做得不好的行为。这就像是现代装配线，替代体力和手工的重复，我们只重复平常的心理活动，比如识别图像、分类图像或转记一篇口语文本。

因为越来越多的人的活动被转化为数字形式，我们需要给计算机提供人脑更广泛的心能（mind power）。我们参与的目的是让工具拓展其可能性，不再仅限于拓展我们人的能力。可以说，最终的结果是，人利用人际互动，决定处理什么、如何精细化的仍然是人，一定程度上就是这样的。然而，使不可计算的东西数字化的进程，是需要人大量干预的。此间，人给机器喂料，因而成了技术的伺服机制。

> 高效的自动机有许多巨大的优势。其中之一是完全防错。每一笔收益都要付出代价，自动机防错，但它又防雅。伺候这种机器的人不受审美形式的影响，无论这审美是源于人的或精神的（Huxley, 1945, p. 171）。

赫胥黎之后，我们大大拓展我们的选择，但优雅的选择尚未出现。

第十节　将一切人生事件数字化

生命记录是捕捉、记录并数字化地将人生发生的一切归档的技术。文本、相片、音频、食品都可以用可穿戴摄像头记录——最后连生物数据都可以用传感器记录。随后，存档的数据可以供本人搜索，也可以被他人搜索。

就像对一切技术的态度一样，我问自己这样的深层需求究竟是什么。

除了记录生命历程里一切事情的实际原因外，我猜想，生命记录反映了更偏重精神的、进化的需求——在信息层次上被转化、被自我垄断的需求。

大多数时候，现实的深度滑落到我们的意识之下。只有在特殊的时刻，我们的在场经验才是完全的，除非我们在精神上很先进。我们在生命之流里充分并深度参与时，我们的意识就扩张。虽然我们不能记录多维的内心体验，但用数字化冷冻生命溪流的形式可能是认识人生重要时刻的圆满方式。在技术 / 心理层面上，我们只能将充分觉悟的追求转化为比特和字节记录。

我们充分在场时，个人的意识并没有和事件分离：我们的经验是直接的，没有中介的，我们与经验和意识同一。然而，如果我们没有充分在场，我们以后如何通过数字支持来了解那一事件呢？对一个时刻的意识只能发生在那一时刻。

许多艺术和技术被创造出来去把握现实和人类灵魂的本质：书籍、肖像画、照相术、磁带录音机、录像带。在一定程度上，它们都有助于我们提高觉悟和拓展能力，让我们从不同侧面去了解自我。但对事件的充分觉悟和事件发生的时刻是不可分离的，和体验着的心理状态也是分不开的。

第五章

亲密行为与性行为

雪莉·特尔克率先描绘电脑使用者如何把心理对象关系投射到电脑上（Sherry Turkle, 1984; 1995）。自此，技术一直在现实数字化的路上狂奔。今天，通过社交网络和约会网站，我们与生活在另一端的人交往，显然能把对象关系带回到人的领域。实际上，自从我们把人们关进视窗里，把人变成小图标和可以点击的对象后，情况并没有多大的变化。一旦他人变成我们脑子里的对象后，我们可能离麻木甚至粗鲁就只有一步之遥了。

在现实数字化的过程中，技术被融入越来越多的人的活动。实际生活道具进入社交网络，寻找伴侣或爱情的活动在约会网站上发生。

性在互联网上大行其道，这是媒介（如家庭录像机）普及背后的主要驱动力之一。有这样一些数字：35% 的互联网用户在某种线上性活动中很活跃，伴以手淫或网络性爱——性资料占全部下载量的三分之一。几乎一半的互联网用户观看色情材料，35% 的女性访问色情网站。在 18 岁以下的青少年中，“性”和“色情”在搜索排行榜中进入前五位。

2006 年，www.campuskiss.com 公司对 2 700 加拿大学生所做的调查发现，87% 的回应者有互联网性行为，通过聊天和摄像头进行。我理解网络性爱可能既吸引人又有趣，但比例竟然这样高，连网管也吃惊。这一迹象说明，性如何表达的变化范围是很广的。

在过去的几十年间，西方国家经历了色情的增长；在过去的十年中，色情因互联网而加速发展。色情是性压抑的另一面：表现欲望，让狂野的一面释放——至少在想象中释放。圣母玛利亚和抹大拉的玛利亚这两个人是女性二分的形象，这个形象没有被整合，所以我们把狂野性活动这一面迁移到色情舞台了。

色情本身朝不同的方向发展——一是性习惯的极端化，一是凭借技术和媒介的轻而易举。年轻时令我震惊的那些图像现在是人人点击可达了——几乎再也不会有人感到震惊了。

第一节　爱欲与社会的性化

古希腊爱欲之神厄洛斯是人生经验中的主要能量，爱欲被宗教和社会重新定向，而且常常被压抑了。当代社会被性的讯息渗透，而且被渗透的程度前所未有，这个趋势还在上升。但厄洛斯也在慵懒地打哈欠了。

曾经在有些社会里，爱欲兴盛，被人接受，比如古罗马公子们就很浪荡，不过那样的爱欲被限定在有限的社会范围内。如今，性讯息在社会的每一个角落呈现。网上色情弥漫，广告商推广任何产品都在杂志和电视上用性形象。通俗杂志互相较劲、比试：看谁表现出更多的“隐秘快乐的部位”，谁“有更多成为性男神 / 女神的诀窍”。

爱欲之神厄洛斯不仅与色欲有关，而且和一切与感官联系的东西有关。它常常用爱神阿芙罗狄蒂来表现，阿芙罗狄蒂包含美丽和欲望的融合之意。但我们的都市风景再也不包含自然能提供的融合，再也没有为人体提供的自然的气味、颜色和感觉了。我们把爱欲限定在人与人的爱欲吸引力——而且我们容许那种规定式的爱欲了。

这种爱欲越是被媒体刺激，两性之间日常感性联系就越会被社会规范过滤，社会规范实际上防堵了人与人自然的爱欲流动——使爱欲被商品化了。

除了夫妻生活以及爱欲被接受的行为谨慎之地（如换妻俱乐部），爱欲在日常环境里的流动被多数人投以怀疑的目光，甚至被认为构成威胁。既然爱欲强劲，它就只能以替代的方式进入社会。不在日常生活里呈现时，它就用相对安全的形式比如色情和网络性爱溜进社会——这就可以避免真人邂逅的复杂因素。同时又解除繁忙头脑的紧张状态。

真实的爱欲在市场社会里没有什么功能。爱欲唾手可得，无须什么产品。威廉·赖希（Wilhelm Reich）阐明，爱欲甚至疏导我们精力的方向，防止不健康的攻击。爱欲的进取性促人结合，相反，战争的攻击性使人分离。虽然几十年前发生了性革命，但我们还没有整合或接受爱欲的正宗形式，所以它一直维持了革命的属性。

性是我们感情、联系和愉悦的一个美丽的出口。与此同时，真正的性探索可能是一条尚未探明的小径。生猛的、没有中介的爱欲是混乱的、难以抗拒的。性挑战我们的感情、定势、自我形象、实际生活甚至我们的品格。它可能导向成瘾行为、疾病、谴责，甚至与法律冲突——与法律的冲突在不同的国家各有不同。口交和肛交在许多国家是犯法的。女人不忠有死亡风险，同性恋在许多国家被禁止。

真诚地探索性小径之旅，今天和古代一样富有挑战性。在古代神圣的性修炼比如坦陀罗（Tantra）里，性之旅只为勇敢的人开启，他们愿意直面神灵和心魔。

爱欲带有强大能量，足以挤进虚拟的性爱——却也不是没有边际，留下心理要素的主导，使爱欲经验的多维性减少到数字数据的平面。

狂欢节的时候，我们的面罩使我们能活出不同的心灵层面，爱欲可以在网上无抑制地表达，因为我们可以潜入社会雷达的探查之下。

第二节　网络性爱

网络性爱非常普遍，有些女人抱怨，男人只想聊性。不过资料显示，两性都很活跃。根据几种杂志的问卷调查，女人的头号性幻想是私下提供脱衣舞。激起男人兴奋使她自己兴奋，也使确保自己吸引人的美色。对男人而言，这样的视觉刺激足以使他来劲，就像网上猎奇寻女人一样——这样做并没有附带条件。

网上聊性的吸引力在于，像音乐一样，性是普世语言。性闲聊超越文化差异，因为它抵达我们本能之根。在许多文化里，网络性爱可以绕开文化和宗教的定势。在规制严厉的地方，网络性爱可以被视为“并非真实的性”——略有一丝虚伪，因为内心的法官松懈了。

麦克卢汉对媒介的冷热做了界定。热媒介传递分析、精确、界定分明的讯息。热媒介传递的讯息通常不需要人的参与。大多数视觉媒介尤其高清晰度媒介是热的，例子有广播、照片和讲课。冷媒介需要人积极参与。麦克卢汉把热媒介和工业社会及个人主义的社会联系在一起，把冷媒介与口语社会、村落社会和部落社会联系起来。

“少即是多”是勾引人的金科玉律。女人暴露身体少，那会刺激观者的幻想（把她脱得精光）。女内衣是“冷”媒介。女人身着性感衣服的俱乐部比天体海滨浴场更使人兴奋。

低分辨率视频比高清晰度视频更吸引人。色情生产商担心，高清晰度电视会暴露演员身上的小瑕疵，但真正的威胁来自高清晰度本身——吸引观者的参与度较少。3-D 色情节目的参与较少，而不是较多。从神经学的角度看，日内瓦大学的帕特里克·维鲁米（Patrik Vuilleumie）发现，专司边缘情绪加工的大脑杏仁核看模糊不清的面孔时，更大程度地激活多巴胺、去甲肾上腺素和肾上腺素，比清晰面孔的激活力更强。

网络摄像头展示的性有很高的参与度，因为分辨率低，帧速率慢。看女人全裸的酮体需要更高程度的参与，因为她的性器官相对不那么明显了，用手指头“参与”时，她常常会用手半遮半掩性器官。

“耳朵把人推向普遍惊恐的心态。相反，由于眼睛……留下了一些沟壑……使人免受无孔不入的声音压力和震荡。”（McLuhan, 1964, p.156）。如果看见的东西少促使人更多地参与，那么，说的话少就留下空间，让人心里映射对方地形象。女人常喜欢使用界定不太分明的话交流，更多地说一些第一人称主观话。一般地说，男人更倾向于客观的、热媒介讯息，口头的和视觉的讯息都是这样的。我使用“男人”和“女人”这两个词，就像我用“阴”和“阳”一样——更多地用作精力品格，而不是用作性问题。

嗓音用作媒介需要我们充分注意和参与。我们说话交流时，不可能像文字闲聊那样能与许多人交流。网络性爱里用嗓音增加脆弱性，增强连接性，暴露我们自己的程度超过全裸的展示。

我们看现实的某物时，总是有一个短暂的时间用新异的目光看，接着才是观念脑用结构和观念接过来审视。网络性爱邂逅时，同样有一个初始期，我们对对方知之甚少。没有多少感官介入——没有血肉之躯的呈现，没有声音，可能连对方的相片都没有。

由于映射和先入观念为基础的要素少，我们被网络性爱的自发性诱惑。因为没有内心法官的控制，匿名性怂恿无阻挡的交流。不过这样的自由是双刃剑。一方面，让欲望与激情甚至变态激情自由流动的空间是有的，另一方面，我们只是在表面上看见对方有效形象的空间——这是因为我们古老的情感－本能边缘系统接手，我们激活了“前观念”的自动反应，这些反应是给予最古老的条件反射。

第三节　诱惑转换和关系转换

对大多数女人而言，性始于心，随后进入身体。用语妥当能激发女人的欲望，创造奇迹。佛家说得对：思想、情绪和感觉没有区分，全都关乎心。勾引是刺激心的艺术——平衡温柔和激情的艺术——直到跨过边界的恰当时刻。今天，拖延和打断说话的耐性少，勾引的慢节奏被立即满足的欲望压倒了。

勾引也许会被远程性爱取代。远程性爱容许各种各样、各种程度的刺激：性玩具编程，上传多种多样的冲程和振动。这是由心驱动的性——像勾引，不过传统的勾引需要打动心灵的说话——使人与对方在几个层面上联系。

线上勾引加快了，面对面邂逅缩短了。在《无勾挂》（*Unhooked*, 2007）一书里，劳拉·塞申斯·斯特普（Laura Sessions Stepp）报告男生“勾搭”的、无附加条件的性文化，描绘女生避免承诺、依恋和感情的性文化。

线上世界非依恋性的态度适合当前的现实。换妻俱乐部和群交像是立即满足和迅速切换欲望对象需求的自然结果——就像性的聊天室里容易进行的一样。

网络性爱会晤的功能和群交俱乐部的功能相同。一男或一女可以在聊天室会晤心的伴侣，在有网络摄像头的情况下玩网络性爱，然后切换到另一个人，也许同时和不止一人玩网络性爱。他们还可以不参与，只偷窥他人播报性行为（一人或两人，依网站而定）。过去的十年中，许多换妻俱乐部开张，不过其态度和 20 世纪 60 年代的性革命不一样。

第四节　手淫与性玩具

许多活动始于社交聚会，随后变成个人活动——尤其随着媒介和技术而变化。一个例子是运输工具的变化，个人汽车接过了集体旅行形式。另一个例子是电视：起初是集体看，随后是家庭看，一家一台电视，现在几乎是一人一台电视。显然这里有商业利益可言，但这些变化与心理现象同时出现。

个性化趋势在自然的、有多人共享的场域也出现了，性活动就是这样的共享场域。手淫就有越来越多的趋势。增多的原因之一是艾滋病危机，那是自由恋爱“黄金十年”里没有的疾病。其他的原因有：单身成年人增多，短期关系的频率高，在家私密空间里寻找性材料容易。

虽然独自一人的性行为一直存在，但在世界上许多地方，那还是不被接受的，尤其女人的手淫不被接受。在20世纪60年代和70年代的性革命里，妇女确定与自己身体更直接、更觉醒的关系，包括手淫而无罪感的权利。就像任何其他起初是反文化或自发社会运动的现象一样，一旦被社会主流接受，手淫成为市场经济的条件就成熟了。

新的市场推销色情，对温顺者推销性玩具，对极端者甚至推销技术复杂的性机器（劳斯莱斯性玩具）。这些性玩具可能富于创意，好玩，安全，释放情绪，但它们标志着人类性行为的人类学转化。

第五节　性玩具

性的功能成为技术的一部分，它随即带上了“在你指尖”的数字特征。快感必须立即满足，个性化，有选择，当然要高效——来得快，确保高潮。等待高潮来临令人恼怒，就像慢速互联网连接时等待网页出现一样。“猴子摇滚性爱器”网站（www.monkeyrocker.com）宣称：“你有了一个性伙伴，它总是击中你的痒处，任何时候你想都行，想要多久就能多久。”这个网站是数以万计的网站之一，它们推销性玩具和更复杂的性机器。以下这段文字介绍它们的“发明”（我太希望是说着玩吧）：

> 显然，你值得你应该拥有的快乐。但真人伴侣有时候令你失望。如果你希望情人更依恋或随时可及，我们是否可以为你建议一位呢，他或她随时让你休息，每次让你放松。

技术赋予你控制力，很棒，为什么还要等待你的情人的高潮低潮呢？你可以决定何时、如何、多久你想要的快感。如果你的自尊心弱，因为你的情人并非招之即来，或者你认为，他们都是无激情的懦弱的人，那么你现在拥有完美的伴侣了！

虽然它不能回报你一个熊抱，也不能和你扭成一团，但你为你的“猴子摇滚性爱器”动情，却是完全可以理解的……事实上，它没有发动机，不会停机，它时刻准备和你玩。你对你的梦幻有完全的控制力。它完全依靠你的动作去完成所有的冲击。你决定节奏和速度。短而快的抚摸，长时间和深层的抚摸，或介于两者之间的任何动作，一切都为你。无罪感，无风险，无人受伤害。

快速启动，完美控制，没必要被动接受，对任何人开放——你终于被赋权了！你不必用羞耻或罪感向机器投降。你可以培养对它的感情……它是完全可以理解的。

如果你喜欢，你可以高叫，但“猴子摇滚性爱器”不会发声。如果你把叫声控制在低水平，完全的私密就属于你了。

你的性伙伴搅扰人的呻吟和尖叫——邻居作何感想？也许你会想，上帝保佑，我是在与人做爱吧？那是上一个世纪的情景。有了这台机器，我可以尽情高叫不会觉得像荡妇。

完事以后就完了，结束了。就这样。你的“猴子摇滚性爱器”对你没有任何期待。

没必要维持进一步联系，就像在聊天室里一样，那一刻过后再没有任何承诺的义务。另一个可能的好处是减少你的性表现焦虑。如果你无把握能满足她，“猴子摇滚性爱器”能满足你。

如果你准备好这个备份，满足她，她会高看你一眼，因为你关爱她。

如今，有了这台机器做你的备份后，你能把所有的性活动外包给机器，你能让伴侣满意了。

性机器阻挡超我的叫声——那个内心法官和控制器限制你自由和真诚的表现。与此同时，它允诺你享受无限的快感，任何时候想都能享受。而且，我们能避免直面我们带脆弱性的任务：害怕不被接受，表现差的尴尬，向伴侣坦率表达性欲望。

通向成熟性行为的道路满布重重的心理探索：害怕被拒绝，因性幻想而感到羞耻，对完美的欲望和快感的充分接受和表达。如果我们要通过性行为整合深度心理和激情的能力，这些重重困难是必须研究的。

数字性行为和吸引人的技术小玩意儿具有相同的特性：控制力（网络性爱和性玩具任何时候都可以停止，只需轻轻点击）；拓展性选择（各种感知满足的性玩具，各种性趣味的网站使我们找到心意相近的人）；可预测性（大活人真的复杂，不可预测）；独立性（技术性活动无须依赖任何具体的人）；立即满足（直奔性刺激、快感和高潮，避免延误）。此外，快速的性释放使注意力回归身体及其感觉——我们需要这样的回归，以平衡信息社会里脑子的信息过载。

因为持久的在线工作使人与身体疏离，自我安抚的一个办法是用手淫刺激身体，使我们确保，我们还在感知身体。这是矫正心灵垄断以求平衡的办法。“用一只手书写”的俏皮话证明这种广泛采用的平衡办法。

第六节　高潮 2.0

有许多理由说，性高潮是美好的。首先，高潮感觉美好。其次，伴侣享受高潮时，彼此信赖，足以解除控制，从而被暴风骤雨般的能量驱动。作为男人，看见并感觉她达到高潮时的兴奋，那是很美好的。

高潮触发多种荷尔蒙的释放，其中之一是催产素，它诱发爱情蜜意的感觉。高潮对健康和血液循环有利。高潮始于身体，但扩散到灵魂，反之亦然——这是全身心的体验，使人整合。读到这里，你可以稍事停顿，在页边列出自己感觉到的好处。

然而，对女人而言，享受“普通的”高潮似乎已不够味，G 点高潮、三性高潮、多重高潮和喷射全都成了必需。通常，男人没有达到高潮的问题，所以它们的新边疆就是多重高潮、30 分钟高潮、前列腺高潮。

我一直喜欢诸如此类的实验，我和伴侣的关系极为亲密。几年前，上述高潮还没有被人界定时，我们就自然而然地实验各种各样的感觉、游戏、激情，沿着厄洛斯爱神与阿芙罗狄蒂美神的路子玩下去。今天，我们两人的要求是达到“另类的”高潮。“达令，我用新的性玩具玩你的 G 点时，你喷射了吧，就像是空调排水那样吗？”

《时尚》（*Cosmopolitan*）、《男士健康》（*Men's Health*）等杂志的利润证明人们对“如何做”基本信息的需求。然而，如果我们不让控制心理放松，如果我们做爱时不放弃生活目标，我们就达不到深层心理状态。我们有这样的生活体验——从冥想和入睡到顿悟、从排便到觉悟——我们顺其自然，我们的个性不干预时，这些体验很容易发生。

每一个女人都知道，她越是努力达到性高潮，就越难以达成。当然，高潮可以用机械手段绽出火花——性玩具就有这个功能，而且也好玩，但那就不用邀请爱欲女神来指引和输送我们了，那是被“如何做”的小窍门指引，仿佛性爱成了机械的东西。尽管如此，最完美的性高潮仍然是和欣然接受的态度联系在一起的。

性高潮还是没有远离宗教为它制定的心理空间——置于超我的控制之下，成为禁止、抑制和判断。这些心理品质依然故我——被误导为“如何做”“正确做”“多少次”之类的技巧。

我们为什么如此看重高潮呢？一个显然的原因是，那使人感觉良好，不过我认为在集体的定势里还有两个成分。一是对完事的执着——这是典型的数字态度和男性态度。二是宗教原因，这一点颇为吊诡。在只允许为生殖的性活动的宗教里，至少男人是需要性高潮的。

性高潮不是生殖的必要条件，所以女人的高潮长期被忽视。女性高潮从深藏的秘柜里出来了，这是好事。男人达到高潮和目标的需求被“机械地”出口给女人了——却没有和其他的维度结合。

第七节　网络处女

如今，性信息遍布杂志、电视，当然还有互联网。发行量大的杂志总有一个专栏，讲性“建议、诀窍和秘术”。根据这些咨询源头，世界仿佛由自由、多重的性邂逅组成。在这世界的有些地方，那样的一幕的确发生，但性讯息的全球蔓延并不和大多数文化匹配。真实情况是，世界上至少三分之二的文化对性的态度即使不压制，也是传统的、相当限制的，在中东和亚洲尤其如此。

在过去的十多年间，世界范围内大规模都市化，单身人数增加，这一现象在新兴国家出现。在上海、德里、首尔、曼谷、迪拜、马尼拉或雅加达，写字楼雇员人数增长，主要由妇女组成，她们是上网的一族。

她们常常独居，或与女室友共处，是互联网社交网络和约会网站的成员。她们的生活方式似乎和西方的许多妇女类似，却有一个根本的区别：生活在传统社会里，至少就性态度而言是这样的。即使有些国家比如泰国因热辣的夜生活而著名，大多数人的性行为和生活方式仍然是遵循传统的。

和她们的成长反差强烈的是，一种无过滤器的文化通过电脑屏幕潜入她们的生活，带来了约会网站、性爱聊天和色情。通过约会网站和男人接触很容易，与平常生活提供和允许的机会有天壤之别。因为国家的文化演化慢，比技术发展的速度慢得多，与传统文化的鸿沟就加大了。在这样的鸿沟中出现了网络处女——他们从未与男人做爱，在线上的性活动却很活跃。她们是大学生、雇员甚至成熟妇女。

很大比例的三四十岁的未婚女性仍然是处女，西方男人获悉这一比例时会大吃一惊。这是亚洲国家和伊斯兰教国家司空见惯的现象——这些国家的人口占世界人口的大多数。

这样的文化限制了单身女人邂逅男人的机会，她们不再年轻时机会尤其少——除了内心自我判断的设限，以及对社会谴责的恐惧之外。通过技术手段，她们解决问题的机会来了。互联网开启了约会的无限可能，这与家庭和工作的单调生活形成强烈反差。屏幕保护，旁人不知情，一定程度上克服了自我判断的限制。媒体帮助她们认识男人和性。穿过屏幕，勾引、私密忏悔、欲望、色情画面、性幻想、肉欲、色情和网络性爱涌入了她们的生活。

19 世纪 70 年代，南希 · 佛莱黛（Nancy Friday）发布数百次访谈，专访女人的性幻想，揭示了生动、复杂、创意、有时极端的性生活，揭穿了一个神话：女人“不再那么想性爱”。现在，这些性幻想可以在互联网上分享——对网络处女而言，性欲和肉欲的世界仅限于互联网。

即使她们没有任何真实性爱，网络处女也深知，网络性爱和真实性爱差异很大。不过，经过长期线上经验以后，微妙的心理机制也加大了力量。媒体本身引起特殊的性依恋。她可以把男友界定为只在网上邂逅过的一个男人，也许，那个男人以同样的方式界定自己和女人的关系。

有些情况下，她可能会色情上瘾或网络性爱上瘾，或禁不住用多种性幻想搞手淫。因为正如道家所云，女人有无穷的阴气，有多次高潮，能用平行唤起和释放的回路去匹敌无穷的信息回路。在另一极端，有些互联网色情的极端性质造成了震撼和抑制，而不是解放，进一步推迟了她们对真实性生活的认识。但最重要的是，网络处女会依恋她在约会网站上受到的关注——被看见、听见、渴望和勾引。一封浓情蜜意的伊妹儿，一次聊天，成为整整一晚的罗曼蒂克。

男人勾女若要成功，他就必须顺着她的感觉流动——否则她就会用鼠标点击把他从联系人中删除。顺着她就会满足她，让她上钩。亲密交往使她们不觉羞耻，敞开心扉，现实生活中与陌生人相遇罕有这样的感觉。当然，她始终在寻找爱她一辈子的白马王子。过了一阵子，寻找过程可能走到尽头——心碎的风险不至于像现实生活中的邂逅那样大。

她真实生活中不多的几次邂逅（假如真有的话）使她失望。待在虚拟世界里，她就可以继续梦想心中的白马王子，避免心碎的风险；虚拟生活支持她的文化和宗教禁令，使她关注超越身体及其感觉的“更高的层级”——使她给梦想世界喂料，弥补与现实接触的缺乏。

我写了女人世界，因为聊天的对象多半是女人，男人以不同的方式进入线上世界，这些方式是互补的——退出现实，没有附加的约束条件。男人渴望的真实的邂逅有风险，可能把他们拴在女人身上，女人可能反过来限制他们的游荡。

网络处女的探索有可能走极端。我在线上认识的一个女人，处女，三十出头，性爱态度传统。她告诉我，网上有一个朋友是性奴，她玩的游戏是束缚纪律、支配服从、施虐和受虐（BDSM）。她发出指令，性奴就在网络摄像头上奉命行事。有人竟然搞这一套，着实令人吃惊——虚拟，但另一头是一个真人——可她还没有任何真实的性接触。千百年关于性的文化定势在互联网上可能会突然断裂。

网络性爱很容易上瘾。一旦达到欲望的目的，那一成就不再有价值，因为自我意识感兴趣的是尚未得到的东西。因互联网是心灵的延伸，心灵能生成无穷多的欲望对象，我们很容易陷入重复性的强制行为。

几年前，在世界大多数地区，色情材料的获取都很受限制。从家庭私密空间里完全禁止到可以获取，在很快完成这一转变的国家里，被色情的冲击特别强烈。

多层次的性经验在屏幕的直接作用下获取，只存在于心理层面和视觉层面。那会发生什么呢？如果这样的性进路在长时期里是首次和唯一的经验，那会在心灵上留下什么印记呢？将来会形成什么类型的关系呢？互联网网络邂逅是为现实生活中更开放和深度的会晤铺平道路，还是相反，它们加大与实际生活的距离，带来陌生的心理挑战？

第八节　性别问题和消失中的男性

加拿大广播公司（CBC）的纪录片《消失中的男性》（*Disappearing Male*）展示，环境污染对男性的生殖系统产生重大的影响，包括前列腺癌增多、青少年精子计数降低——不到几十年前的一半。

双酚 A 和邻苯二甲酸盐这两种化学品被用于许多日常产品中，包括整容品、化妆品和家具中。它们扰乱内分泌，扰乱身体激素的平衡，尤其模仿雌激素，使女孩子的青春期提前，使男孩子女性化。

大卫·戴达（David Deida）著书探索男人生活里的大事——从工作到女人、性、亲热和爱情。他说，男人不仅需要生活的方向，而且他的方向和目标的体现就是他吸引女人的品质（Deida, 2006）。信息社会把我们往几个不同的方向拽，实际上使我们的坚定性和方向感弱化，使我们偏离一条清晰的路径，这条路只能从我们的心里生发。

手机、电子邮件一天打扰我们多少次呢？智能手机上的各种通知又要打扰我们多少次呢？智能手机的呼唤或电子邮件任何时候都可能使我们取消与某人的约会。

技术对男女两性都有吸引力。男性态度不断重复的主题之一是自由，女性态度的主题之一是联系。（再次重申，“男性”和“女性”的意思是未必跨越两性的品性。）讥讽的是，技术允诺两性自由，拓宽社会联系；结果，我们大家都被拴在电脑屏幕前——通过键盘和显示来联系。

第九节　早期的色情接触

2010 年，蒙特利尔大学的科学家开始对看色情片的男人和不看色情片的男人进行比较研究。但他们改变了研究重点，因为他们找不到不看色情片的男人。于是他们就探索，男性如何消费、何时消费、消费多少。他们发现，男人首次接触色情材料的年龄平均为 10 岁。

我们知道，早期接触性讯息，或者更糟糕的性虐待，都可能触发性功能障碍，包含性冷淡和性狂热。儿童受到力所不及的刺激时，既可能触发他的焦虑，也可能减弱他的心理反应。最初的性讯息留下的印记可能影响以后他和性行为的关系。

父母可以给家里的电脑装上过滤器，但他们并非总是在用电脑，所以并不随时防护，很容易被孩子绕开——一般地说，孩子用电脑比父母在行。就这样，儿童从互联网获取性材料的时间走在前，远远早于他们从大人得到指导的时候。

我们教孩子体育锻炼，向他们传授技术、文化、艺术，给他们报名上很不一样的课程，但十分罕见的是，即使在最进步的国家里，也没有人培养他们真诚、开放地直面性行为，而性可能是一个人会体验到的最强烈的能量之一。学校不提供有用的性教育，即使有时间，父母也难得与孩子公开谈性。社会让孩子们独自应对——用虚伪和怯懦抛弃他们，如此，成年人规避了可能让人尴尬的会话。

与此同时，我们假装少男少女不“演出”他们从媒体得来的性讯息。即使知道他们在演出，我们也期待他们自己负责任、求安全。对，情况正是这样。荷尔蒙不像性教育专家那样广为人知。在青春期岁月中，少男少女的身体开始分泌强大的荷尔蒙，使他们自然而然对性有强烈的兴趣，但他们对刚刚发现的性还缺乏安全感。

青春期的发生比过去早，原因是食品中的荷尔蒙、邻苯二甲酸之类的化学污染物，它们对内分泌系统产生影响。我猜想，日益增多的心理性刺激也是一个原因。然而，少男少女缺乏基本知识和自我知识，不知道如何正确使用安全套；不知道如何感觉、识别和清楚表达可以不可以；不知道如何防止性病；不知道如何自己和他人的极限；不知道如何在性选择上不受同龄人胁迫；不知道如何对手淫和性幻想感到舒适。与此同时，手机上的性霸凌和性短信在未成年人中增多；他们似乎不清楚在网上暴露自己或他人身体会产生什么后果。

有关的问卷调查赫然显示年轻人对性病的无知。年轻人大量接触性讯息，但他们对怀孕和性安全漫不经心，和几十年前的年轻人一样。早孕曾经是第三世界国家的典型现象，如今在西方国家也在增多。艾滋病的传播主要是在青少年中。

今天，最早的性好奇主要是通过互联网满足的——远比真实性经验早，甚至比知道性是什么早得多。作为初始性接触的渠道，互联网并不新。我小的时候，我们有性漫画书和杂志；和今天的材料相比，它们当然要温和得多。材料的烈度很重要。

第十节　欲望

性的潘多拉盒子已打开，性讯息留下了不走了。在我们的社会里，躲避性讯息是不可能的：它们无所不在。我们对性及相关的产品的欲望不断被触发，被刺激，我们常有机会在其中迷失——或者在我们的意识里找到珍宝。我们的意识可能会居中，在沉湎于欲望和压制欲望之间。所有的心灵导师都说，欲望是解放之路上的障碍，但他们许多人实事求是地讲，由于其性质，欲望必须要在实际生活中去体验。

瑜伽大师马哈拉伊（Nisargadatta Maharaj, 1982）写道："持久的愉悦欲望是内心永恒和谐的反映。只有夹在苦乐冲突中间时，你才变得自觉，因为这要求你做出选择和决定，这是可以观察到的事实"（p. 97）。一个弟子说："瑜伽靠放弃而获得，常人靠博加（Bhoga）而知觉。博加之道是无意识的，因而是重复和持久的。相反，瑜伽是刻意的、强烈的，因而可能是更快的。"

马哈拉伊答："也许，瑜伽和博加是交替的。先博加，后瑜伽，接着是博加，然后又是瑜伽。微弱的欲望可以用内省和冥想移除，但强烈、根深的欲望不得不满足，无论甘苦，其果实都得自己去尝"（p. 97）。

若要被完全体验，经验就必须要给知觉助燃。欲望可以被回避或绕开。数字媒体以无限多的方式刺激心灵，给人欲望；不仅提供杠杆作用，却达到了杠杆作用。这样的拓展需要类似的意识和心性品质观察力的拓展与之匹配，观察力的拓展提供内心反应的方向、基础和理解。若失去平衡，结果就生成强烈的内在驱力，没有方向盘、倒车和刹车的驱力。我们就被机械地驱使在路上，受一个无限的呼唤驱动，我们却将其误解为"自由"。

至于无欲的境界，瑜伽大师马哈拉伊的智慧是："在此，你像死了一样无感，或者你就在至高无上的境界"（p. 66）。融入顿悟的至上境界后，欲望不再驱使我们，那是漫长的修习之路。

第十一节　作为密宗道的网络性爱

对可达结合的欲望，无论与人或神的结合，始终是虔诚渴望的基础，印度教里将这样的渴望称为巴克提（bhakti），通往上帝之道。与此相似，在密宗坦陀罗里，非高潮性交的能量涌现是通向深度结合的桥梁。

通过聊天和摄像头的网络性爱是自刺激和自愉悦。在这一形态下，对真正敢于进入自己深处的勇敢者而言，实际上是有机会的。自恋可以成为密宗的修炼。没有性伴侣的性能量激活是某些密宗传统的精神修炼之路。可以抵达并转化的性能量源头正是爱和意识的源头。通过坦陀罗，我们可以理解，我们自己就是性能量的源头。这个自我只不过是在触发我们身上已有的东西。在密宗最深的层次，没有你，没有我，没有我们的相互吸引。一切都在整合的同一（或宇宙狂欢，如果那是你之所好）里联系起来了。

如此，在一定程度上，无论我们的伴侣是人或性玩具——即使性活动有网络性爱的中介，我们的发现之路都不会大变。和他人邂逅时，我们可以把对象关系、依恋、期待、自豪感或不值感投射到他们身上。性关系与内心投射的勾连越少，对内心运动的注意就越多——内心运动含有性能量的反应和流动。毕竟“猴子摇滚性爱器”和脚踏式性机器都触摸了到深层的真义。

网络性爱邂逅的几乎全是陌生人。通过网络性爱，我们甚至能接近坦陀罗的态度，老幼、美丑、肥瘦都无关紧要。我们随纯粹的性能量流动。我们甚至可以将这一态度输出到线下生活中。坦陀罗关心的是“不挑选”，和性能量本身融合。对身材的喜好被认为是心理结构。然而，只有在我们有一个成熟的心脏中枢、有充分体验我们身体感知的能力后，拓宽联系并使之超越心理偏好的现象才会发生。信息技术不支持这两个因素。

第六章

商品化与货币化

“一切曾经直接生活的经历全都成了表征……真正的消费者成了幻觉的消费者。”（Guy Debord, 1967）

情景主义者是20世纪50年代批判资本主义文化的一个国际革命小组。他们论及景观社会（The Society of the Spectacle），在这样的社会里，媒介化和商品化的社会环境使人异化。他们认为，媒介与产品使受众反应迟钝，控制其欲望。半个世纪以后，我们有了新创建的媒介，其范围大大拓宽，这就强化了情景主义者的原理。在数字新千年里，欲望似乎并没有被控制，相反，只要与市场产品相连，受媒介疏导和刺激，它们就是可以接受的了。

情景主义者觉得，在资本主义体制下，情绪变成了市场产品，我们不得不倾囊付出，方能补救我们的情绪。他们认为，市场首先拿走我们和地道品质连接的真实追求，然后又端出真实商品的苍白映像——使我们一直渴望真实的东西，而真实的东西永远不会到来。今天，连接的需求通过社交网络得到表达，这些网络表面上自由和民主。不错，许多互联网服务免费，但如果我们计算硬件、软件和联网费用——再加上我们付出的时间和注意力——成本就必须重新考虑了。

现在的市场产品就是我们自己。根据我们在网上浏览和生产的内容，我们被当作广告商的对象出售了。而且，情景主义者还注意到，在我们的社会里，人们按编制的程序生活，只不过是真实生活的表征而已。通过技术，需求被制造出来，目的是推销解决方案。高技术市场甚至不再需要多少商品，因为这个市场是数字表征的——使得关于我们成为幻觉消费者的论述引人注目。

第一节　替代真实

> 一旦拱手将自己的感官和神经系统交给别人，让人家操纵——而这些人又想靠租用我们的眼睛、耳朵和神经而从中渔利，我们实际上就没有给自己留下任何权利了（McLuhan, 1964, p. 68）。

连婴儿都被剥夺了身体接触——原因多种多样。父母没有时间；即使有时间，它们的手和眼睛也放在小玩意儿上。再也没有大家庭和几代同堂的家庭。有时，成年人害怕抱小孩子，怕被控恋童癖。然则，身体接触对平衡的情感生活和精神生活至关重要。

催产素是一种荷尔蒙和神经递质。除了著名的催产作用外，近年的研究指出，催产素在以下疾病里缺失：自闭症、个性紊乱、抑郁、社交恐惧症、精神分裂和性紊乱。催产素是在身体接触中释放的，它刺激亲密纽带、安康和社会参与的感觉。有些医生提倡，童年时期就开始催产素治疗，可改善儿童的社交技能。这段文字勾勒了我们的处境：首先，真正的接触被夺走，随后为恢复情感（亲密纽带）而提供替代物（药物）——其形态是市场产品。

如今，与人联系的需求喂养着手机和社交网络的庞大产业。一旦互联网不可或缺，为了维持活跃的联系，我们就购买一切需要的东西。怕在潮流中掉队的念头令人恐惧。不过，我们可以购买 iPhone 或平板电脑所需的应用，它们在互联网上是唾手可得的。既然我们无法切断脐带，我们就乐意为它输送的营养付钱了。

第二节　玩弄感情

“思想是心灵的砖瓦；情绪是砌砖的水泥”（Chitrabhanu, 1980, p. 123）。

如今，技术执着于理解、计量和驱动情感要素——甚至执着于谋划机器人，让机器人识别情感，并与人情感互动。一方面，在理性头脑支配几百年后，对情感的注意当然受到欢迎。然而，情感基本上是在身体偏远小径上游走的思绪。佛家教导，情感仍然是大“心灵”的一部分。对感情较高的觉悟是好事，但从精神发展更广阔的视野看，我们并不等于我们的感情，正如我们并不等于我们的思想一样。

然而，产业和政治都可以利用情感世界。从意识形态斗争到情感斗争的政治转型为操弄非理性讯息留下空间，它们撬动我们原始的恐惧和本能，同时又绕过我们的注意力。纳粹主义的涌动说明，即使在文化先进的国家里，非理性讯息仍然是有效的。

一个令人痛心的例子如在目前。2010 年，意大利执政党释放讯息，强调“心”和“爱的聚会”。这些讯息又掺杂着仇恨的讯息——凡是不在他们的统治面前折腰者都仇恨，又掺杂着恐惧敌人（移民、记者、“共产法官”）的讯息。这些讯息直接指向大脑边缘系统。

既然个人的故事和有意义的内容被掏空，我们无意识地感觉到我们生活的空虚，而技术却允诺恢复我们在社会、心理和精神层面失去的东西。我们需要填补空虚，让内在的自我受产品和信息的入侵——持续不断的入侵。产品和品牌送还给我们的是标签，却不是意义。我们在互联网网站上的形象试图把我们介绍给世界——邀请他人从有限的选择（分享的链接、短信、对他人博客的评论、点击“喜欢”）中识别我们的爱好、自我形象、志向等特征。

这一切外部因素都不能填满心灵的虚空。但我们不断尝试——一次又一次点击，一单又一单购买。正如米克·贾格尔（Mick Jagger）在 20 世纪 60 年代所唱的那样，我们仍然没有感到满足。

既然市场的前景和人们的实际生活差距很大，这个制度使很多人抑郁，压抑的情绪又用商品来治疗。如果不采用“更糟即更好”的态度，让我们看看经济增长给西方社会带来了什么。我脑子里涌现出来的第一个问题——尴尬却简单明了的问题：它是否带来了更多的个人幸福。无疑，更好的经济情况造成了 20 世纪教育的改良、预期寿命的提高和健康的改善。这些方面是人和社会充分发展之必需，它们的到来可归因于伟哥激活的经济。

西方社会远远超越了我们基本的需求，但我们是否更幸福呢？回答是既肯定又否定。发达国家已做了大量的研究。不出所料，贫困使人不快乐。然而，一旦达到了有尊严的生活标准，收入的增长不再与幸福的增加成正比。越过某一点（可量化为在职人的人均经济资源）后，幸福的水平不再提高。换言之，职场人没有理由嫉妒他的高薪管理人。

总体上，20 世纪 50 年代富裕程度提高以后，我们没有发现集体幸福的平行发展。今天的人比前人更容易感受到压抑，更容易患上心理疾病。今天的 25 岁年轻人比 20 世纪 50 年代的 25 岁年轻人更容易患上严重的抑郁症。20% 以上的青少年有焦虑和压抑问题，今天普通的青少年几十年前会被认为有心理疾病。所以，服用抗抑郁药物和精神治疗药物的人不断增加。

第三节　信息市场

对理解、培育和潜入人们的脆弱点和不安全感，所有的公司都感兴趣。公司给我们的竞争性添油加料，借以让我们的不安全感静音，增强我们的欲望，把我们的欲望转化为需求，挑战我们的自尊，使我们的贪欲牢牢扎根——目的是要让市场不断运行。广告被贴在现代生活的一切表面，其唯一目的是劝人相信，某某商品必不可少，没有它我们就会感到缺少了什么东西。这一套说辞成了自我实现的预言。

实际上，我们的拥有远远不够，因为我得到的是产品，它们本身不能满足我们的心灵需求。内心空虚不能用占有东西来填补，虚拟的东西也不能用来填补——不过我们还是要尝试。各种研究证明，最没有安全感的人倾向于用物质上的成功来确认自己的身份。于是，刺激购物的最佳讯息是让消费者觉得自己拥有的东西不足——把他们与不可达的模式比较。线上经济也没有改变——消费者欲壑难填，给生产和消费的经济加油添料。在《美丽新世界》（*Brave New World*）里，赫胥黎（Huxley, 1932）写道：

> 董事长说："我们给大众灌输信息，让他们讨厌乡村，同时我们又要让他们热爱一切户外运动，而且我们要确保，一切户外运动都需要用上精美繁复的装备。结果，他们就消费运输工具和制成品。"

广告业的繁荣也依靠类似的灌输。麦克卢汉（McLuhan, 1964）写道：

> 广告也是新闻。广告的"错误"在于，它们总是报告好消息。为

了使效果保持平衡并兜售好消息，就需要许多坏消息。而且，报纸是热媒介。为了确保报纸的热度和读者的参与，它必须登载坏消息（p.210）。

麦克卢汉时代以来，广告商学会了以上的功课。他们知道如何引诱消费者更多地消费。令人震撼的形象——死亡、病痛、战争、性和恋物癖被用来促销商品，同时被用来重新界定震撼和同情的界限。这些形象被用于娱乐，引向商业。即使在20世纪60年代，自由、社群和反建制观点的价值就已经被市场窃取了——信息技术小玩意儿尤其盗用市场，被鼓吹为自由、个人被赋权和社会联系的工具。

在一个去个人化的（depersonalized）世界里，我们发现无处不在的"个人化"，广告商品里的"个人化"；来自各种技术的"个人化"——私人定制的汽车，"表现你真实个性"的时装；"适合你需要"的软件，为你的博客定制的主题，"定制你网站每个细节"的软件，我们社交网页的定制，等等。

与此同时，越来越少的人有足够的时间和注意力用同情的心态来互相倾听。人的互动是另一个窗口，我们看到的是注意力赤字的、混乱无序的多任务狂热。但是，由于商品和定制技术，我们可能会欺骗自己，觉得重新被呵护和理解了。个人自由和个人联系的需求是人的两个最基本的需求。技术允诺满足这两个需求。

数字"自由"推动我们不断重新界定自己，玩弄身份认同，无限期延长青春期。这样的重新界定仅仅是在个性的表面上发生，这对市场有用。每当新的生活方式发生，个人的消费总是要全部重新翻修。博主并没有跳出市场游戏。《2008年博客世界状况报告》揭示，"五分之四的博主粘贴商品或品牌评论，宣传他们或爱或恨的品牌"，"三分之一的受访博主曾经有广告商登门求助"，六成以上的博主得到了这样那样的报酬。

在这里我们又看到，我们乐意与机器交流，并且用我们“用户生成的内容”来喂养机器。我们的乐意成为广告商的食品，他们瞄准广告的基础是我们在推特、脸书说的话——他们甚至瞄准我们的电子邮件。

第四节　美丽新世界

在《美丽新世界》里，老年人的一切不舒适都消除殆尽，其性格像 17 岁那样年轻。老人从不驻足反思，总是忙于玩乐和工作。每当反思话语冒出头时，我们的药物脑活体“苏麻”（soma）总是有的，而且有适合的计量（Huxley 1932）。这部小说问世八十年后，我们见证了延年益寿的治疗、滋养欲望的抗抑郁药、壮阳的伟哥、每时每刻的定制娱乐。这一切都妨碍心灵的成长。

在《娱乐至死》（*Amusing Ourselves to Death*）（Postman, 1985）的前言里，波斯曼写道：“在《一九八四》里，赫胥黎说，人们受制于痛苦，在《美丽新世界》里他却说，人们受制于享乐。总之，奥威尔担心，我们憎恨的东西会毁灭我们；赫胥黎担心，我们热爱的东西会毁灭我们。”（p. xx）

营销转入数字领域后，无限的市场生成了，欲望取代了需求。欲望由心灵加料，无穷无尽，而不是由有限衣食住行的生物需求加料。数字世界在性质上接近心灵及其无休止的渴望，完全是不可持续的。互联网取代电视以后，它对实施社会控制的条件成熟，使人们对整个系统产生怀疑。互联网有望成为新的“苏麻”，它安抚经济和环境衰败的社会。

第五节　解构意识与伦理

信息市场留下的心灵空虚产生虚无主义态度，反过来，当人们试图读懂世界时，心灵空虚又可能回归传统的或简单的理念。这就为民粹主义和原教旨主义准备了肥沃的土壤。信息社会关心的是效率、客观和速度，是一种“孩子气的、前伦理的态度”（斯洛卡 /Slouka, 1995, p. 26）。

> 靠权力意志乘势而上时，人的价值被视为障碍。因此，技术虚无主义的资本主义腐蚀同情心，瓦解人自然关爱的能力（马加迪 /Magatti, 2009, p.265）。
>
> 资本主义的社会气候被混乱和速度支配，回到马克思所谓的资本主义的显著特征：一切实在的东西蒸发为泡沫（马加迪 /Magatti, 2009, p.150）。

资本主义、解构主义和信息社会共有的一种态度是对意义的消解和重新定义。生活在它们的支配下，个人身份碎裂、肤浅。作为个人身份重要因素的社会联系被信息市场瓦解，信息市场往往使人孤立——即使在互联网 2.0 条件下社会联系被更新以后，这样的倾向也不会改变。

第六节　走向真相的否定

技术具有无限重组现实的能力，很容易消解和重新界定事物的关系及其意义——直到真相不再是使信息有意义的根本纽带。在电视上露面后，激烈批评贝卢斯科尼的意大利记者特拉瓦利奥（Travaglio）在博客里写道，上电视节目时，你难以对事情进行恰当的解释。他说得对。笔头写作很容易进行精细的解释，但在线交流时却很难使读者的注意力聚焦。电视和互联网都不利于长篇叙事和深度反思。政治问责在互联网上似乎很容易做到，但在缺乏对真相热爱的情况下，政治问责就成为无的放矢了。

最重要的新闻是最新的新闻，是既无叙事又无广阔视野的新闻，此时的问责制就被弱化了，问责制要求历史的观点。复杂性与连贯性让位于诱人的语词、简化的讯息和即时的情绪满足。于是，情绪上被打动成为评价真相的参数。这就为政客创造了理想的土壤，他们认为，自己言行的连贯性并非必需（或没有效用）。他们可以公然自相矛盾，因为人们注意力弱，记忆失灵，情感上激活选民投票的能力到选举时就得到报偿。

连贯性和真相不再被视为珍贵。比如，贝卢斯科尼能在某一天公开肯定任何东西，又能在第二天公开否认它——却没有被要求辞职，至少是没有被要求道歉。这就意味着，对真相的冷漠程度在意大利社会达到了病态水平（在美国亦如是——里根栽种，老布什治下鲜花盛开）。只有在一切被清空，内容是广告、笑话或时髦语言时，这样病态才会发生。斯洛卡（Slouka, 1995）看见数字表达否认真相的危险。

> 看起来，这是我们面临的威胁：不久，在电子代表性和真相“同样好”中迷失以后，我们将集体看不见这样的事实：近似值和重演是谎言；谎言——即使小谎也倾向于造就一种气候，它将越来越敌视真相，或漠视真相（p. 148）。

回归对真相的热爱任重而道远。在这个过程中，理性不足以反制我们被数字分割的觉悟，我们还需要其他认知渠道，比如激发洞察力的内心静默、心脏中心（heart center）的开发——这些渠道激活我们的好奇心，使我们找到发现真相的乐趣。

第七章

政治、参与和控制

谷歌的历史记录着我们在互联网上的一切搜索。桌面搜索引擎等类似的服务为我们计算机储存的一切内容提供索引。谷歌阅读器之类的RSS阅读器指导我们的兴趣，管理我们订阅的博客，追踪停订和新订，它们能绘制我们兴趣演化的路线图。从潜在能力看，谷歌对我们的了解比我们愿意想象的还要多。分析我们浏览RSS文章的速度，谷歌就可以找到我们重点注意的信息。从我们浏览的两种网站，谷歌都可以得到信息：一是我们公开分享的网站，二是我们不想让公众分享信息的网站。

即使在没有未来神经技术的条件下，谷歌也可能推导出我们的情绪，它可以分析我们搜索信息时打字的速度，我们打错字的多少。我们用谷歌工具栏搜索一篇文本时，我们的搜索以“照原样”的方式进入。所以，我们按回格键纠正打字错误时，这一信息也送进去了。谷歌对我们思路的了解胜过我们自己。它能相当准确地辨别，我们文化里的集体思维是如何移动的。在政客或广告公司手里，这样的数据价值连城。

最重要的是，通过语词和图片，我们在社交网站、论坛和博客里直接暴露了自己。最重要的是，就像在有人居住的村庄里一样，在互联网的地球村里，人人的一切信息都广为人知。我们心甘情愿地把自己交给互联网，因为我们需要构建一个身份——被映射、被看见、被识别、与他人线上互动的身份。这样做，我们就暴露自己、被别人控制了。

第一节　我们心灵的主宰

从比尔·盖茨到脸书，我们看到二十多岁的年轻人是如何把千百万人吸引到自己的技术创新里的。年轻人突然的成功使我联想到魔法师的弟子。成功吸引千百万人的网站需要有相当的责任担当和强有力的行为准则。这有点像突然成为一个国家的元首，他要有责任担当。但如果民选的领袖不称职，他们就容易被反对派控制。

脸书这样的网站吸引千百万计的用户，一个网站对人心的影响超过许多法律和社会机构。脸书不举行选举，其规则完全由公司制定。当获悉脸书的帐户在未经通知的情况下被禁用时，我们才意识到，自己是多么的无能为力。我们不能指望公司的民主伦理，它们追求的是赚钱，它们的技能多半是技术方面的。

从技术－结构选择衍生出来的运作模式和社会规则产生了广泛的影响，对我们的工作、阅读以及我们与他人的关系都产生影响；换言之，对我们的生活方式产生影响。每一次的鼠标点击不仅是我们与网站的互动，而且是我们心灵世界的运动。

读脑的活动不局限于我们的网上活动。神经营销学不仅用最精密的设备比如磁共振功能成像（functional Magnetic Resonance Imaging）来弄清楚，购物决定是如何做出的，进而决定营销策略。同样入侵性的策略有微软远程监控雇员生产力的研究项目。

> 《泰晤士报》曾报导一家公司的专利申请。它用无线传感器把公司里的所有人和一个计算机系统连在一起，传感器用于监测每个人的基本通信情况。该系统使管理层能监察雇员的工作表现，它检测心率、体温、运动、面部表情和血压（Mostrous, 2008）。

数字技术和控制是完美的搭档。诺伯特·维纳把计算机称为“指令和控制”的技术。我们在互联网上所做的一切都可以被政府部门控制。每一家网络公司——无论谷歌、雅虎或微软——都受政府控制，每一家互联网供应商同样受政府控制。在美国，爱国者法案允许执法机构控制任何媒体的通信——其他国家也有类似的规定。

数字指纹这套技术能识别用户，其依据是每一台计算机的特征（比如软件版本、屏幕大小、字体）。我们上网时，诸如此类的信息就被发送出去了。分析那些参数，蓝卡瓦（BlueCava）公司已经识别了数千万台计算机和智能手机。当然，追踪数字指纹可以在使用者不知情的情况下进行，所以使用者没有任何办法退出或删除自己的轨迹，而传统的间谍软件是允许退出或删除的。深度检测技术可以被用于跟踪和审查，是又一种入侵性工具，被置于用户的计算机和互联网之间。

控制的需求和生存联系，是嵌入我们的机制，注意新奇刺激的冲动就是一例。我们对环境的控制力越强，我们生存的机会就越大。连几个月大的婴儿也喜欢按下按钮去激活一个结果。可预测性使人觉得更安全。我们按下某一按钮，就想要某一结果。

数字技术给人的感觉是，工具尽在掌控之中。（对程序员而言，这包括驱动软件使用者的行为。）同时，我们又将自己暴露在被控制的状态，互动模式、服务供应商、政府部门、网络公司都可能控制我们。追踪和控制我们线上活动的方法越来越先进了。

第二节　政府

1996 年，约翰·佩里·巴洛（John Perry Barlow）发表《网络空间独立宣言》（Declaration of the Independence of Cyberspace）。他写道：

> 工业世界的政府，你们这些肉体和钢铁的巨人，令人厌倦，我来自网络空间，思维的新家园。以未来的名义，我要求你们不要干涉我

们的自由，你们属于过去。我们不欢迎你们，我们聚集的地方，你们不享有主权。

政府——不仅专制政府，包括西方国家政府——都能够控制互联网上的每一点信息。著名的工程之一是埃施朗（Echelon），它能获取电子邮件、短信、座机和手机的内容。

互联网本应拆除民族国家和机构的界限，但各国政府还在各行其是，加大对互联网的控制。根据国会内的批评者透露，美国国家安全局对私人电话和电子邮件的监控超出了法律允许的范围——比以前承认的更严重，不顾法律和后勤方面的问题（Risen, 2009）。

换言之，政府能够做，而且一心要做任何事情。互联网供应商和移动电话运营商向执法部门提供用户端信息，透露客户的互联网获得和 GPS 位置。几乎每一个 GPS 赋能的智能手机都搜集定位数据。他们知道我们在哪里，我们读什么、写什么，我们与谁联系。

记者耶夫根尼·莫洛佐夫（Evgeny Morozov, 2009）论述互联网隐含的政治命题。在《波士顿评论》（*Boston Review*）的一篇文章里，他挑战互联网是传播民主的媒体的咒语，宣称互联网甚至可以"颠覆民主"、从俄罗斯到伊朗，政府付费给控制和影响公共辩论的人士。他说，"只要媒体稍微做一点深挖，它们就可以发现大量的材料来写文章，用这样一些标题：'伊朗博客：民主变革的重大挑战'，'沙特阿拉伯：博客仇恨妇女权利'"（Morozov, 2009）。

第三节　广告与注意力

注意力是宝贵资源。互联网最重要的经济资源是广告，广告以注意力为食，引人注意某些讯息。注意力资源被详细分析，通过老练的方法被赋予经济价值。网页分析系统的发展方向是，不仅记录多少网页被浏览，网页来自什么出处，用户的类型是什么；而且要记录鼠标的移动，在网页内的移动，哪部分被选中，在哪里停止。

注意力分析的潘多拉盒子一旦被打开，开发技巧以抓取这一宝贵知识的竞赛就开始了。我们将见证更多勾引我们去点击和购买的诀窍。谷歌注册了一个分析专利，分析购物者对什么东西感兴趣，其窍门是考虑光标的位置、光标停留网页区域的时间，使用者的行为甚至面部表情。如此，获取一个更加准确的路线图就有可能了，路线图包含的成分有：用户如何、何时、对何物注意，尽量接近读懂用户的意向和兴趣——目的是给他提供精心裁剪的广告。

可望替代鼠标的是，将来可能会出现计量我们生理状态的设备，甚至拓宽到神经设备的领域，这些新设备能阅读我们的脑电波和被激活的脑区。比如，如果使用者处在 alpha 接受型频率状态，广告商就乐意给那个网站支付更多的广告费，因为用户对广告讯息更乐意接受。

“我的空间”几年前是最重要的社交网络，现在它走下坡路了。2010 年 3 月，有传闻说，它开始出售用户的数据资料，把用户提交个人信息的自愿态度用来谋利。

第四节　谷歌

谷歌的座右铭是“不作恶”。它把自己描绘为一家优秀的企业：可爱的标识，博客里的“酷”语言，投资可再生能源。但谷歌的座右铭指导自己的公司，就像希波克拉底誓言指导医生一样，医生开出的药因副作用而害了病人。2009 年 12 月 3 日，在美国消费者新闻与商业频道（CNBC）的访谈中谷歌首席执行官埃里克·施密特（Eric Schmidt）说：

> 如果你有什么不想让任何人知道的事情，也许你首先就不应该做这样的事情。但如果你真想要那种隐私，现实情况是：搜索引擎包括谷歌的确将这样的信息保留一段时间，这很重要。比如，我们在美国都要受制于“爱国者法案”，有可能，所有的信息都会提交给当局。

这是大实话，简单地说可以表达为：“忘掉我们曾经就隐私说过的一切。”在2010年8月的技术经济会上，施密特说，借助人工智能，谷歌可以预测人的行为；如果我们向谷歌出示14张我们个人的照片，谷歌甚至能识别我们是谁——它可以把我们的照片和他人在社交媒体、约会网站上的照片进行比较。这是自吹——但离真相不远。

普通人的头脑主要是在过往条件反射的基础上运行。通过不断与机器互动，人脑的机械性更加有增无减。所以，写得好的软件能精确推断我们是谁、我们想要什么、我们访问什么网站、我们在城里穿梭时下一步将去哪里——这不足为奇。谷歌知道我们访问的每一个网页、我们点击的每一则广告，也许更多——他们有数学工具和分析工具，这些工具能解读位置、网页导航、与人的连接和电子邮件。

除了预测我们的行为，谷歌还能为我们做决定。用施密特的话说，人们“想要谷歌告诉他们下一步该做什么”——通过情境感知计算——比如推荐附近合我们胃口的餐馆。虽然他的话令人不安，但我们再次看到，他的话里不仅有真相。

和“丹田”（belly center）连上以后，我们的意志和内心指向被激活。练丹田的功夫人由此出发。丹田同时又是我们搜寻真义的基础，但由于过度用脑，失去感知到的、活生生的、意识到的与身体的连接，这个中心被削弱了。缺少这样的连接，我们就搜求技术的指引，连最基本的决定都去搜求——就像我们向谷歌询问以减轻我们投入记忆的精力一样。

我们正在被变成无助的婴儿，需要谷歌母亲指引和肯定，一切活动都需要——最多只能熬到十几岁的叛逆期，忽视她的建议，但晚餐时还得回到餐桌。

占有欲强的母亲需要孩子依赖成性，她们用最好吃的饭菜（免费和娱乐的软件工具）引诱孩子，提供一切所需——同时抗拒孩子离家不受监护的努力。然而，无论我们走到哪里，我们都留下一些食物残渣，所以谷歌总是能够追踪我们的。我们就是妈妈的孩子，也是谷歌的孩子，我们不必去见真实的世面，也不必去接触真实的自我。

围绕互联网和隐私的争论越来越多，这有道理，与谷歌相关的争论尤甚——它面对若干法律挑战。2010 年，欧洲监管机构质问谷歌，其谷歌街景里装有摄像头的汽车搜集了什么数据；谷歌承认，软件蠕虫入侵谷歌系统，他们无意间从未加密的 Wi-Fi 网络搜集了一些隐私数据。

在大多数国家里，拦截私人通信是非法的，但如果它是“软件蠕虫”引起的，很可能会被原谅。数据为王——超越伦理，不受法律约束。经过进一步调查，欧洲监管机构发现，并没有什么蠕虫，搜集隐私数据的功能是故意编入程序的，植入谷歌街景汽车的。

研究互联网隐私和广告的专家本·埃德尔曼（Ben Edelman 2010）提供了这样的证据：“即使谷歌工具栏似乎被禁用（比如消失在视界之外），它还是继续追踪用户的浏览。”谷歌还只是为这一“蠕虫”道歉。除了管理数据，谷歌还研制出智能电表，记录电能消费情况，它能解读人使用工具和技术的详细情况，从而知道人们的生活方式。

埃德尔曼揭露了使脸书尴尬的东西。与其所谓的隐私政策相反，用户点击广告时，脸书“向广告商透露用户的脸书名字或身份。有了这个默认隐私设置，广告商几乎可以看到用户在脸书上的一切活动，包括其名字、照片、友人等信息”（Ben Edelman, 2010）。2010 年 10 月，有人发现，脸书的《农庄》（FarmVille）和《黑手党战争》（Mafia Wars）两款数千万人玩的游戏，把用户的个人数据和朋友数据传递给广告商和追踪公司——同样违背了公司的政策。马克（Mark Zuckerberg）因此“向用户致歉。”

2010 年 2 月，谷歌推出巴兹（Buzz），这款软件可能成为脸书的竞争者。为了即时建设用户和连接的数据基础，谷歌公司用谷歌邮件（Gmail）账户来构建朋友圈的自动网。Gmail 用户突然发现自己不想进的圈子；他们曾与这些人聊天通信，甚至与极权政府下的用户交流，当时并不审慎，这就对自己的隐私甚至安全构成威胁。个人隐私和职业隐私问题破坏电子邮箱的隐私权。医生或律师的客户突然能看到彼此的信息。人们可能被跟踪，潜在的情人可能被追踪，与商务竞争者的连接可能被揭露。

莫洛佐夫（Morozov, 2010）在《外交政策》（*Foreign Policy*）中撰文表示：

> 如果我曾经为伊朗或中国政府工作，我会立即派遣我的网络极客小组去检查谷歌 Buzz 的账户，寻找政治活动，看看这些用户是否有一些政府不知道的连接。

殖民领地的需求建基于我们原始的生存本能。如今开放供人征服的领地在心理层次，在现实的表征。谷歌地球有地理世界的地图，谷歌还掌握了数以百万计的个人的心理领地。因为今天的人首先是与自己的心理认同，所以毫不夸张地说，谷歌是我们心理领地的殖民者。

尼尔·波斯曼在《技术垄断》里写道：“今天的普通人和中世纪的农夫一样容易轻信上当。中世纪的人相信宗教的权威，凡事都相信。今天的我们相信科学的权威，无论什么事都相信科学。”今天的情况甚至更糟。我们有更高级的牧师——从程序师到工程师，他们定下谷歌神秘的算法、用户的赏罚——甚至用网页排名把有些网站打入地狱。这一切都是在客观和公正的开场白之下干出来的。

本·埃德尔曼（Ben Edelman, 2010）发现："谷歌通常允诺无偏倚的结果，但偶尔还是承认另外的结果。"他举例说明："谷歌有'硬核代码'，把自己的链接放在搜索排行榜的顶端。"虽然谷歌的其他服务比如谷歌财务或谷歌健康并非各自领域的排头兵，但如果你搜索股票自动报价机或与健康有关的词语，可能的结果就是跳出居于显著地位的谷歌服务。

第五节　维基解密

连维基解密都赞同"数据为王"的态度——数据和信息越多，我们抗拒"大家伙"的力量就越大。2010年底，我们看见维基解密文件淹没于互联网，数以十万计的原始机密文件首次公开，供媒体解读，凡是接入互联网的人都能看到。然而，由于缺乏理解广阔叙事的意识，这样的信息并不激发任何价值变化。经过起初的惊讶和普遍的兴趣以后，这些被解密的文件几乎就被人遗忘了。

也许，让信息被忽视的最佳方式就是让它在互联网上闪现，因为它很快就被新的信息叠压下去了。互联网上的一切信息，从最肤浅的YouTube视频到最震撼人的政治揭秘都要经过内在"数字态度"的过滤。电脑屏幕分散我们的注意力，互不关联的信息输入互相激烈的竞争，政治问题只能是短命的。

互联网使人难以集中注意力。这是对人脑的另一个压力，人脑是永久性分心的器官。我们努力集中注意力，人脑的醉猴形象是显而易见的。几秒钟以后，脑子就心猿意马，不听我们的指引了。

第六节　深入我们的数字面具

在关于儿童的政策声明里，美国儿科学会指出，巴比伦的《汉穆拉比法典》规定，

> 在没有委托书的情况下出售一个儿童的任何东西都是有罪的，可判死刑。该声明还报告若干研究成果，认为：8 岁以下的儿童尚在发展，不能理解广告的意图，实际上，儿童把广告宣传当成是真实的（《美国儿童联盟》/ *Alliance of Childhood*, 2000, p. 32）。

所幸的是，对开发“哨兵和家庭安全”（Sentry and FamilySafe）软件以监察儿童活动的公司而言，《汉穆拉比法典》不再适用。那些软件阅读儿童的聊天，把儿童书写的关于电影、电子游戏或音乐的数据出售给开发针对儿童营销讯息的公司。下梅里恩学区走得更远，他们在儿童的电脑上安装 LANRev 处理器，远程监察学生，在学生不知情的情况下用学生平板电脑上的摄像头拍照。

2009 年 7 月，亚马逊 Kindle 电子书读者吃了一惊：公司用电子手段移除他们已付款购买的两本书。亚马逊称，那两本书遇到版权问题，它们符合乔治·奥威尔笔下的老大哥监控平民的问题。讽刺的是，这两本书恰好是奥威尔所著的《一九八四》（1984）和《动物庄园》（*Animal Farm*）。总有一天，每本书的版权都会被取消，技术上讲这是可能的；我们的电子书架将要被扫描其中的“颠覆”内容，这也是可能的。

2009 年 6 月，谷歌宣告“远程移除应用特征”，此乃“谷歌安卓的许

多安全控制之一，意在保护用户不受恶意应用的骚扰”。这是慈父般的保护吗？不感谢！现在，任何一天，政府都可能武断地移除我们的应用软件。苹果的 iPhone 手机也是臭名昭著的高墙大院花园，一切应用程序都必须首先得到苹果的批准。

第七节　从交往的人群识别人的身份

即使没有得到我们的数据，也有一些微妙的办法推断我们是谁。2009 年 9 月底，麻省理工学院一场社交网络分析的实验能识别哪些学生有同性恋倾向，只需考虑他们脸书网页上的数据即可以推断。

通过分析学生的线上朋友以及他们彼此的联系，他们的性偏好取向是可以推断的，而且还相当准确，这就引出了更多线上隐私的疑问。社交网络分析袒露我们的信息不限于我们的性偏好。

没有直接潜入你的数字面具的办法时，有人会彬彬有礼地向你索取。据蒙大拿州波兹曼的市政官员透露（Hoffman, 2009），求职者要提供自己社交网络的用户名和密码，目的是要借此调查他们的背景和性格。

把头脑的机械性与大多数人在网上自发暴露的数据联系起来，结果，写得好的软件能预测我们的思想、观点和品味，预测我们愿意买什么样的产品。营销人训练有素，知道如何在个性、态度、生活方式和偏好的基础上去分类，所以，社交网络分析赋予他们强大的工具。

2010 年 4 月，脸书发布了社交图谱的扩展板。在脸书的空间里，人们不仅与朋友相连，而且与他们的其他网站和外部应用相联系。这使其他网站能公开我们的脸书用户名、个人介绍、图片、性别和朋友名单。自然而然地，这样的信息就被激活，四亿人可以访问了（几个月以后，我正在撰写本书的此刻，可获取这一信息的人数上升到四亿多了）——除非他们挑选退出，而退出手续并不容易。

大多数脸书用户甚至不知道，脸书推出了另一种对隐私的挑战，另外还有许多人怕麻烦不愿意采取行动保护自己的隐私。即使我们退出脸书，我们的朋友还是能分享其他网站上公开的我们的信息，除非我们阻止了它们的应用程序。我们在脸书上的信息进入网络空间以后，其他公司也获得了我们的形象和喜好的宝贵信息。最后，脸书道歉说，他们将选择使隐私更容易管理。

第八节　互联网给我们赋能吗?

1991 年初，杰里・曼德尔（Jerry Mander）写道：

> 计算机把数量惊人的资本、信息和设备及时传遍全球，赋予地球上最大的机构前所未有的权力。实际上，计算机使这些巨无霸机构成为可能。同时，我们用个人电脑编辑自己的文件、接入我们的信息网络——而且相信，那使我们更加强大（p.3）。

从一开始，互联网就被视为民主工具，实际上，网络行动主义一直在发展。互联网被视为民主化的工具，民主化把权力还给小群体和个人。互联网提供场所去分布语词、声音和视频，让意气相似的人会晤，让他们为特定目标结成小组。思想容易在网上传播，任何人都能相对便宜地传播自己的思想，同时却若有所失。

我年轻，未赶上 20 世纪 60 年代的政治运动，但少年时参与了学生运动。那时既没有互联网，也没有手机。大公司才有传真机。只有普通电话机，学生运动用得并不多。每当有聚会、集会或大会时，每个学生都是知道的。我们在校门口贴传单，在集会上讲话，但我们主要是靠口耳相传了解情况。

学生运动的阴暗面当然存在，有人堕落为强加自己观点的人。在政治光谱的各个方面，自我的力量都在滴落；不过，那时的学生运动拥有为更美好世界行动的真诚的激情，富有感染力的激情。我们能感到集体的能量，我们参与集体的梦想。

尽管缺乏技术支持，那场学生运动还是影响很大、组织严密。不过，其成功也许正是因为缺乏技术支持吧。我们依靠人与人的联系。历史上，没有文化变革或社会变革需要很多技术支持。显然，通过个人接触的价值和思想传播更容易点燃心中的火焰，比论坛、博客、脸书的课程或 youtube 的视频更强大。各种网上呼吁和事业可能对真实世界并不产生什么影响，就像囚徒在放风期间的讨论没什么影响一样。

也许，我们蒙蔽了自己的眼睛，幻想通过博客发表思想给自己赋能；幻想我们能在 youtube 上展示创新，能在社交网站上建设共同体，或通过网络课程改造社会。我们骗自己相信，我们能像大公司那样富有影响力吗？我个人没有看到，互联网到来以后中央政府或大公司失去了任何权力，相反，媒体巨头在网上更加强大了。

当然，互联网使我们集合以提高声量，让更多的人听见我们的声音。然而，信息过载、对个人自恋呈现的强调、肢解我们注意力的媒介在共同发力，这些因素使互联网难以成为传递讯息、破解平常意识的场所。即使人们心理被触动了，他们继后的行为也难得与之匹配。信息倾向于在智性和心理的层次上停留。我们发现，媒体也能培养全局的冷漠和超然的参与。

第九节　虚幻的参与

> 和古雅典时期一样，现在的重要决策也是由精英做出的，这里的精英含资产阶级和政治家、官僚阶层和专家。作为公民和统治机构中介力量的机器并没有增强我们个人的自由。相反，这一机制使法律、规章、程序和其他行为准则进一步中性化，同时使社会的惯例进一步去政治化。新加坡“智慧岛”指明了这条道路（Brook, 1995, p. xiii）。

博客曾经被视为从底层表达意见的最佳途径，它赋予民主一种强大的新工具。但是，2009 年关于线下和线上政治参与的皮尤调查发现，富人和穷人线上参与的差异恶化了（Aaron, 2009）。实际上，每一种技术都需要大量的技艺，然后才容易成为人人无须技术支持而使用的工具。

博客跟随类似的演化路径。读者最多的博客正是论技术本身的博客，不足为奇。这些博主正是有能力使自己在搜寻引擎上的能见度最大化的个人和公司，他们使自己的博客网站的访问量最大化。哈尔金（Harkin, 2009）报告，“博客圈地理的一瞥足以显示，人数很少几个的老博主拥有绝大多数的读者”（p. 121）。而且，著名的博主往往互相联系，互相读这个圈子里的博客。

《经济学家》（*Economist*）2008 年 7 月号考察博客圈，得出结论“英雄所见大同”（Great Minds Think Too Much Alike），指向芝加哥大学社会学家詹姆斯·伊文思（James Evans）的研究。伊文思发现，更多的杂志在提供线上版，参考文献栏所含的来源比以前少，主要是业已著名的和最新的文献——可能是因为，它们最容易用谷歌搜索确定吧。

在商务层次上，“线上购物和哈利·波特效应”报告，成功的销售比以前更加集中。

在一个走红的互联网音乐网站上，0.4% 的曲子记录了 80% 的销售额。这种现象的解释是：信手可得的电子技术轻而易举地快速传递造成了立竿见影的时尚（Webb, 2008）。

这一解释得到哥伦比亚大学社会学家邓肯·瓦茨（Duncan Watts）的实验证明。他携手同事马修·萨尔加尼克（Matthew Salganik）和彼得·多兹（Peter Dodds）在线上征集了 14 000 名青少年志愿者，测试音乐品味的传播效应和同侪赞同（Salganik 2006）。48 首歌在线上供志愿者使用，他们下载自己想听的歌。研究者把志愿者分为 8 个组里，大家可以看到同组人下载的歌，其他组的人不知道这样的情况。

瓦茨证明，在社交连接的小组里，胜出的歌通吃：走红的歌更红，不那么红的歌下载得更少。但在社交孤立的小组里，这样的效应差异并不显著。瓦茨假设，信息过载使我们更依靠他人的意见去发现我们之所好。他问，既然信息唾手可得，人们为什么还要看别人的选择呢?

在另一篇文章里，心理学家奥尔德斯（Aldhous, 2009）发现，维基百科人脾气不好、思想封闭，“在线上比在真实世界里感觉更不舒服。”

脱离经验、来自内观感知和伦理基础的信息的效应多半是强化我们的定见，而不是让我们的心灵开放去接受新的领域。“走投无路的信息是危险的，没有理论指导的信息是危险的，没有妥当模式的信息也是危险的，没有高于其服务宗旨的信息同样是危险的”（Postman, 1993, p. 63）。

头脑的主要工作和自然倾向是分离、区别和判断。它赋予我们阅读和作用于现实的强大方式——这使科学技术在我们的文化里承担最强大的角色。除非头脑受制于更广阔的（可以说精神的）意识，其性质就是不包容的。从这个视角看，在线上时，我们倾向于在熟悉的领地逗留，那就不足为奇了。当然，我们的线上社交联系有拓展心灵的潜在可能，但多半是这样的情况：和使用其他媒介时一样，我们的一致性被促进了。

李·西格尔（Lee Siegel）表达了这样的悖论，“我们的调子必须更像所有的人，而任何人的调子都难以像其他所有人”（2008, p. 73）。这一明显矛盾现象的源头是自我本身。自我是需要承认和接受的，同时它又需要觉得自己是不同的和特殊的。从商务层面看，呈现在我们面前的选择千百万，然而我们往往只挑选熟悉的——至少是某人挑选了的，而这个人又是我们想要联系或承认的，很像少年人依靠同龄人的意见一样。面对千百万的选择而选其一，我们骗自己相信，我们在表达个性。

只有在允许自己感知深层的自我时，我们对于信息的选择才是来自我们深层的。越是胡乱吞咽信息，我们就越不能进行需要聆听自我的选择。我们之所以不聆听，那是因为我们训练我们内在注意力的肌肉。如果只注意外来的信息输入，我们专注的能力就被削弱，因为外部信息都是琐细的信息碎片，它们不能容纳或传递广阔的视野。我们不能走近内在自我，内审力弱小时，我们只能从众，将我们的选择交给屏幕上最快弹出来的网站。

互联网的咒语之一是没有社会地位、宗教、国籍、意识形态的障壁。然而，我们越是与自己的思想内容合一，我们竖立的防御外部信息的高墙就越多，而外部信息能撼动我们内在的思想结构——因而能撼动我们的身份认同。只有我们不与自己的信念和思想合一时，真正的心灵拓展才可能发生——心灵的拓展并不是通过更多的信息得到的。

第十节 懒人行动主义

理查德·斯克洛夫（Richard E. Sclove）认为，在一定程度上，技术是政治分离的原因。西班牙东北部的伊比卡村的村民在村子里的喷泉取水，直到 20 世纪 70 年代初，自来水管才通到家里。自来水直通家里后，他们不再去喷泉。各家各户纷纷购买洗衣机，相聚手洗衣服的妇女减少，家长里短、政治八卦、男人闲话、村里生活的闲聊减少。社交聚集的地方几乎无人问津。男人不再与儿童和驴子相关，驴子曾经是他们运水的工具。这大致是一个广阔过程的关键一步，村民逐渐失去了彼此之间的强大纽带，失去了与家畜、土地的纽带，这是将他们结为一个共同体的纽带（Brook, 1995，转引自 Harding, 1984）。

这不仅是失去纽带本身的痛苦：共同体的失去还带着政治风险。"社会纽带削弱，进行政治动员的能力就削弱"（Brook, 1995, p.85，转引自 Bowles and Gintis, 1986）。技术并不是这个失去过程最重要的因素，但与其他因素比如立法、财富分配、种族关系、性别关系和国际关系相连时，技术就是特别重要的因素。这就意味着，"我们必须学会让技术受制于严格的政治审查"，就像其他因素受制于政治审查一样（Brook, 1995, p.85）。

在伊比卡村，自来水管的铺设使拖拉机取代运水的驴子，因为驴子的任务少了，养驴子不合算。因为驴子多余了，村民不得不外出打工挣钱来养拖拉机和洗衣机。斯克洛夫指出，任何技术的社会效应都是间接的，都与表面上不相关的技术同时发生。这意味着技术单独满足社会需求的说法本来是值得怀疑的（Brook, 1995）。

线上表达的良好意向未必转化为真实行为和责任。如果我们能待在虚拟的地方，我们为什么要担心消失的社区和环境破坏呢？我们乐意依靠互联网普世连接，但在真实生活里，我们不宽容种族和宗教差异。我们常常回归陈旧的习惯，将其视为安全的避风港。

互联网很容易被击垮，因为它有许多薄弱环节比如服务供应商、互联网线路，网上会话和电子邮件又可以追踪。击垮互联网的最后一招是没收计算机。

聚会和个人接触被点击和"喜欢"所取代，被嵌入网站上的链接所取代。我们正在习惯仅限于心理域的行为。在脸书群里，一百万参与者的压力、发给首相的一百万电子邮件的压力很容易被政府管理。诸如此类的运动还原为比特和字节以后是短命的，就像数字存储器里不断变化的电状态是短命的一样。

互联网是在草根层促进言论自由和信息传播的工具——这一判断颇为吊诡。昔日互联网速度慢，我们只能获取语词和少量图像，这种说法是对的。互联网越来越图像化，越来越快，它更像电视了。如果没有更大的深度或更多的注意力，用传统电视取代网络电视也无济于事。通过真实生活经验，深度更容易在线下获取，真实生活受到较少分心意识的支持。

第十一节　瑜伽极客

如今控制技术的力量史无前例。互联网的最新标准 HTML5 赋予更多追踪的机会。可获取的数据包含我们访问的网页、我们的处所、图像和博客文本。对这种心灵殖民的妥当回应不止包括技术能力，而且要包括控制我们思想的史无前例的能力，包括聪明的自我意识——这个自我意识比追踪偏好和心理倾向的软件更聪明。换言之，我们要了解自我，把我们的思想应用于智瑜伽（Jnana Yoga）的印度传统。

这就是说，我们要观察自己的思路，看看什么东西吸引我们，我们顺从什么样的暗示，我们如何从一种思想过渡到另一种思想。谷歌追踪和储存我们浏览、搜索和网络活动历程的工具也可以用来解构我们的心理定势，还可以用来放弃我们和自己思想的同一——这是我们思想的逆向工程。检讨我们的网络历史和搜索，我们就能看清，我们的思想可能成为什么东西的猎物，我们的思想如何被暗示而误入歧途。

免费软件开发者慷慨提供它们的应用程序，用互联网来传播非商业工具，而且这些工具常常比商业工具好。下一个技术自由的挑战存在于心理层面。我们的技能必须要用来观察我们的思想。保护我们自己不被指数级增长的信息输入操纵，成为我们自己思想的主人就势在必需了。

我们对心灵微妙机制的觉悟越是低，我们对呈现给我们的信息输入的反应就越是机械的。我们的反应越机械，我们就越可预测。我们越可预测，我们的心灵就越容易被软件殖民，被上市产品和政治殖民。我们越理解自我，越自审思想的流动，仿佛将其视为外部现象，那么，在选择是跟随抑或只看看这些思想时，我们就更加强大。也许，像瑜伽师一样，我们还需要在生理上（心率、血压等）控制自己，这些生理指标也是可以监察的。

技术对我们的进行性操纵和控制也可能产生正效应：它可能激励我们发展保持注意力的训练——觉悟到我们的意向和心理机制；在我们即将滑入被操纵的脆弱状态时保持警觉。

注意力是内在资源，太重要，不能任由互联网和广告商操弄。我们要成为自己注意力的主人，这是我们充分“存在于此”（be here）——在一切所作所为中驾驭自己的注意力。它邀请我们激活自己最宝贵的资源，并做出自觉的选择。它使我们能珍惜心灵成熟的过程中的一切经验。注意力和觉悟携手相伴。

我们的注意力不集中时，我们被外部讯息拽向并非我们自觉挑选的方向——常常被拽着走老路，重复陈旧的心理定势。没有注意力，我们的生命里就只剩下机械反应。

精神发展精细化以后，隐私问题就毫无意义了。我们被告知，个人的个性是幻觉，是心理构造；又被人告知，一旦超越二元性，我们就不再感知个体之间的实质差异。

谷歌、脸书等公司都迫不及待地想知道个人心理的内容，想知道其中的一切细节——这些内容都不是真实的东西。只要我们生活在普通世界里，在二元性中，我们个性的职能就必须得到尊重，就必须面向看清幻象的可能性，这是人生命历程中的许多悖论之一：我们需要创造一种“真实的”幻象，以便觉察到它并接触真相。

第八章

聚集：社交网络的兴起

外部世界被汽车搞得贫瘠枯竭——直接改变了地形地貌，大大改变了社会性。儿童不在街上玩。会晤和社会互动的非商业公共空间七零八落——背街小巷游荡的小鸡不见了。地区商务中心开发了，可我们只有开车才能抵达。我们在几十年间大规模向市区和郊区迁徙，这使我们远离地形地貌的直接感觉，远离那样的关系——如今的地形地貌多半被视为从此地到彼地的道路而已。

手机的广泛使用使我们进一步远离我们所在的位置，还使我们与身边的人拉开距离。道路把人塞进车里；互联网把我们放在屏幕前、室内和户外——我们借助的手段是智能手机和 GPS 及其数字化的、“增强的”世界版本。

固然，生活中的许多东西包括友谊是免费的，但我们放弃了外部世界，换取来的是世界的数字化表征；我们以电商方式购物，用数字化的方式重获我们失去的东西。

第一节 弃世孤独

人们的隔离并非始于互联网。对市场社会而言，人与人的隔离自有其作用。越是被隔离，人们购买的产品就越多，聚集本身也可以被商品化了。今天，我们栖居在一个不知邻居的世界里，面对面会晤被媒体篡夺了。媒体恐吓我们，夸大犯罪和混乱，以至于人们对被保护的或正规渠道之外的东西疑虑重重。在这个世界里，社交网络拯救我们，使我们用相当容易、便宜、快速和安全的方式与人联系。

一个美国成人研究报告发现，“横断面模型显示，浏览互联网所花费的时间和隔离状态呈正相关，和生活的满意呈负相关”（Stepanikova, 2010）。另一项相关分析研究题名“自我呈现 2.0：脸书上的自恋与自尊”，其结论是，“自恋系数高、自尊系数低的个人与线上活动较多、有一些自我推销的内容有关系”（Mehdizadeh, 2010）。

另一份报告考察社交网络使用和孤独感的关系，线上聊天以后的孤独感高于面对面交流以后的孤独感（Hu, 2009）。许多互联网用户常讥笑诸如此类的研究，说它们妖魔化互联网及其使用者。这些人否定这类研究的有效性，把理性化用作主要的防御机制。

在经济危机支配的西方世界里，把失业者和穷人“粘贴”在互联网上能平息社会动乱。互联网可以成为绥靖安抚的力量，其作用胜过电视，它削弱社会组织的力量。互联网“分而治之”（divide and rule）的效用和古罗马时期可有一比。美国的隔离化倾向有增无减。有许多人独身，朋友和知己减少。2006 年 6 月，《美国社会学评论》（*American Sociological Review*）的一份研究发现，美国人人均只有两个密友，从 1985 年的三人降到两个人。1985 年，10% 的美国人没有密友；2004 年，没有密友的美国人增加到 25%。

第二节　内在的连接需求与脸书

保持联系的需求是人一种强大的力量，力量如此之大，以至于数字连接也是可以接受的，以至于开车时忽略基本安全也要发短信。

在让人互相连接的神经网络中，脸书肯定是大赢家。在反复拒绝签约以后，我终于答应了。第一次抵抗它，那是因为它要我提交自我介绍时包括友人的名单。这一要求使我困惑。我喜欢人们的多样性，一直和艺术家、旅行家、精神研究者、企业家、学者打交道，不论贫富。

我的生活有许多方面，每个方面都回荡着与其他方面相似的特征。比如我对精神的兴趣与类似经验的人有行云流水的感觉。如果我在推特或脸书上向数以百计的“朋友”“广播”，我们分享的东西是不能深化的。如果我在自己的个性广谱里一个具体的“颜色”上聚焦，那就成了拓宽并深入探究的切入点，最富创意、亲密和个人的连接就会发生。这样的连接不可能在网上发生，因为富有创意、亲密和个人的连接既是思想的连接，又是经验的连接。

明确定义我们数字个性的公共形象不能表现我们个性里需要被识别和连接的细腻方面。我们用脸书页面界定自己时，那种自我界定背后的很多内在品性已经失去了。这使我想起路伊吉·皮兰德娄（Luigi Pirandello）的最后一部小说《一个人，无足轻重的人，十万个人》（*One, No One, and One Hundred Thousand*）。基本上，我们是“一个人”，但对大多数人而言，我们是“无足轻重的人”；同时，在认识我们的人里边，我们是“十万个人”。

在每个认识我们的人的眼睛里，我们看上去都不一样。唤起精神层次时，我们可以说，我们大家同时既“无足轻重”又是“一切”。但在个性层次和对象关系上，脸书是一场有趣的实验。在互联网上，我们常常匿名（虽然从潜在可能向上看被互联网供应商和政府部门追踪）：在网上冲浪时，在社交网络中，在论坛里，人们多半用一些不准确的身份。脸书率先尝试把各种个性和身份统一起来，给网上个性的碎片一个重心。这是装配各种对象关系的尝试，不过那仅限于数字领域。

脸书也许代表着我们青春期探索自我以后的演化。在这个阶段，我们实验自己个性的不同方面，试图寻找自己的身份，同时又匿名躲藏在网上。如今，我即将在脸书网上拥有“真实的”我——完全像人人眼里的我——整合了我的历史片段，因而还可能整合了我的心灵片段。

脸书给我的第一个意外是要我用第三人称更新情况：“伊沃……”，介绍的末尾可能是诸如此类的文字，如“感激不尽”，“刚刚与朋友共进午餐”，“正在写一篇文章”，等等。我们从他人视角写，仿佛我们身处他们境域之外被看见、被阅读。第三人称可能有双重功能：支持我们向对方投射眼光时的内观，即从他人的眼光看我们自己。同时，用当事人陈述能喂养自我被看见、被认识的需求。

几个月以后，脸书给我的建议变成："你心里想什么？"因为脸书给推特似的功能赋予更大的重要性，它要激发实时的讯息流。冥想之道就是让思绪流动，不固执。在多年开发自我认知的过程中，我学会的事情之一是：脑子里涌现的思绪继续不断，大多数思想无趣，大多数甚至不是源出于我，而是在条件反射中生成的，它们重复他人的语词和思想，几乎不加变化。

于是，对自己思想的依恋开始变少，漫不经心地让它们流动。可是如今的脸书却把这漫不经心思绪上升到"今日消息"的层次，使它们成为值得向每一个朋友播报的新闻。社交网络利用心灵的性情：它位于当下之外的什么地方——谋划、希望、担心、需要确认等。如果人们非常不珍惜自己的心灵之痒，脸书就什么也不是。

第三节　供他人看到的经验

对镜像的需求是固有的、为求平衡的心理发展，人人都需要。在社交网络上，个人的经验如果不被公开——不被他人看见和评论，任何经验都不再有价值。在《数字国度》（*Digital Nation*）的访谈中，雪莉·特尔克（Sherry Turkle, 2010）说：

> 由于随时连接的可能性，我看到的现象之一是……一种微妙的变动：从"我觉得我想打电话"到"我想要一种我需要打电话的感觉"。换言之，人们几乎觉得，除非在与他人连接，他们似乎难以寻找到自己的感觉。

在个性形成的微妙阶段，儿童在社交网络里逗留。此间，他们亟须的面对面联系多半是靠鼠标点击提供的。由于个性发展受脸书连接的影响——只要他们生活里重要的人仍然在脸书上流连，脸书就是难以放弃的，于是网络交流的规则就成了心灵形成的驱动力。

我们与他人的互动方式同质化，我们用网络应用软件和点击选择来疏导连接，我们的个性发展就贫瘠化了。这成为一种阻碍，真实生活里与他人连接的微妙、挑战和心灵成长的潜在可能性，我们就难以知晓了。因为手机媒体使我们分心而不注意现实的反馈，我们的想象力就可以放飞而不受阻碍。线上世界很适合喂养心里的映射，把他人变成我们心里的对象。

我们急于参与数字世界，热心给数字世界贡献。我们不再是看客。相反，我们是万花筒社会里的演员，我们用“用户生成的内容”喂养社交网络，这有助于公司有针对性地向我们打广告。

由于真实社区受城市、汽车和媒体的影响而贫瘠化，我们的归属感很容易被社交媒体和名牌商品管理。由于更好东西的缺失，脸书群或 iPhone 群给予使用者“我”和“我们”的感觉。人的归属需求、给社群贡献的正宗需求被营销组织利用了。

我偶尔在脸书上玩一玩，写一点短简，发送链接，上传自己的几张照片。随后，我发现自己身处热带海岛拍照，思考如何在脸书上表现自己。我已经远离直接经验。连干预的心也成了经验的一部分，我回应这样的变化。但当这样的变化放大时，我将其搁置一边。这使我想起童年时代：有趣的事情发生时，大人总是说：“你告诉朋友（或父母）这件事时，他们会吃惊。”这句话使我生气，因为它把我从我的经验之流中拽出来了。

在脸书上，我感觉有同质化的风险，会失去我与人一对一互动时的丰富多样方式。每次面对面会晤朋友时，都生成一种独特的关系，其结果本身几乎就是一个实体，那是两颗心灵互动的“炼金术”形塑的关系。精神修炼的人形成精神取向，注意生命中每一个关系的角色，使每一个关系都以独特的方式演化，因而摆脱过往的定势——如果不能演化，那就切断它。不过，与表征他人的图像互动也会生成一些空间，让我们的内在表征拓展，让内在表征映射到表征他人的图像之上。另一个结果就是增加对他们的信任。然而，由于缺乏真实的面对面接触，检验真实性以挑战那种信任的机会就不存在了。

第四节　同感

在互相连接的世界里，我们可能会期待同感的增加，但实际上没有增加。“我一代”（Me Generation）的美国大学生实际上比前辈更加自我中心，更争强好胜，却不如前辈那样容易产生共鸣。密歇根大学社会研究所的萨拉·康拉特（Sara Konrath 2010）写道：“我们发现，2000 年后，同感（empathy）最大幅度降低了。”同感的计量用标准化测试。

康拉特等人尝试提出几个原因，其中包括童年期大量接触媒体、暴力电子游戏和竞争激烈的社会。另一个原因是，“线上离别‘朋友’容易，不想回应他人问题时，不回应的可能性更大，线上的这种行为可能会迁移到线下”。特文格（Twenge, 2008）一篇发表在《个性杂志》（*Journal of Personality*）的详细研究报告发现，今天的青年比过去的青年更加自私与自恋。

青少年的一个广为人知的特征是对冲动缺乏控制，发育不良的大脑额叶和较差的同感能力加重了这样的冲动。今天，技术能强化欺凌者的武器，其野蛮在实际生活中难有匹敌者。生命力的流动简约为电子游戏，成年礼消亡；在这样的社会里，强烈的情感没有健康心灵成长的渠道。当大多数孩子被过度呵护并囿于室内生活时，生命力的流动只能局限在不健康的渠道里。

2009 年 8 月，神经科学家苏珊·格林菲尔德（Susan Greenfield）在上院演说时报告，“到 21 世纪中期，人的头脑可能会婴儿化，其特点是注意力短暂、哗众取宠、同感能力缺乏，以及认同感的不稳定”（Wintour, 2009）。当你的身份认同强大，自我的一部分融入另一个人的心灵时，同感才可能发生。如果我们的身份认同虚弱，我们就死守那可怜的一点点自我、变得自私了。

1977 年，麦克卢汉论及向一种集体心灵的回归：这种心灵缺乏“任何个人意识”，像部落人一样，其“主要游戏就是互相屠杀”。麦克卢汉认为，地球村绝不是爱意怒放的地方，而是“非常艰难界面和强力摩擦情景的地方”（2005, p.265）。2010 年，西蒙·维森塔尔中心（The Simon Wiesenthal Center）发现，在网站、社交网络网页和论坛上，仇恨的材料就比一年前增加了 20%。

我们可以说，互联网只反映现实，但在网上匿名发表极端观点轻而易举，这样就有助于把人变成没有生命的对象。在聊天室里逗留一会儿以后，人们对离开、删除或被删除（或在随机视频聊天网站里被转到“下一个”）就变得无所谓了。我们不能感知另一边的人是否仅仅是数据和信息，不能够看见连接或不连接的全部含义。

在 Tagged 这个很受欢迎的社交网站上，我发现以下的说明：

> 赢现金买人作宠物！（不禁莞尔）到 Tagged 来，每四个小时挣 2000 美元。一只宠物卖出后，其价值升 10%。其利润由宠物和以前的主人对半分！

脸书有一种禁止用户的自动算法。有人发现自己的账户在没有通知或解释的情况下被封。用户和脸书没有多少共同的感觉——也没有个人的连接。算法干这件事，比人工省钱，而且是不容置疑的。

最近，一位朋友对我说，难以把在线的人当作有敏锐感觉的真人。她说，在别人的眼里，他们成了鬼魂。我认为，“变成鬼魂”的过程是心理的一部分。技术建立在这个倾向上，拓展其冲击力。与另一人相会时，虽然是面对面，但邂逅本真人的情况很罕见，不掺杂基于内部对象关系投射的情况很罕见。我们把自己父母、同胞兄弟姐妹、儿女、的士司机、政客、混蛋、圣人的经验叠加在他人身上。

看见一个的本真使人有所感悟和启示。有时，我瞥见现实的一缕光线，但那通常是短暂的一瞥。脸书和类似的网站加速把人变成“鬼魂”的过程，我抗拒参与其中的活动，原因就在这里。我不想让我的朋友人间蒸发。

第五节　虚幻的接触

通过互联网，我们能挑选需要联系的人，这似乎是进化的一步，我们因此而超越家庭、地域、宗教或社会地位的传统认同。但实际上限制的范围更多，我们认同的是思想、偏好或厌恶。心灵本质上具有高度的偏倚性，喜欢钻牛角尖。我们能在某一特别兴趣上与世界另一边思想类似的人接触，但心理的特化具有强烈的分离冲击力。

我们进行心理活动时，难以宽容打扰。我们的心灵只能跟随一条思路，一次跟随一条。这与体力活动截然不同，体力活动给脑子留下自由的空间，或与他人交谈，或让自己反思。如果是在网上交流，我们就必须与爱人或孩子保持联系。我们几乎乐意善待脸书上的任何人——但我们愿意与孟加拉国的“朋友”交流实际生活情况吗？他们只能在网吧上网，偶尔为之，因为那是奢侈之举。

关于互联网社会性和拓展性的修辞不能自圆其说，和率真、直率、坦诚、直接的意向和情感表达不能相比。固然，互联网使我们容易和很多人交流，同时，令人不安的东西逼近时，它又容许我们退居隐蔽所。如此，互联网的基本疏离性就证明，它是方便的工具。不回复电子邮件似乎不像不回答面对面问题那样粗鲁无理——而且我们总是可以抱怨是邮件系统出错。

我抗拒与认识很久但失去联系的人在脸书上进行交流，那是基于这样一种认识：形塑我们关系的因素不复存在，因为我们可能分道扬镳了。通过脸书寻找适合我们当下心理的新接触点，那不容易。我们的心理改变后，回归旧形式就不可能了，就像乳牙不可能再生长一样。

在抗拒脸书的过程中，我重新发现了昔日普通电子邮件——触网时的唯一交流方式。有时，我用电子邮件把最新家庭情况向半辈子的朋友报告。电子邮件简单，对环境更友善，用很少的带宽，用我的电脑就可以获取，连很老的电脑、很慢的互联网连接都可以收邮件。

电子邮件更直接、更个人化，几乎携带着纸媒书简的情感。我们可以说，发电子邮件和脸书上发讯息没有差异——时间函数却有差别。写电子邮件，我们不处在拥挤的环境中，这就给更直接表达内心状态留下了空间。

脸书成功的原因之一是，很多人认为，朋友就应该这样联系。实际上在社交网络里，我们可能遇见对我们的实际生活叙事很陌生的人。即使网上会晤人可能导致有趣的联系，但这样的接触多半是来来去去的，关系不会深入。但脸书却开发了一种方式，使我们能与认识的人联系，我们还可以联系曾经认识但已失去联系的人。挑选朋友以及朋友之朋友的邀请游戏绵延不断，朋友圈不断扩大，结果与不认识的人连接上了。不过，我只与三分之一的脸书朋友分享生活中的重要事件。

我特别抗拒与老朋友在脸书上交流，因为太受局限，一些老朋友是真正的朋友，曾经保持重要的联系。有些脸书朋友知道，我是资深的互联网用户、计算机图书出版人，我需要向他们解释，我很少用脸书——我不是故意怠慢他们。我进退两难：怠慢人看起来不友善，但我的确不想进一步卷入又一种线上玩具。

脸书建设自己用户的基础是“难以忽视”的情景。当然，每一个层次的交流都有不同的场所，我们能挑选适合我们想要的深度和密切程度。为亲密的朋友，我们挑选电子邮件、电话、个人会晤，以及各种层次的身心接触，从握手直到做爱。

和许多互联网应用一样，脸书倾向于拓宽范围以涵盖越来越多的生活方面，直到脸书成为生活之必需。起初，它是与人联系的很“酷”的方式，以后它加上一个又一个特色，直到不脱离朋友圈成为必需。最后，它吞噬了我们的时间和注意力。在脸书上，我觉得有风险，连真正的和重要的关系都可能被数字化，复杂的历史可能被转化为一大堆琐事。我还看见造成赛博精英排他的风险，没有时间、设备或欲望卷入社交网络的朋友将被排除在外。

每次上脸书网时，我都看见一些朋友更新了的近况。浏览这些短简时，我的注意力难免被引向其他网页和应用。一个朋友准备旅行，另一个朋友引用一个网站的信息，再一个朋友心情不好（虽然朋友们一般不表达“消极”情绪），还有一个朋友表达政治意见。就像电视上一样，悲惨消息后接踵而至的是八卦，一切都化入一个信息的麻醉流，缺乏真正的内心状态的联系。与此同时，更糟糕的是，电子邮件到了，网站更新了，其他应用在我的个人电脑上不会停。

我不想在朋友关系上麻木不仁，不能像看电视那样冷漠。每一位挚友的每封信都值得注意并回复。但在互联网上，时间和注意力是稀缺资源。也许这就是为什么上社交网络时，我们较少分享难受的内心状态——它们要求完全的注意力。写几个字，点击一句应用程序上的套话“送上拥抱与爱”，很容易避免和遭遇困难的朋友长篇大论。上社交网络时，还有一个风险是免除了与朋友的直接接触。就这样，使用脸书会减少个性化的接触。

我发现上脸书网时，是在对一群受众单向广播、传送信息，而不是在交流。随着接收者增多，朋友也增多了。结果诱人，自我满足得意。和公众交流不同于和一个人交流。每个人都有一个独特的故事，有独特的关系。

能加深相互理解的很个人化的交流只占有我们的少量时间。

我注意到，朋友圈超过 50 人以后，我对信件的注意力减少。我往往向下滚动浏览新闻之类的来信，就像在有些国家人人不停按喇叭一样，信号的意义失去，听觉麻木，信号只不过是背景噪声了。

心灵的本质就是这样的：经过重复后，给予类似刺激的注意力减少。心灵追逐新奇。我不想滑过朋友来信，实际上却有所忽略。我们宣称，一种媒介不必取代另一种媒介，但我们的时间资源和注意力资源有限——这些资源不会按照技术演进的速度增长。我们给予社交网络的时间越多，给予其他东西的时间就越少。

20 世纪伟大的集体梦想过去了，虽然我们有网络连接，但我们彼此分离和隔绝了。网上的社交和政治聚会时间短暂，不需要多少精力。线下的接触需要连续、参与和牺牲；在社交网络里，牺牲是闻所未闻的。在网上，我们被剥夺了与自我独处的需求。詹姆斯·希尔曼（James Hillman 1993）就此写道：

> 宏大的超级通信产业……那么多贝壳颜色、塑料封面的芯片设备把公民变成黑客，接入世界各地每个人的电脑，此所谓“我可以被接入，所以我存在。”然而，这并没有——我再重复一遍——没有结束我孤独的状态，而是加重了我孤独的状态。如果说为存在我必须要接入网络，那么，我独处时就处在那个网络回路之外，处在交流之外，在虚无中，在乌有乡里。彼时，我就不能被通达。如果“我存在”的意思是我可以被通达，那么，为了存在，我就必须待在网络里。结果：当代综合征、通信上瘾……我坐下写作时，我就步出了那个回路，我不再停留在那个上瘾的模型里。我只是在此，在这个霜冻、月黑的夜晚，独处——但我并不孤单。这是个万籁俱静的夜晚，笔尖的簌簌声，或电脑的嗡嗡声。我没有被摊开放在网络里——与其说是被连接，不如说是被集中（pp. 95-6）。

第九章

数字儿童

我们已习惯听到这样的声音：儿童“天然地”被技术小玩意儿吸引。令所有的父母惊讶的是，连幼儿也能把握电视遥控器的功能和某些电脑功能。由此可以推断，技术对儿童是自然的、有好处的，可以增进他们对世界的了解，促进他们的创造性。吸引婴儿和儿童是新奇现象、颜色、声音以及掌握近身环境的方式。计算机给予孩子无穷的乐趣、胜过其他玩具的控制力。

第一节　童年的身心发展

《童年的联盟》收录的《傻瓜的黄金：批判审视童年期的计算机》（*Fool's Gold: A Critical Look at Computers in Childhood*）中写道：

> 婴儿和蹒跚学步幼儿发展视觉－空间意识首先是通过空间里的肢体动作比如爬行，随后逐渐微调手眼协调动作，直到眼睛灵巧到跟随双手，而且引导他做越来越精细的动作（p.22）。

经过许多三维空间里有血有肉的视觉和触觉经验以后，儿童才能识别和欣赏视觉形式的真实对象，才能形成脑子里视像化的技能。随后，“如果消极地看电脑屏幕或电视屏幕上两维物体呈现时间太久，那就可能会干扰视像化能力的发展”（Alliance, p.22）。

在接受访谈时，约瑟夫·克林顿·皮尔斯（Joseph Chilton Pearce, 2001）报告说：

> 基思·伯塞尔博士、杰里·曼德尔、玛丽·简·希利（Dr. Keith Buzzell, Jerry Mander, Mary Jane Healy）等人说明，电视的损害和内容几乎没有关系，而是与影像和声音同步匹配有关系。这样的匹配提供一个合成的假象，这本是脑子回应语言比如讲故事的语言时应该产生的形象。儿童的脑子习惯于这样的声像，更高的皮质结构关闭了。保罗·麦克莱恩（Paul MacLean）的论述显示，由于习惯，古爬行动物大脑的一部分接过感知处理，其余部分闲置不用，因为不需要它。电视登台以后，儿童的大脑使用感知处理的神经结构，高一级的结构几乎不用。它们冬眠了，生成内部意象的能力没有形成（p.73）。

不限于电视，一切屏幕媒介对认知发展都产生这样的影响。业已证明：如果儿童不经常听大人讲故事，他们发展语言的能力就比较晚，其语言能力就不那么精细。

即使在身体层面上，久坐会损害幼儿身体，因为“他们的骨骼、筋腱、神经、肌肉、关节和软组织都在生长中。他们的肌肉和神经系统都处在发展阶段，到了十一二岁，他们的运动平衡和协调能力才趋于成熟，两只眼睛的聚焦才完全成熟”（Alliance, p.23）。我们知道，由于电子游戏、反复使用点击设备，他们的身体和神经系统很早被迫发展的方式和他们较慢的生物节奏是不兼容的。结果，重复性应激损伤、肥胖和眼睛疲劳成了儿童的常见病征。

加里·斯莫尔（Gary Small, 2008）写道：“青少年欠发达的额叶妨碍他们日常的判断”，大量使用电脑和电子游戏“似乎阻碍许多青少年额叶的发展，损害他们的社交能力和推理能力”，其伤害甚至到了这样的地步：“他们的大脑神经通路可能永远跟不上。他们被锁定在一个神经回路里，停滞在不成熟的自我专注的情绪水平，贯通整个成年期。”这是在把人类变成一群疯狂的少年，“延滞满足、抽象推理和提前计划”的能力减退了（pp.31–2）。

正如奥尔德斯·赫胥黎在《美丽新世界》里所描绘的那样，我们正在走向灵魂发育迟滞的状态。

第二节　被剥夺的童年

童年是不能催促的。据传，老子在母体里孕育了82年，一降生就很聪明。儿童的成熟就像陈酿美酒，不应该强制。时间和妥当条件足以形成正常的发展。计算机在家里和学校里的大量使用限制了儿童认知潜能的广谱范围。比如，强调早熟的分析思维实际上迟滞了认知力的发展（Alliance, p.10）。

因为幼儿的学习主要是通过身体，所以强迫他们发展心理能力反而会打断他们智能的发展，智能是自然而然成长的。例子有“20世纪60年代失败的实验，学龄前幼儿被强推去学习认字写字。到小学中年级时，这些儿童就落后了，赶不上非实验班未受催促的儿童，他们的学业技能和生活技能都掉队了”（Alliance, p.10）。如果用电脑而不是自发地玩耍，连游戏的能力也会受阻；据老师报告，进幼儿园之前就使用屏幕媒介的儿童就是这种能力受阻的儿童。

另一种童年受干扰的情况来自过早接触色情。虽然有父母控制的软件，色情材料被看到的年纪平均是在10岁。这样的接触扰乱了平衡的性发展，可能会戏剧性地影响儿童的观点，留下的印记将被带入后来的生活。

第三节　计算机用于教学

有人建议电脑进课堂时，每一扇课室门都敞开接受了。表示怀疑的人遭到强有力的反对，被认为是在阻碍进步。实际上，教育软件的使用既引人注意，又令人愉快，但它未必有教育意义。而且，老师的待遇并不像硬件、软件、培训、维修和设备更新的综合成本那样高。

儿童培养计算机素养比书本素养早得多，他们不可能永远不能成就书本的素养。研究显示，许多儿童理解简单文本、文字表达的能力都有限。分析性思维被认为是计算机应该改进的品质，却首先受害。创新性是接踵而至的受害品格。

与此同时，学校今天使用的计算机技术几年后就过时了，

> 创新力和想象力是革新性思想的前提，革新性思想在职场里永远不会过时。但现成的计算机图像和编程玩具似乎使幻想性思维钝化。教师们报告，在生成图像和思想方面，电子社会里的儿童明显能力不足，这一趋势令人震惊（*Alliance for Childhood*, 2000, p. 4）。

换言之，计算机与教育成就是负相关关系。2008 年杜克大学的研究报告《缩小数字鸿沟：家用计算机技术与学生成绩》（Scaling the Digital Divide: Home Computer Technology and Student Achievement），对五十万 5 年级到 10 年级的学年成绩进行调查，发现：

> 家用计算机技术的引进对学生数学和阅读考试成绩产生一些负面冲击，统计数字证明，冲击不是很大，却很持久。进一步的证据暗示，家用计算机的普及和高速互联网连接加大了而不是缩小了数学和阅读成绩的鸿沟（Clotfelter, 2008）。

第四节　导师的缺乏

未来教师的任务是传递基本的人类素养，因为学生很容易通过媒体获取事实和概念。儿童需要的是导师，导师支持学生解读现实的技能。通过与同龄人的互动、成年人的指引，它们学习同感、情感认知和管理、坚韧、注意力、伦理，学会用游戏和体育来实现与身体的健康连接。这些品质都不是通过技术的使用来培养的。

儿童需要与呵护他们的大人和楷模结成重要的纽带，相反，技术夺走了他们与大人和同龄人的纽带。现实情况是，今天的儿童：

> 与父母相处的时间比过去少——一种估计是，比 30 年前少了 40% 的时间，即使父母在家，儿童独处的时间也在增加。1999 年，匹兹堡富通集团的研究报告估计，今天的儿童与人面对面互动的时间比上一代几乎要减少三分之一（Alliance, p. 62）。

儿童从一开始就失去了人际互动，他们可能成为精神分裂的一代，他们躲避人和现实，这在社交网络里盛极一时。在西方这个历史时刻，成人多，年轻人少。所以成年人可用最有效的方式给儿童担任精神导师。遗憾的是，数字新潮的文化不珍惜人生经验，所以儿童最终还是与指引他们的资源池隔绝了。

但快乐、内在力量、坚韧、耐心、幽默、爱心等人的品质的传承却要靠楷模、直接接触和内心探询。这些基本品质不仅使我们的实际生活更有效、内心生活更丰富，而且，它们还是支撑我们灵魂发展的工具。

第五节　技术用作对社会恐惧的回应

父母看见，越来越危险的世界就在那里，他们转向技术求助。如果孩子有手机，父母常常觉得更放心，如果有追踪孩子的 GPS，那就更好。有了这些设备以后，儿童始终直接和父母联系，绕过了附近生活工作的人，不和他们联系——这些人多半是不认识的陌生人，因而被视为潜在的危险。尽管如此，手机和控制系统的使用并没有给儿童带来更多的安全。

相反，这种技术的大量使用正是问题的一部分。忽视邻里人及其社会结构并不会在熟悉面孔的附近打造一张安全网。当然，掐断与周围环境的联系的根子比手机还要早。为了生产、流通和商品销售，大量的风景已经被汽车和其他交通工具取代。儿童不了解本地的情况，不了解生活其中的人，他们就不会转向邻居交流，无论出于必需或为了随意的、一般的交流，他们都不会和邻居打交道了。

儿童最可靠的安全不是来自手机网，而是来自附近熟人互动的网络。小的时候，我在街上玩，街坊的叔叔阿姨担任保护人和训诫人的双重角色。我们淘气时常常被他们轻轻地一拍，这就是让我们健康成长的训诫。今天，孩子的风险是被父母起诉。我小的时候，世界也不安全，但日常生活并没有被人们普遍的不信任渗透。

今天，成人可能更害怕接触儿童，儿童害怕接触成人反而次之。在这种集体怀疑的文化中，与儿童交流的成人可能被视为儿童性骚扰者，两代人之间的分享和教育的基本需求多半已经丢失。技术试图解决这个问题，反而使之稽延难解，普遍的退缩被认为是正常的了。

手机本来是被用来解决不安全的问题，实际上却强化了不安全，使我们进一步疏离。这是因为我们觉得环境敌对，我们努力用技术控制环境。我们可能掉进两种可能性相互回馈的陷阱里：一是日益先进的通信 / 控制技术，二是我们与环境和其中的人的疏离隔阂。

许多独生子女的父母已分居，没有大家庭，儿童更缩手缩脚，不到户外玩，甚至不敢到公寓式庭院里去玩。如果在那里玩耍，路过的成人可能会与儿童接触，被儿童认出来，这就形成家庭和外界之间一座支撑的桥梁。如果儿童不出去玩，人际关系的质量和频率都贫乏了；对个性发展而言，人际关系的质量和频率是必不可少的。到头来，虽然儿童可能有成百上千的数字“朋友”，他们接触到的人却很少了。

第六节　连线的儿童

今天的儿童与计算机紧密联系。一项针对 11—18 岁的青少年（69% 的人在 11—13 岁之间）研究报告揭示，62.2% 的人在 8 岁前首次使用或拥有电脑，80.2% 的人在 5—10 岁之间首次使用互联网，59.2% 的人说，他们把互联网上获取的信息插入自己的家庭作业时，并没有全部或部分阅读信息。对于“对互联网你上瘾吗”这个问题，62.5% 的人回答说“很上瘾”或“相当上瘾”；53.2% 的人说用手机上瘾（Kakabadse, 2009）。

克雷默基金会对 6 个月至 6 岁孩子的一千个父母所做的调查发现，“针对一个月婴儿的视频、9 个月婴儿的电子游戏相当常见”。在父母都忙的家庭里，父母“转向媒体，将其作为帮助理家、让孩子娱乐的重要工具”（Rideout, 2006）。

针对看电视的大多数研究项目观察到电视的负面影响，尤其对看得多的成人和儿童产生负面影响。大多数人可以同意，电视和电子游戏产生负面影响，但我们自欺欺人地认为，计算机有所不同。

现已知道，大多数屏幕媒介对儿童的影响是引起几种精神疾病，包括多动症和注意力紊乱。美国儿科学会建议避免让 2 岁以下的幼儿接触屏幕媒介；华尔道夫教育模式（Waldorf education model）不让儿童接触屏幕媒介的时间更长，相反它强调游戏、艺术和整体教育法。

儿童连线电子游戏常常多于其他屏幕活动。2008 年，一款电子游戏《致命的打斗：夺命联盟》（*Mortal Kombat: Deadly Alliance*）的研究项目探索，“不同血腥程度（高、中、低、无）对仇恨、生理唤起、攻击状态的不同影响”。研究“显示，高度和中度血腥使人的仇恨和生理唤起增加”（Barlett, 2008）。暴力电子游戏还影响面部表情的辨认速度。

> 平静面部表情的彩照变成愤怒或高兴的表情。在变形的过程中，参与者被要求迅速辨认表情（高兴或愤怒）。通常，高兴表情比愤怒表情辨认起来快（此所谓高兴面孔优势）。结果显示，玩暴力电子游戏导致高兴面孔优势降低（Kirsh, 2006）。

巴里·桑德斯（Barry Sanders, 1995）拓展了每一种电子媒介的分析。他认为，电子生成图像的声像在当代文化里无所不在，有鉴于此，儿童成长过程中失去口语经验，而口语经验对维持真正的文化素养是非常关键的。没有读写的“技术”，自我的成长就是不完整的。桑德斯还指出，电子图像生成同步的消极和唤起，这产生挫折和异化——从而生成暴力。

在《数字国度》的访谈中，克利福德·纳斯（Clifford Nass）表达了他对婴幼儿多任务行为的关切。他报告说：“婴儿吮吸母乳时，电视机开着，婴儿在看电视，而且看得很多。”

> 哺乳演化的方式就是这样的，因为妈妈的面孔和婴儿的距离是完美的社交距离。妈妈的声音很吸引人。好了，如果你想一想，电视充

满的是什么呢？面孔和声音。婴儿爱什么呢？面孔和声音。现在明白了，我们相信儿童在学习集中注意力，实际上他们却被引入歧途。长大一点，到三四岁时，幼儿被放在电视机前，我们让电视照看孩子。我们做了什么？我们没有关电视。我们给他们玩具、图书等等，他们却在看电视。我们对他们说什么呢？我们告诉他们“别注意电视，同时做许多事情。”结果，多年以后，不足为奇的是，这就成了他们对媒体世界的看法（*Digital Nation*, 2009）。

即使在降生前，孩子已经是技术的受害者。流行病学（*Epidemiology*）杂志 2008 年 7 月号的文章《产前和产后接触手机与儿童的行为问题》（Prenatal and Postnatal Exposure to Cell Phone Use and Behavioral Problems in Children）追踪 13 000 母亲与孩子。研究发现，母亲孕期用手机大大增加学龄期孩子社交、情感和行为问题的风险，对以后的烟草或酒精使用也有风险（Divan, 2008）。

佩奇（Page, 2010）发现，儿童在屏幕媒体上所花的时间和它们的心理问题有关系。在电视机和计算机跟前每天待两小时的儿童表现出行为困难。令人震惊的发现是，即使孩子身体活跃，他们的行为困难已然存在。

第七节　不眠的儿童

恺撒基金会（Kaiser Foundation）的研究报告《儿童的媒介使用和睡眠问题》（Children's Media Use and Sleep Problems）（Zimmerman, 2008）发现，美国儿童睡眠的质和量多年来恶化了，造成“对他们的认知能力、判断、行为和健康重大的不利影响……儿童睡眠的不足使许多问题恶化：肥胖、攻击性和多动症。”1—5 岁儿童每天的睡眠时间从 1981 年到 2005 年间减少了两个小时，而且在最近的一项研究报告里继续下降。

人睡眠时，几个重要的功能在身体和大脑里发生。身体修复和生长组织，改善免疫功能，脑子在巩固记忆，吸收觉醒时学习的东西，发展认知并改善心理健康。报告显示，如果连续三天每天少睡一个小时，神经行为功能就会受到相当大的损害。青春期的儿童需要更多睡眠，但在昼夜循环的周期里睡眠的时间稍微后移。然而，同龄人的压力和父母影响的减少导致他们比所需的 9 小时睡眠减去了两个小时。

在过去的二十年里，互联网和电子游戏的交互性广泛渗透，造成更多的参与，增加使人觉醒的荷尔蒙，令使用者难以抑制自己的活动。电视剧有明确界定的首尾，互联网、电子游戏和电话的使用却没有首尾。

大多数新的媒介形式都是互动的，都发光，社交媒体都要求更多人际交流和情感介入——这一切都推迟了儿童的就寝时间。接触光线使褪黑素的分泌减少，而褪黑素是支持睡眠的，计算机和电子游戏成了罪魁祸首。身体活动促成良好的睡眠，媒介的使用却使睡眠的功能失去效用。我们令人不安地指出，童年中期出现的睡眠问题倾向于成为慢性症了。

第十章

书面文化与分析性头脑

麦克卢汉看到，书面文化（literacy）的来临与隐私现象和个人观点同时发生。顺序注意和独自阅读引发理性、计划能力、与群体的疏离、个人观点和个性自由。与此相反，前文字社会的特点是对群体和部落的认同。

他说，在即时性的“电力时代，我们的中枢神经系统靠技术得到了延伸。它既使我们和全人类密切相关，又使全人类包容于我们身上。我们必然要深度参与自己每一个行动所产生的后果。我们再也不能扮演读书识字的西方人那种超然物外和脱离社会的角色”（p.4）。

对屏幕媒介的注意力增加造成了全球部落文化，书面文化随之衰减。在此过程中，我们看见隐私的终结，市场驱动的共识思维（consensus thinking）的兴起。有些作者称之为“群众智慧”（wisdom of the crowd），另有人（包括我）视之为个体批判能力的衰微。共识的到来要通过独自的反思，以及耐心、专注和同情的会话——智慧可能因此而升起。共识截然不同于速成、浅薄、未经消化的点击式信息，那是互联网喷涌而出的信息。

书面文化的作用更加广阔，不限于使我们获取知识。内心生活、自我认知和外部表达主要是靠语词的中介。语词是我们意识的语义砖块。我们知道和使用的语词越少，我们对自己个人意向、情感和特点的意识就越差。在意识演化的过程的某个阶段，语词将被超越——但在我们意识到自己形塑和演化自己意识之前，那个阶段是不会到来的。到了那个阶段，我们能进入现实的非观念维度，我们将超越语词和概念，我们的灵魂拓展到无边无际了。

生物能量学之父亚历山大·洛温（Alexander Lowen）描述他观察病人的心得时写道：

> 通过妥当的语词，我们看见并了解自己，并因此而充分表达自己。使用恰当的语词是一种能量功能，因为它是意识的一种功能。这是语词或句子和感觉的精确适配，思想和情感精确适配。语词和感觉连接或吻合时，能量流提高身心的兴奋状态，提升意识水平，磨砺意识聚焦……我相信，和感觉相连的能量电荷使参与语词构成的大脑神经元兴奋、被激活。这些神经元妥当回应感觉，妥当的匹配随即发生，脑子里电光一闪而过（1975, p. 328）。

拥有辨析清楚的语词的语言有一个优势：为评估我们的意识提供了更多可能性。如果没有恰当的语词，我们的内心经验或情感经验将停留在未知的感觉，模糊不清，分离无序。

在人类通向智慧的路上，意识和语词密切联系。语词能驱动我们的意识，将其提高到超乎语词的高度。随着心灵的澄明或演化，语词或概念心成为多余——即使它们仍然可以被用来传达深层意义。不过，达到那种境界之前，语词仍然是媒介，“技术”仍然可以大力支持意识的发展。

苏格拉底和斐德罗（Phaedrus）讨论文字的发现。他相信，文字“可能会使学文字的人健忘，因为他们不使用记忆；他们信赖外在的文字，自己不再记忆。你发现，文字不是帮助记忆的手段，而是帮助回忆的工具。你给弟子的不是真传，而是类似真传的东西；结果，他们听到很多事情，却没有学到任何东西；他们看上去知识广博，实际上多半很无知；他们令人讨厌，有炫耀智慧的张狂，而不是真有智慧”（《柏拉图对话录 · 斐德罗篇》）。

在《浅薄》（*The Shallows*）里，尼古拉斯 · 卡尔（Nicholas Carr, 2010）娓娓道来我们和书面词的关系：它如何在千百年里塑造了我们静态的文化，我们对知识的态度；如今的文化如何因数字媒介而贫瘠化。谁也不再挑战文字的重要性，连用文字阐述思想的哲学家也不会挑战了。苏格拉底不是普普通通的哲学家，而是智慧和开明的人，达到了超越观念思维的精神高地；他看到一切媒介对我们意识的威胁，甚至对最高尚媒介——书面文化的威胁。书面文化不仅对人的内外发展至关重要，而且被用作强大的工具。语词的威力极其宏大，每一个社会先进的国家都主张文化素养是公民的基本人权，这一主张正当、正确。

互联网在拓展抑或是在抑制书面文化？诚然，我们线上阅读量很大，但我们读什么，我们阅读物的质量如何？用注意力、深度、理解和培养洞察力和观点的语言来衡量，我们阅读的质量如何呢？博客触发了读写的复兴，但如果我们看 Technorati 排行榜上的十大博主就会发现，在我本人写博客的那段时间里，其中八人主要写小玩意儿、技术或软件。既然排名最高的博客是献给信息技术世界的，这就确定了互联网的议程。

搜索引擎优化的充足投入和优秀的搜索技能驱动着网站上的大流量，所以即使传统的媒体帝国也不得不在互联网上圈定自己的存在。一方面，我们看见一批新的、独立的、有价值的博客，另一方面，互联网的议程又是由少数几家大网站决定的，它们垄断了线上信息——其多元化甚至赶不上传统的媒体。今天，一个伟大的作家在赢得认可时面对巨大的挑战，因为其作品被埋葬在数以百万计的网站下了。

自文字到来后，每一种媒介或技术都受到预言式的欢迎。实际上，技术在我们生活里的作用是难以预测的。若要知道实际的隐含意义，我们就需要高一级的智慧。比如，机械时钟是中世纪的修士发明的，那是为了规定祷告的时间。然而，正如波斯曼所言：如果没有时钟，如果没有钟表，资本主义的兴起是绝无可能的。悖谬、奇怪而神奇的是，发明钟表本来是要人用更加刻板的制度去侍奉上帝，然而终极的结果却是相反，钟表作为技术最大的用处是让人一心去积攒金钱（p. 15）。

互联网是作为军事技术降生的，但它成了言论自由提倡者的媒介，而且与书面文化的心态是一致的。如今，它正在被转化为娱乐媒介，网上的文字被图像、视频和无休止的信息流窒息。网上的视频不比电视好，很少例外。2010 年 6 月，皮尤研究中心的一项研究发现，网上看喜剧和幽默的流量超过新闻。

图像的吸收不费力气；通过语词的意识更为复杂，而且和我们的洞察力有联系。从书面文化演绎出来的意识更为深刻，其揭示真相的力量比图像更强。

第一节　分析技能与批判技能

在《分神》(*Distracted*) 里，玛吉·杰克逊 (Maggie Jackson, 2008) 报告，经合组织 (OECD) 测试如今分析推理所需的解决问题的技能。美国 15 岁学生在 29 个发达国家里排名第 24 位，其中将近 60% 的美国学生得到最低分，在最基本问题上的得分不如别人。许多美国中学生缺乏批判思维技能，不能表达复杂的思想。

麦克卢汉指出，读写技能的衰微与个人观点的消失并行发展，隐私的消失甚至个人身份认同的消失也同时发生。在政治分析和社会分析方面，博客的确有重要作用。但我猜想，这种能力之所以起作用，那是因为解读现实的批判能力是在互联网之前或之外开发的。以贝普·格里罗 (Beppe Grillo) 的博客为例，它们是意大利读者最多的政治博客，也是全世界读者众多的政治博客之一。他解释的东西就是我们三十年前少年时代有能力推断的东西，彼时的我们充满激情，要了解世界。

分析技能的失落和对失落的否定同时发生，很像酒鬼否认醉酒一样。美国大学多种不同的研究报告一致揭示，自我评估的读写技能与测试计算出来的技能差异很大 (Maughan, 2001)。

常恒不息的信息流使我们难以建构任何具体的信息背后的总体画面。在每天海量信息流的情况下，组合历史事实，辨析其关系，那要费尽洪荒之力。在数据为王的时代，解读现实的模型过时了。我们甚至不再需要分析。

随着工业革命的发展，调动肢体的工作已被外化给机器，留下思想和文化发展的空间。而在后工业的信息社会里，我们正在把心灵外化给技术。正如机器接过体力劳动一样，信息技术取代脑力劳动。我们被喂养的是琐细、更容易消化的信息碎片。由于我们的肢体比以前虚弱，心血管问题、肥胖症、退化性疾病、肿瘤增多，于是，我们的心理能力和批判分析能力就削弱，儿童注意缺陷障碍之类的心理疾病也随之增加。同时，我们还没有失去“旧式”工业化久坐不动的生活方式引起的身体疾病。

正如机器来临以后人的身体失去部分功能一样，数字技术的到来使心灵阴云笼罩，我们把记忆、思维和通信外包给技术。正如我们的肢体需要药物和假体一样，我们的心灵也需要神经药物假体。电视促成分析和批判能力的终结。书籍条理清晰、理性的深度话语和电视的话语截然不同，电视的话语是不连贯的、荒诞的，在互不相关的主题间迅速切换。互联网使这一缺陷更加恶化，这是对书面文化厚礼的嘲弄。

有人说，谷歌一代应该更聪明，应该有更好的心理工具来理解现实。事实并非如此。据说，人很容易适应新媒体，充分利用新媒体，并提高自己的认知能力，但伦敦大学学院的一项研究揭穿了这一神话。

> 虽然年轻人用计算机表现得明显的轻松和熟练，但他们很大程度上依靠搜索引擎，观看而不是阅读，不掌握批判能力和分析能力，不能评估网上发现的信息。报告还显示，通常和年轻用户相联系的搜索行为特征——搜索和导航不耐心、对任何延迟的零容忍、信息需求的即时满足——如今快成为各年龄段组的常态了，从小学生到本科生直到大学教授（Rowlands, 2008）。

《缩小数字鸿沟：家用计算机技术与学生成绩》的研究报告证明，

事实上，计算机的普及和高速的互联网与数学和阅读能力的退化有关系（Vigdor, 2010）。《连线》（*Wired*）刊载的神经科学家伊恩·罗伯逊（Ian Robertson）的研究报告显示，年轻人记忆一般的个人信息不如父母（Thompson, 2007）。皇家化学会的一次测试揭示，最优秀的当代学生不能解答对他们的父母而言容易的数学题。我们可能业已达到智能的巅峰，正在目击我们心理能力退化的首批裂纹。

根据《童年的联盟》（2000）报告，电脑等电子媒介阻碍丰富的面对面交流，那样的建立需要语言交流和非语言交流。如果语言发展的滞后贯穿童年时代，它可能永久性地限制儿童的口语表达和文字表达、领悟力、自我理解，以及逻辑思维和分析思维的能力——这一切都建立在语言基础上。“内声音”始发于成人呵护婴儿的说话，也起始于无结构的时间和安静——这两个条件对学业成绩和个人发展都至关重要。

第二节　通过电子书获取新的文化素养吗？

电子书阅读器和电子书正在成倍增长。偷跑了十五年之后，现在看来，电子书终于要接管图书市场了，亚马逊的 Kindle 阅读器和平板电脑成为驱动的力量。20 世纪 90 年代初以来，电子书的热潮不止一波。此间，互联网进入了我们的生活；我注意到始于美国的一个动向：传统图书出版业也在发生变化，图书开本变小了，风格更趋于新闻写作。

有些出版业同人告诉我，“读者不再有很多时间读大部头，他们习惯于互联网网页了”；“写作风格应该更吸引人、更有趣”。我不抱怨互联网本身，但它肯定使注意力降低——电视的快速剪辑、遥控器的切换以及信息产业的总体影响都削弱了注意力。新一代的电子书阅读器改进了可读性，看来，这新一波热潮终将大大普及。

图书不可能依然故我了。电子书不会取代纸媒书，但它们将占据传统图书市场的重要份额。由于图书市场的电子化，我们已看到传统报刊的憔悴。电子书可能要确定长度和风格的新标准，它们已经在邀请相关信息的链接，视频和音频的补充。不用多久，它们肯定会把我们和读同一本书的人联系在一起，使阅读经验更富有社交性和分享性。广告也会进入电子书。

电子书阅读器和出版商将展开竞争，开发越来越多的特征，以“提升”阅读的体验。太好了。但是，有些事情为我们奉献最好的东西时，用的是较少的量而不是较多的量。举例说吧，有机食品更健康，那是因为它们不用防腐剂、化学品、转基因生物或着色剂。电子书不会导致图书的灭绝，但它们会遮蔽读书的内心体验。

投身信息技术产业的人只聚焦屏幕的清晰、可用的储存、下载的程序——不注意人们微妙的心理变化。对他们而言，重要的是我们能做什么，而不是技术正在对我们做什么。独处捧书，无论电子书还是纸媒书——读书时没有互联网、链接、图像、视频或屏幕上弹出的人或物，这样的情况大概不多见了。但正是这样的亲密接触容许语词不间断回馈，成为我们意识和内心世界的语义砖瓦。

有人宣称，书面语词依托的物理平台不影响我们的阅读经验。这再次反映了笛卡尔的立场：纯思维与物质是分离的；因此概念可以独立于媒介传播，就像 0 和 1 的纯电态。电子书还终结了阅读的私密性，这是因为有人知道我们在下载并购买电子书，我们与网上的读者分享笔记，于是，阅读的私密性就结束了。

电子书依靠硬件和软件，所以我们不敢肯定从中长期看，电子书是否仍然可达、可及；相反，纸媒书可以留存几百年。我已经不能阅读二十年前的磁存储的材料。不过有人说，图书可以用数字形式得到更好的保存，这样的修辞被用来给纸媒印刷泄气。然而，由于硬件和软件的变革，数字格式的图书很快就过时，留下大量的电子垃圾要我们处理。

第三节　阅读的“技术”

推特热正在狂奔突进，逼近即刻（和短命）信息的书写与阅读。在这样的狂热中，有人提醒是很好的，我们不妨看看两位心灵导师截然不同的阅读方法。卡洛·玛利亚·马蒂尼（Carlo Maria Martini, 1987）写道：

> 基督教传统养成了神性的阅读（divine reading），分四步：“阅读、思考、演讲、冥想。”这四步是神学和人类学的反思，基督徒沿着这条路接近上帝的圣言，以便消化圣言，并将其转化为实际生活中的行动（1987, p. 217）。

印度神秘主义者奥修写道：

> 阅读就是要知晓一种艺术。其目的是进入深层的同情，进入某种参与，这是冥想的伟大实验。然而，如果你阅读薄伽梵歌就像看小说一样，你就会错失意义。薄伽梵歌有一层又一层的深度。因此，你读的是圣书——每天都得读。这不是重复；如果你知道如何重读，那就不是重复；如果你不知道，那就是重复。你尝试这样读三个月，读同一本书——你可以挑选任何一本小书——每天读它。读它时不要带上你的昨天：这是新的一天，就像初升的朝阳一样新鲜，又像清晨的鲜花一样新鲜（p. 122）。

这是非常独特的阅读方式，与网上快速浏览新闻和讯息流截然不同。

我们追逐新信息，却忘记了，所谓新颖的价值是我们观点的新鲜，新鲜的观点生成喷涌的理解。追逐新信息这种和语词打交道的新方式损害了我们的注意力（Levine, 2007）。

第四节　数字写作

读书写作和心理状态的关系不同于线上活动和心理状态的关系。专注地读和写是知识的“技术”，同时又是自省与自知的“技术”。读和写的速度比较慢，更平衡，给予时间让信息下沉、让它渗透得更深。书页不闪烁，不弹出窗口，不刷新。起初，个人电脑不过是书写工具。今天的情况大不相同，我们难以远离互联网，因为它大声“呼唤”。而且，即使没有连线，人们还是发现，电脑上写作还是比传统用笔写作的效率低。

华盛顿大学的弗吉尼亚·伯宁格（Virginia Berninger）的研究报告揭示，二年级、四年级、六年级的学童——无论有无书写困难，用笔书写时都写得更多、更快，他们作文的篇幅更长、句子更完整，比敲打键盘时都写得好——无论其拼写技巧如何。三、四年级前，许多儿童不掌握何为句子。书写不简单，分几个层次：字母、单词、句子和段落。用键盘时，敲击一键就选中一个字母，相反，用笔书写一个字母时要调动整个手的复杂动作。成人的脑影像研究显示，手写字母的影像优于挑选或观看字母的影像。华盛顿大学的儿童脑影像研究显示，用手指排序可能会调动思考（Berninger, 2009）。

需要全局图像时，我们先在脑子里组织句子，虽然有文字处理工具组织思想，计算机其实帮不了多少忙。不用文字处理写东西时，我们创建一个概念结构的心理意向。缺少快速编辑、删除和移动语词的工具时，我们需要在脑子里描绘一个较大的结构。在撰写这本书的过程中，我曾经使用文字处理，但那只是为了复制已经用手在纸上写下的文字。与此类似，我的编辑把他带编辑标记的纸本转写到电脑上，以供我核准。

虽然文字处理器具有强大的组织和排版工具，但我发现，既不闪动又不重组我书写文本的白纸更好，那是有助于我生成洞见的更好的场所。我可以在任何背景中写东西——躺在沙发上写，在出租车里写，在沙滩上一边晒太阳一边写。而屏幕（即使最好的屏幕）却像吸血鬼，在自然光下看上去是很不舒服的。

皮尤互联网的一项调查发现，自 2006 年起，博客量在青少年中下滑（Lenhart, 2010）。博客帖子多半被脸书、推特等社交媒体上更短小的文字取代了，博客也在追随这个简短的趋势。

第五节　交流与意识转换

我认为，语词是为我们知觉并传达心理状态的最好的“技术”，是通往内心世界的桥梁。一个语词就价值一千张图像。语词带领我们向着意识扩张的目标大踏步前进，但语词难捉摸，不能带领我们走向意识升华的最高层次。而且，语词还深受叠压在其上面的种种解读的影响，那是我们的文化信念和个人定式的影响。

通信产业包括互联网多半建立在一个假设的基础上：更多交流 = 更多理解 = 更好的世界，思想、概念、意义和情感可以用语言来表达和迁移。根据迈克尔·J·雷迪（Michael J. Reddy）的管道隐喻：

> 思想是你能放进语词的客体，于是语言被视为思想的容器，你可以通过一根管道把思想传递给另一人，他随后从语词里提取出思想……管道隐喻的蕴涵是，意义、思想可以被提取，可以独立于人而存在。而且，在交流的过程中，当交流发生时，出现了这样的情况：

> 某人从说话人所用的语言管道提取出来的，是同样的客体、同样的思想。所以，管道隐喻暗示，意义是器物，听者从语词抽取出同样的意义；意义能独立于理解语词的人而存在（转引自 Lakoff, 1995, p.115）。

为了让管道隐喻有效地运行，我们需要共享一大套特性：同样的语言，同样的语词解读、文化的兼容层次、类似的背景、类似的敏锐性。（如此相似，也许语词真正的交流要点实际上就是：贴近我们自己的自我理解。）

管道隐喻是推动我们在博客网和社交网上写东西的驱力，我们认为，自己的讯息可以被发送或“上传”给阅读它们的其他人的头脑，按照我们意向的方式抵达。实际上，我们不可能知道，我们的讯息将要被如何解读，误读、误解发生时，我们会感到吃惊。

2005 年的一些实验显示：

> 没有副语言特征比如体姿、重音和语调的帮助，电子邮件传达情绪和语调是有困难的。五场实验说明，局限性常常被低估了，以至于人们往往相信，他们用电子邮件交流的效果比实际效果好（Kruger et al., 2005）。

滑稽或讽刺的情绪尤其难以传达，愤怒和难过也难以传达。以上引文的结论是：“这种过分自信生于自我中心思想，所谓自我中心是：评估他人的视角时，与自己的视角拉开距离是有困难的。”

数字文化相信电子通信和回馈的力量，相信它是增加参与甚至提升意识的工具。管道隐喻的源头寓于这样一个信念：我们可以把信息和接收信息的人分离开来。“纯”信息是我们能够从自己解读和感觉的“噪音”里分离出来的东西。这就是笛卡尔式的梦想：把“纯”思想与那个整体的人分离开来——又用知识和信息取代人的本质属性。

第十一章

在信息流中迷失

人类是在对掠食者的恐惧中进化的，所以，视觉或听觉信号与潜在的危险相联系。受到威胁时，位于杏仁体本能的大脑机制就被激活了。

1927 年，伊万·巴甫洛夫率先描绘了定向反应（orienting response），这是对任何突然或新奇刺激——视觉或听觉刺激——的本能反应。之所以坐在电视前就难以忽视动态的图像，本能的古老生存机制就是原因之一。每当注意一个新的刺激时，报偿机制都被激活。在神经生理层次上，多巴胺释放出来，导致安宁欣愉的感觉——强化我们的反应，改善我们生存的机遇。如今，虽然我们不再遭遇掠食者野兽，大脑释放多巴胺的机制仍然保留下来了。任何有助于物种繁殖的东西都令人满意，性交合同样令人愉悦。

第一节 要注意激励和上瘾机制！

互联网上预期并激活奖励系统的事情很多：新电子邮件通知、即时通信、推特或脸书更新、新博客、电子游戏、新闻。一切媒体都刺激大脑杏仁核。互联网使刺激成倍增长，它把文本、视频、音频和互动频道集合在互联网这一个媒体里了。

内心的奖励系统使我们注意信息。我们与信息互动，并产生新的信息。仅仅在预期奖励的情况下，奖励系统也会被激活。如此，一个单纯的声音表示新邮件到来，即时通信文本释放多巴胺——即使发来的是垃圾邮件。凡是激活奖励机制的东西都激活另一种机制：上瘾机制。

即使已经上瘾，许多人包括我自己还是难以停止线上活动。过一段时间以后，曾经激起神经回应的刺激效应就有所减少了。所以，更强烈、更多样、更频繁的更多的刺激就有必要了。

为达此目标，我们需要计算力更强、更快的互联网，以管理屏幕上同时发生的日益增多的事情。技术发展的推动力是对“更多”和“更快”的贪求。大脑尤其杏仁体和海马体误将继续不断的刺激当作生存的机会，因此远离刺激源头就变得困难了。

忽视身旁的电视机是困难的，忽视计算机就更困难。计算机更强有力、更复杂，因为它加上了追逐和生产信息的狂热活动，给消极被看电视屏幕的行为火上浇油。至于互联网，除了生存机制的神经刺激外，很多内容实际上与生存有关系——因为那是性刺激的或财经的内容，包括线上赌博、拍卖和股票投资——这些东西都激活多巴胺的喷射。

传统上，追求社交刺激并不被认为是难以控制的或上瘾的。然而，由于技术把社交生活作为其窗口之一，由于多巴胺效应，脸书上瘾就是有可能的了。

基本上，电视屏幕和电脑屏幕是表现移动图像的。看见屏幕上移动的新东西时，定向响应被激活。电视片的剪辑师增加剪辑数以捕捉注意力，互联网产生更多的干扰，因为我们打开多个窗口，同时运行间隔程序，用即时通信交流。

对屏幕上的图像做出身体回应，仿佛周围环境的变化有危险，古代的野兽还在威胁我们，那是很荒唐的。既然如此，我们就学会了压抑情绪、抑制反应。但我们的情绪和反应并非真的不复存在了，只是积蓄起来，成了神经系统里的紧张状态罢了。用生物能的话说，那就是有充电而无放电。换言之，压力和挫折在积累，只是常常没有觉察而已。

第二节　当下注意它，永远注意它

互联网真正的杀手应用是“现在”。实时的快速信息流把人勾到屏幕上。许多网站和应用程序建立在频繁更新的信息流上。

推特是开路先锋，脸书和谷歌紧紧跟上。

我小的时候，爷爷会突然从椅子上跳起，高叫一声“全是撒谎！”，并关掉电视机。二十年来，我不看电视。但抗拒互联网就难多了，关掉互联网需要额外的大力气。

这是因为互联网、智能手机和电子游戏没有时间结构，没有清晰的“起点”和“终点”，不像传统的媒体，比如电视的节目的单上有首尾。因此，线上互动不存在固有的终点。而且，在线上时，我们期待即时的回答。由于这样的期待被强化，我们无止境的好奇心就被进一步拽进那信息流了。

第三节　新就是酷

信息运行速度曾经是人在地面运行的速度，最快也就是骑马的速度。电报到来以后，信息及其传输首次分离开来。彼时，新奇性获得了改进、前进和进步的意义。

波斯曼（1993）指出，莫尔斯历史性地演示电报以后，报纸的命运就不再只依靠新闻的质量或实用性，而且还依靠它们提供信息的数量、距离和速度，奠定了如今实时新闻模式的基础，以及抢先播报的竞赛。

新信息流动不息，妨碍我们建立事件之间有意义的关系。如果和同一件事情维持长期的关系，那就不能满足我们对新奇的渴望。我们不想与任何事情持久或深层的关系，因为那会使多汁神经递质的流动放慢速度。

起初的博客是表达思想的工具，如今的博客多半面向最新的新奇事情。博文越短越好，这才不至于耽搁读者，或不至于使读者紧张。博文越频繁，吸引的读者就越多。

第四节　即时满足

阿尔道斯·赫胥黎《美丽新世界》里的总督问年轻人，他们是否遭遇过难以克服的困难，是否在渴望和满足之间忍受过很长一段时间。停了一阵子（这使总督紧张），其中一个人才承认，他曾经等待一个吸引他的女人同意接受他。那种紧张的感觉真的很“恐怖”。总督告诉他们，古人很蠢，首批的改革家拯救他们免于恐怖的感觉时，他们拒不接受。在赫胥黎笔下的《美丽新世界》里，人们尚未降生就已命定，生命是工程设计的，要迅速满足每一个欲望。应对不愉快的事情，有一种药物脑活体叫“苏麻”（soma）。

“沉默是古怪的”，1999 年遍布德克萨斯州平原的一则手机广告宣告。整个技术世界都在努力避免闲暇时间和沉默。效率和速度是最值得珍惜的品质。互联网技术推出新的速度水平，以加速传统的媒体如广播或电视，停顿或沉默都是要千方百计避免的。

互联网经验是互动的，因而更走极端。我们的注意力在许多源头就被分割了，信息流加速了。如果弄不明白一个网页是说什么的，大多数人不到一秒钟就要离开那个网站。由于电子游戏和互联网速度快，儿童在实际生活中也期待即时的回应。

沃尔特·米歇尔（Walter Mischel）1972 年做了棉花糖实验。四五岁的儿童应邀吃糖，但被告知，如果等 15 分钟，他们就可以得到第二份。稍大的儿童更可能得奖。但十年以后，实验里那些更耐心的孩子更能干了，再后来，他们的高校入学考试（SAT）得分要更高一些。

如果说有任何时期需要长远的愿景，那就是现在了。在环境和财务两个领域，我们为依靠能源和资源的即时满足付出的代价实在是太大了。

第五节　与即时满足相关的神经变化

神经学家加里·斯莫尔（Gary Small）2008 年报告，青少年欠发达的额叶常常影响他们日常寻求即时满足的判断。他们大量使用计算机、玩电子游戏，社交和推理能力受损，以致神经通路跟不上。他担心，这可能会把青少年锁定在不成熟的、只顾自己的阶段，而且这个阶段会贯穿成年期。

他担心，由于不能推迟满足，不能计划未来的边缘系统的情绪中心将居于主导地位。额叶与注意力、计划、长期记忆和多巴胺报偿有关系，与行为后果的认知有关系；随着白质髓鞘形成，额叶在 25 岁左右成熟。白质髓鞘形成不好的前脑和青壮年的精神分裂症有关系。

额叶还决定清楚的精神辨析能力，这是细微区别和认知真相的能力。在精神层次上，觉醒度是通向拓展意识路径的重要能力。在社交层次上，这是批判技能的基础。人们再也看不到宏观图像，记忆力有限，只聚焦于最新的新奇事情时，政府就没有必要威胁报界了，因为报界所写的一切都很快被遗忘，被更多的信息埋葬了。

额叶受损产生的后果是：分心、注意力不集中、记忆力差、计划差、对人和世界漠不关心，以及张狂和受抑制的行为。这些症状也许和使用技术的症状相同——这样说也许有点过火。然而，这些症状与互联网上瘾和注意缺陷障碍很相似——大量使用电子媒体就可能出发这些症状，实际上在青少年中，这样的症状正在发生。

神经科学家苏珊·格林菲尔德在《每日邮报》（*Daily Mail*）的访谈中表示担忧，“大脑的幼稚化接近幼儿的水平：被嗡嗡声和闪烁光吸引，注意力短暂，为当下的一刻生活”（转引自 Derbyshire, 2009）。

满足的经验是需要时间内化的。追求科学研究、掌握技能、进入冥想态都需要时间。容忍挫折的能力是一种修炼，把意识引向感觉，为感觉打造一个稍大的容器是需要训练的。

冥想本身是接受和改造沮丧的训练。静坐不干事，静观思想与判断、无聊和急躁一道生成——如此令人沮丧的事情少之又少。欣喜的状态也可以达到，不过那一般是在某些心结在意识之水中化为乌有后才能达到的境界。

第六节　接受虚空与尤里卡效应

写作的过程需要耐心和清空的态度。许多作家——也许还有许多博客人——遭遇到搜索枯肠的障碍。依靠创新火花表达灵光一闪的人常常成为障碍的受害者。

创造性表达是有其周期的——创造力和生殖力的相似之处不限于语言。神经生理学研究已详细描绘了创造性启示过程和尤里卡效应（Eureka Effect）。约瑟夫·克林顿·皮尔斯引述马格哈里塔·拉斯基（Margharita Laski）阐述的发现过程的 6 个步骤：（1）提出问题，（2）寻找答案，（3）遇到瓶颈，（4）放弃求索，（5）实现突破，（6）把发现转化为可以理解并与人分享的东西。

这六个阶段调动大脑的不同部位——包括左右脑以及和心脏连接的情绪 - 边缘脑。没有心脏的激情，创造性发现似乎是难以达成的。阿尔玛斯写道："为真义而爱真义实际上是基本心脏功能的表达"（1988, p.191）。在超级生产力的文化里，放弃求索的第四个阶段一般是不被接受的，这样的文化害怕静默和虚空。人人都有脑子并不积极搜寻却突然找到解决办法或洞见的经验，即使如此，放弃求索的阶段还是不被接受的。"只有左脑不活跃时，大脑的分析过程和批判机制才被悬置，只有在这时，胼胝体才能完成左右脑'电路'的联通"（Pearce, 2002）。

大多数心灵导师都描绘过放弃求索的第四个阶段，虽然他们未必有正规的神经生理学知识。对"不知"的接受是洞察力之必需。尤里卡效应适用于科学研究和艺术创作，也适用于精神修炼。有鉴于此，如果写作笔障被接受，创造的火花就可能点燃了。

塔夫茨大学（Tufts University）的研究人员记述了尤里卡效应，研究由萨尔·索拉奇协调。他们用脑电图机记录围绕问题的迷雾消散的时刻，显示洞察力通达的时刻。他们让受试者听似乎无意义的句子，比如"女孩把爆米花撒在地上，因为门锁坏了"。受试者沉默，迷惑。过了几秒钟，研究者给了提示："狮子笼。"提示之后过了 400 微秒，尤里卡效应被激活。头皮上的电极接收到脉搏，这一脉搏被命名为"N400"。

在另一场实验中，索拉奇展示一个模糊的物体，受试者做出解释。图像慢慢聚焦。（是炸面圈吗？是车轮吗？哦不，是手表。）索拉奇假设，大脑越努力辨明一个概念，就越是能记住这个概念。（他提议，这一发现可能引向更有效的教学法。）如果真是这样，我们期待谷歌的即时性实际上抑制了学习，过早地让我们离开了内心的知识源头。在精神领域，禅宗指向一个虚空头脑的重要性，就像其他自知（self-knowledge）的通道一样。心灵不应该有许多话要说，它真不知道说什么。

健身的圈子都知道，为求得最佳效果，有必要交替活动与休息。肌肉的增长在晚间发生，那是在肌肉放松的时候。过度锻炼适得其反。大多数人在信息上花的时间比在健身房的时间多得多，因此，关于知识的生理学和心理学的研究仍然是少之又少，就不足为奇了。同理，即使聚焦于学习知识的人也不知道什么时候停步，以便使自己的资源最大化。

对真相的爱需要“不知”（not-knowing）的状态。心脏因虚空而感到舒适，这对自我心灵却构成威胁，因为它贪婪地追求新奇，因被吸引而进入多动状态。头脑对深层洞察不感兴趣，深层的探察却是心脏的欣喜。

第七节　越来越快，却仅为表象而已

贪婪的信息消费需要越来越快的计算机和互联网链接。带宽和算力的增加造成真正的数字沟，这迫使凡有财力的人都登录上网——个人和全球环境因此而付出代价。正如身体生长的停止容许意识的增长一样，也许，技术物理扩张的放慢能提供更多深化的空间。

更快的互联网链接给电缆、路由器、计算机、智能手机、软件和在线服务的庞大市场加油添料，但这并没有转化为更深刻的内容。互联网线路的功率和速度都在增长，但这并不总是意味着效率的平行增长。20 世纪 80 年代中期，用一台寒酸的 PC 机，在英特尔 8086 处理器上运行，我传授 NIX（Xenix），足以教四个学生。他们用个人终端，以多人、多任务方式工作。如今，数百倍的计算力不足以应对某些应用程序了，我们感觉到许多应用程序的迟缓。这里面出了点问题。

在《半个宣言》（*One Half a Manifesto*）里，杰伦·拉尼尔（Jaron Lanier）表达了对软件的关切：

> 恰恰相反，软件业内有一个和摩尔定律相反的趋势：处理器越来越快，存储器越来越便宜，软件却相应地更慢、更臃肿，耗尽了可用的资源……软件倾向于笨拙，这有许多原因，主要的一个原因我喜欢

称为“脆弱性”。软件未弯已折，在偏爱统计数字的世界里，软件需要完善。

在《更快的互联网是不可能的》一文里，克里斯·德克尔（Kris de Decker, 2008）写道：“更快的链接带来新的应用软件，占用额外的带宽。”互联网每年传送的信息增长一倍，但“那不是互联网用户增加的结果，蔚为壮观的增长主要是用户每人平均带宽消费增加的结果。每年我们每人下载（和上传）的数字信息几乎比上一年翻一倍”。

互联网每年通信量翻倍的主要原因是多媒体日益增长的重要性。音乐、图像尤其视频所需的带宽大大超过其他媒体。更快的链接本身并没有威胁互联网的访问。问题是，大多数网站都适应越来越快的链接，使链接稍慢的人逐渐无法访问。今天，大多数网站都不可能用拨号链接的方式来下载，因为它们变得臃肿发福了。

大多数论述技术的人认为，全世界互联网宽带的扩张几乎是万应灵药，可以解决诸如知识权利、数字沟的问题，可以提供确立人权的机会。这是有必要用西方价值“开化”世界的更新后的高科技版本。它相信，把信息经济体系推向世界各地将要把幸福和舒适恩赐给所有人。

我看见广告展现发展中世界的儿童在电脑前微笑，这使我想起传教士手捧《圣经》到处“开化”世界的时光。比尔·盖茨献身慈善，几年前说，发展中国家的问题不是计算机或互联网的匮乏，而是饮用水的稀缺，是根除疟疾等疾病研究的不足。我感谢他这句话，甚至可以原谅他；我用他的软件这么多年，他惹我生气了。

随着更复杂网站和软件的开发，更大带宽的竞争兴起。仅想想防病毒软件或操作系统的更新。我常常发觉自己身处的国家没有快速的互联网链接，不可能更新我的操作系统——甚至不能完成简单的任务。免费的开放式办公室软件的新版本是150兆字节的量级，对普通的ADSL连接都构成挑战。

带宽越大，互联网就越像高清电视——视频和动画浸没我们，它们渴望速度和资源。我们进一步远离语词和叙事，偏爱视觉传播了。

随着应用软件和网站需要更多的计算资源，内存堵塞了应用程序的管理——就像高峰期的交通一样。用多修路、加宽路幅的办法解决堵车的问题，反而使汽车增多，交通更忙，对其他运输形式有害，同时还有害于环境。这还促进了非本地食品和商品的生产、非城市化地区的丧失以及地方传统的消失。至于扩展的计算资源所产生的附带成本，我们还只能看见其端倪。

第八节　进入信息回路

我们执着于信息周期，努力停留其中，并给它加油添料。詹姆斯·哈尔金（James Harkin, 2009）把这样的执着态度追溯到维纳在第二次世界大战中对通信回路的研究。“城市规划信息门户网站的居民禁不住要回去查找更新的信息时，它们不仅想要更高效、更高产，而且想要驱除持续的恐惧，害怕自己掉到通信回路之外去了”（p. 169）。

留在信息回路里的结果不会不付出代价。英格兰拉夫堡大学的一项研究发现，我们的注意力被电子邮件打断一秒钟以后，我们才能回到原来的思路上（Jackson, 2002）。

因为信息回路不能停，我们到处用手机进行连接，给它加料。据估计，百分之十的手机使用者不停地检查电子邮件、脸书、短信和新闻。这些人被认为是上瘾的人。

凯蒂·哈夫纳（Katie Hafner）在《纽约时报》撰文报告，青少年迷恋短信，一年内翻倍，每天平均将近 80 篇。她对分心、睡眠不足和焦虑表示关切。

孩子们不再有空闲时间，不再向窗外张望，不再看着天花板做白日梦。短信和脸书更新不给他时间独处，他害怕在信息回路之外待得太久，因为那意味着被排除在群体之外。

我刚学编程时，最常用的语言是C，该程序建基于一个程序和结构范式——策划精心，有时很优雅。然而，这类程序难以管理和外部事件的信息交流，与其他程序交流很复杂。

最后，程序设计转向事件驱动的语言，程序由其他软件的讯息激活，由信息输入激活，比如鼠标点击的信息输入、互联网事件流的信息输入。视窗之类的图形界面和互联网通信出现以后，这一类程序设计获得主导地位。于是，软件的执行成为程序设计模块的数据交换，这些模块循环往复地互相影响。

正如软件回应事件一样，用户也以同样的方式做出反应——成为技术的伺服机制，人成为回应事件的又一个模块。自我心灵的构造方式决定，它很容易掉进一个无休止的过程，在目标和欲望之间来回跳跃。自我心灵本质上是躁动不安的，其存在依托于追逐目标和欲望的基础上。然而，一旦抵达之后，其目标就不再有价值了，仅为它追逐另一个目标提供动力。

信息技术刺激即时满足，把新奇事当作“实时”信息流来兜售。结果，信息技术使我们进一步远离真实时间和可用的时间。好消息是，我们不只是我们所知的心灵而已，不过，我们的社会里此刻很少有人承认这样的事实。

第九节　技术更新与沉默的权利

两年前，我在 indranet.org 网站上开了博客，已经不得不几次更新 Wordpress 软件，不得不安装许多插件，用技术上富有挑战性的方式配置站点，用意大利语和英语呈现。由于多年脱离编程世界，我需要技术人员的帮助。

博客的更新不仅需要新文章，而且需要与其他站点交换信息、进行访客分析，与社交网络和搜索引擎优化技术链接，等等。像其他技术一样，博客技术也不断拓展可能性，不断推出新版本。很长一段时间，我一直困在 Wordpress 软件的旧版本上，因为那个写多语种插件的技术员已不可能为我更新版本了。

有一天他告诉我，他改变了技术重点，已经几个月不更新我用的那个版本，落后太多，跟不上了。我还没找到人更新我的博客站点，它就被广告机器人黑客了，黑客利用了旧版本的脆弱性。

如果说博客可能很快就过时，存档的图像也不会维持很久。由于数字技术发展快，今天的图像用未来的技术就很难获取了。十年之内，我们展示形象的互联网网站将会被收购、关闭、改造或兼并。储存它们的电脑内存标准将过时，不再能储存和交换数据。为了能获取图像——无论线上的或电脑里的图像，我们需要把它们复制到有别于当前的内存支持上，也许还得把它们转化为不同的图形格式（但“格式”概念本身还会被使用吗？）——谁知道还有什么其他的变化。

数字扫描的爷爷奶奶级相片有消失的风险，但纸上的原照会继续存在，只是有一点发黄罢了。因为我们的工作、个人理财和社会联系越来越依靠互联网，只有干技术的人才有时间去更新跟上。我们其余的人将要落后，大部分时间将花在赶上技术、解决技术问题上。

这就是一种网络奴役（cyber-enslavement）。谷歌、微软等公司的云计算可能会卸下我们更新软件、管理数据的重担，但作为交换，我们会为此付出失去隐私的代价。觉察每一个隐私问题、设置我们的个人资料，或退出标准的背景，则是另一个花费时间的事情，那是我们被迫采取的自卫行动。更新软件和资料使采用最新技术既时髦又必须。未来，非信息、非更新、保持沉默的权利将成为一种特权，将是生活品质的指标之一。待在信息回路之外、置身于被迫的技术消费主义之外，那将是一种获得解放的行为。

第十节　多任务处理造成干扰

由于数字小设备的爆炸性增长，一心多用、同时留意多种信息输入以便更“高效”已经是司空见惯的一景。但我们为这一景的到来付出了代价。2005 年，伦敦精神病学研究所的一场试验发现，用手机查短信的人的智商比吸大麻者的智商降得更多。

《赛博心理学与行为》（*Cyber Psychology & Behavior*）的研究报告《大学生的电子媒介使用、阅读与学业分心》发现：

> 需要集中注意力的活动比如阅读在美国青年中下降，相反，依靠多任务比如即时通信的活动在增加……再者，年轻人即时通信所花的时间很大程度上与学业分心有很大的相关性，读书所花的时间与分心是负相关关系（Levine, 2007）。

在《数字国度》（*Digital Nation*）的访谈中，斯坦福大学教授克利福德·纳斯（Clifford Nass）讲述了他对多任务行为的研究。他和同事震惊地发现，“在多任务行为的一切方面，多任务行为者的表现都很糟糕”——忽略无关的信息、从一个任务切换到另一个任务、在心里保持信息的井井有条等各个方面都不行。多任务行为发生的年龄越来越小，这些孩子“在分析推理上更差，而分析推理在学业和生活中都极其珍贵”。多任务行为者“似乎认为，他们干得好”，但他们常常就分心。“在维持记忆方面，他们非常杂乱无章。”然而，“所有的多任务行为者都认为，他们一心多用，了不起”，不分性别；他们对多任务行为弊端的强烈否定正是各种上瘾的典型症状。

斯蒂芬·塔尔波特（Stephen Talbott）指出，诚然，我们能同时做几件事，但“我们的自觉注意力确实是单一的、不可分割的。也许我们能从一件事快速切换到另一件事，但在任何一个给定的瞬间，我们的注意力都是被一件事情消耗的……每一件事情都可能被感觉吸收，但被注意的事情却是每一次仅一件……我们始于注意力的那一点就是我们表现最高能力的那一点。这是我们能驾驭技术（或任何事情）的唯一的那个点，我们能深化理解的那个点。而且，如果我们不是自己注意力的主人，我们就是环境和自己潜意识的工具”。

正如塔尔波特暗示，我们的注意力被多种信息输入分割时，很容易成为技术的伺服机制。正如我们的内脏需要酶来消化食物，我们的心理需要被注意力和觉悟力激活的酶来成长、理解并整合其品质。我们认识自我时，外部经验与内部观察联系在一起时，就达成了心理的成长。

无觉悟条件下生活的经验不会有意识地改变我们的心灵，但它们影响着我们。它们以条件反射的形式寄宿在我们身上，我们机械地予以复制，却不知道它们来自哪里。

我们同步接收到的信息量的限制条件只有一个：那就是电脑内存的能力和互联网链接的速度。所以，我们的信息量与技术发展成比例扩张。鉴于当前线上通信的速度，线上讯息的充分接收就遭遇障碍，分割和破碎的注意力已经成为网上活动的规则，这样的习惯逐渐从线上转移到了线下。

参与许多线上的同步活动以后，如果我们觉得似乎一事无成，那是因为没有任何东西被我们的呈现和意识触摸。我们只给予部分注意时，实际上并没有在任何地方真正呈现。脑子不可能一次注意一件以上的事情。正如计算机处理软件一样，多任务行为意味着从一种活动跳到另一种活动；然而，计算机处理软件从一种活动跳到另一种活动只需几毫秒，人的生物学机能却要慢得多。

机器不需要与经验一道成长的意识或心灵。心灵成熟所需时间比电子技术慢得多。为了让心灵深受任何东西触动，心灵都需要与该经验逗留一段时间——去感知它、允许它——这个过程使我们的意识拓展到心理过程，而且拓展到与之联系的感觉和感情。

为了让心灵成长，我们需要用时间、意识和注意力培育它。如果社会里的个人有碎片式的注意力、这个社会就阻碍深度分析和复杂思想，而且还阻碍心灵的成熟。复杂的思想、沉思和智慧需要持久的注意力。一切冥想技法都需要集中注意力，这绝非偶然。

放慢心理活动的节奏导致心灵虚空的意识。这正是自我不想面对的意识。我们急躁地把西方的一神教与只有一生的观念和争取永生拴在一起了，所以我们急匆匆往前奔——用生物技术和永生工程的预案 B 来延长寿命。

狂热技术爱好者一个常见的咒语是“省时间”。每一款新软件都有望使事情更简单、快速、比以前好、更自动化。问题是，为了让每一件任务更简单，更多的任务被加上了。我们绝不可能通过技术节省时间，因为心灵本身的性质就是维持繁忙的状态；当我们的身体在屏幕前静止不动时，心灵更是忙个不停。所以，我们欢迎使心灵忙的新办法，用更浪费时间的程序去让它过载，据说这些程序能更好地管理数据和“节省时间”。

我们失去了身处虚空的能力，在那样的状态下，我们脑子不忙、注意力却很强。我们有意识注意和在场的能力并不根据可用的信息量而增长。实际上，这种能力已经变得支离破碎。我们可能“在这里”，一次只能做一件事。我们可以更好地“在这里”，连一件事也不做。如此，我们就能“存在”了。

第十一节　无历史，无叙事，无过往

1959 年，麦克卢汉写道：

> 新闻传递缓慢时，报纸有时间为新闻提供视角、背景和彼此关系，读者被给予的是一个消费包。新闻高速度到来时，这样的文字处理就不可能了，读者被给予的是一个自己动手的工具包（2005, p. 8）。

因为心灵的内容是暂时的，我们很容易理解为什么任何网站和应用程序都有暂时性。几个月前时髦和“连线”的东西很快就“疲软”了。新奇性一旦失去，从神经生理学来看，我们就不再那样“兴奋”。互联网是饥饿心灵的镜子，它赋予任何新东西特权，使之压倒历史视角。

历史叙事消逝最清楚的例子是技术新闻，它们多半是追补了特征的通告，没有更广的视角。历史不仅不重要，而且被有意忽略了。先行的版本被提及，那仅仅是为了比较新的特征。软件应用本身鼓励我们快速行动，不鼓励反思性态度。连学者们也注意到，因为和线上材料的互动，他们集中注意的能力已经削弱了（Carr, 2010）。

事情发生几天以后才写完并上传文章已没有意义，几天以后评论上传的帖子也没有意义。让一个想法沉淀一个晚上——让它被我们心灵的智慧原型触动——已为时过晚。没有人对最新事件之外的东西感兴趣——连博客也不会感兴趣，因为博客的重点向着新颖和短小。短信、即时通信、聊天系统、推特、脸书——这一切都是为管理频繁更新的短文本而设计的。

链接本身不产生连接。实际上，它们倾向于分散。或者更糟糕的是，链接本身会有几次中断。

叙事的终结还影响音乐的发展。在小巧的 iPod 上，我们可能有数以千计的歌曲；我们还容易下载更多的歌曲。我们能在歌曲集里跳跃和快进。我们决定是否喜欢某一曲子所需的时间越来越短了。听完一个唱片集的时代一去不复返了。也许，如果不喜欢，大多数人甚至懒得听完一首歌。

我第一次偶遇平克・弗洛伊德（Pink Floyd）是在米兰的西尼加利亚酒店，那年我 13 岁。我买了一盒盗版的《妈妈的心肝》（Atom Heart Mother）。我听说过他的音乐，稍大一点的朋友告诉我的，因为当时意大利的广播和电视都不播这样的音乐。起初，我不喜欢那奇怪的音乐和长长的专辑，它们和主流媒体热播的流行歌曲相差甚远，所以我把他的盒带搁置一边。但由于我没有其他音乐，过了一会儿，我又给了它一次机会。

终于启示来临。我抓住了那无边际的、有时令人不安的音乐。倘若我是以“数字的”方式走近那个专辑，我怀疑我是否还有耐心从头听到尾，甚至听第二遍、第三遍。

好事情显露意义要花时间，把心灵结构拼贴完整需要时间，因为心灵结构的趋势是自动摈弃不熟悉的东西。（2010 年 3 月，平克・弗洛伊德打赢了官司，胜利不大却有意义，赢得了对艺术家叙事的尊重。法官说，如果不是专辑的一部分，百代不能以数字形式出售单曲。）

第十二节　数字记忆与人的记忆

在数字设备上存盘时，我们期待想用的时候就能用上，但不能打包票。亚历山大・罗斯（Alexander Rose）在《长久的博客》（*The Long Now Blog*）里指出，技术的新颖度与其脆弱性成正比。耶鲁大学图书馆的保罗・康威

（Paul Conway）研究自两河流域文明以来历史记录的寿命。他发现，媒介的耐久性持续下降，储存的信息量却在增加。苏美尔楔形文字的泥板仍然存在。“中世纪羊皮纸上的彩绘手稿看上去很新，仿佛是昨天才绘制抄写的。”中世纪纸上的记录已褪色，但保存情况尚好。讽刺的是，“酸性纸张上印制的现代书籍正在变为灰土”。你可能想，旧的黑白照保存不久，但它们能保存一百多年。相反，新得多的彩照技术却不能阻止照片三十年后褪色。胶片电影的保存期大约是二十年，录像带的保存期更短，最新的数字储存媒介大约是十年（Rose, 2009）。

与此类似，人的长时程记忆在弱化。新信息的海量本身就足以阻止神经兴奋固化为记忆，我们的心灵内容像电脑内存易变无常。

靠近电脑屏幕静坐也影响记忆。还记得父母叫我们不要太靠近电脑吗？稍后，PC 机甚至让我们更近。后来是笔记本电脑。如今是智能手机。我们的视野和眼球运动已经很受限制，眨眼的频率下降了。

一场实验证明，如果移动眼球，目光对着人体画，然后移开，一个医疗问题自然而然地解决了。当某一身体部位从外部反映心理过程时，具身认知（Embodied cognition）就发生了（Thomas, 2007）。研究显示，眼球不同方向的运动改善大脑两半球的交流，心理治疗支持这一结论。转动眼球改善记忆，增强创造性，促进大脑两半球的交流，

我们在电脑屏幕前花几个小时后，神经心理层次上必然要发生变化。信息超载和眼球有限的运动使创造性和记忆力降低——这是屏幕媒介为人熟知的反馈回路。就我个人而言，长时间盯着屏幕看使我以广阔视野感知事物的能力降低，使我观察无关联信息相互关系的能力降低。相反我倾向于聚焦细节。为了反省、放松和散焦，我需要短暂眺望远方，左右转动眼球。

研究显示，我们在自然美景里散步时，短期记忆改善，看看自然美景也会改善短期记忆（Thomas, 2007）。密歇根大学的马克·G.伯曼（Marc G. Berman, 2008）和同事测试风景漫步对认知功能的效应。看自然美景就改进认知能力，看街景或工业区则不能。

第十三节　上瘾

凯文·凯利（Kevin Kelly, 2009）在长篇博客《技术崇拜》(Technophilia）里写道，一位熟人有一个豆蔻女儿，像其他少男少女一样，她整天给朋友发短信，任何地方，任何时间。这个熟人回忆，父母想要把她关在家里，“强调她不当行为的严重性，拿走她的手机。她生病了”，仿佛“父母剁掉了她的手脚。某种程度上他们真的让她截肢了。我们创造的东西与我们不可分割。我们的身份与技术深刻认同，直达核心”。凯利结尾时写道：“我们尴尬，难以承认，但我们的确爱技术。”

诸如此类的症状更像是上瘾，而不是热爱。或者说，那是酒鬼爱酒瓶那样的爱。就像酒鬼或瘾君子宁死不戒瘾一样，我们对技术依恋可能会陪伴我们一生，直至坟墓。据微软全国广播公司网站（MSNBC）一篇文章报道，尤其 40 岁以下的人要求用手机陪葬。死亡和排便都不能使他们离开手机，他们走到哪里都随身带手机。好莱坞家族殡葬服务顾问诺埃尔·波文（Noelle Potvin）发现，“用黑莓手机陪葬也成为潮流。有一位客户甚至用他的任天堂游戏机陪葬”。陪葬的东西可以是任何技术玩意儿。

伦敦的未来实验室智库看到，这也是英国、澳大利亚和南非的趋势，不过这一现象主要发生在美国。出版家和《美国殡仪馆馆长》(*American Funeral Director*）杂志社论版主编艾德·蒂佛特（Ed Defort）报告，潮流是用平板电脑、蓝牙耳机陪葬，尤其用手机陪葬。匹兹堡殡仪馆的老板弗兰克·珀曼（Frank Perman）说：“过去的五六年里……是相当平常的事情。”他期待，“随着技术产品的价格走势很低，这一陪葬的潮流将有指数级的发展”。他接着说：“许多人说，手机代表机主这个人，是他遗产的一

部分，是他的延伸，像他的纪念戒指。”（Mapes, 2008）

就像任何成瘾习惯一样，网络上瘾也因为心理问题而恶化。《赛博心理学与行为》（*Cyber Psychology & Behavior*）说明：

> 孤独的个人、不善社会交往的人可能会形成强烈的难以控制的上网行为，产生消极的生活后果（损害其他重要活动比如工作或学业，或重要的关系），并不能缓减原来的心理问题。如此放大的负面后果会使这样的人孤独，使他们脱离健康的社会活动，使他们更加孤苦伶仃（Junghyun, 2009）。

神经科学家还记述，学习和愉悦中枢是同一个中枢。一个新想法使奖赏系统释放出多巴胺和内啡肽等神经化学物质，赋予欣喜的感觉，也许是因为学习增加生存机会吧。猎取食物已转化为猎取信息——不过，猎取食物需要调动所有的感觉器官。

我们追求多巴胺释放的频率超过追求食物、居所和性的频率，多巴胺的释放驱动目标取向的行为。问题是，多巴胺系统没有刹车，永远不够，我们越来越多地追求多巴胺，形成一个无穷的回路。市场社会深谙这个悠久的神经生理传统。传统资本主义对欲望的操纵是控制个人和社会阶级之道。随着马加迪所谓的“技术虚无资本主义”的到来，欲望被继续不断地刺激，目的是要喂养可能会凋敝的市场。

神经生理奖赏系统也可以被食物、水和性之类的自然奖赏激活。这些奖赏的固有属性是愉悦，旨在保证物种的生存和保存。有时，有些自然奖赏也能上瘾，但大脑奖赏系统本身不是上瘾。上瘾行为的定义是：指导行为的常态奖赏不起作用。比如，由于上瘾，饮食、工作、家庭、健康都可能被忽视了。

技术巨量扩张，越来越多的人花越来越长的时间上网，网络连接又越来越快；于是，越来越多的人陷入重复性的活动中。人们可能上网成瘾：赌博、游戏、色情、网络性爱、拍卖、聊天、脸书视频和《法姆维尔》农场游戏——甚至看新闻上瘾，冲浪上瘾，实际上，任何呈现频繁变化、触发追寻模式的东西都可能使人上瘾。

韩国经历了互联网链接的快速发展。在这里，治疗儿童网络上瘾，尤其游戏上瘾的中心数以百计。类似的情况在中国和中国台湾发生。哈里斯民调研究电子游戏上瘾的病理学症状，这次调查的对象是 1 178 名美国青年，随机抽样。调查注意到电子游戏上瘾的习惯和父母的干预。大约 8% 的对象显示病理学模式，他们花费的时间是非病理游戏人的两倍，学业得分更低，存在注意力问题（Gentile, 2009）。

高雄医科大学《青春期卫生期刊》（*The Journal of Adolescent Health*）发表网络活动和行为的研究报告，研究对象是 9 405 青少年。报告发现，网络上瘾的青少年比不上瘾的青少年表现出更强烈的攻击性。考虑到接触电视暴力等因素，37% 的对象表现出攻击性行为。上网把时间花在搜索和研究上的人不那么容易受暴力的影响，相反，“上网聊天、赌博、游戏、参与网上论坛、上色情网站的人”更倾向于攻击性行为（Ko, 2009）。

每一项关于网瘾负面影响的研究都立即遭到大合唱式的反对，反对者在方法和评价两方面都提出挑战。这番大合唱很像瘾君子的辩解：明显是否定和最小化依赖症的逻辑动机。一种典型的回应是，互联网这个媒体本身不使人上瘾——要看你如何使用它。正如每一种合理化的说法一样，这里有一个真理的内核。互联网这个媒体本身不使人上瘾，但互联网的延续依靠继续不断的反馈回路，连续不断的反馈回路喂养着每一种上瘾。

精神病医生杰拉尔德·布洛克（Jerald Block, 2008）假设，网瘾是一种精神状态。在《立场》（*Standpoint*）杂志的一篇文章里，他指出，网瘾病人像“精神分裂病人，有一种类似的立足点失落……充分接触虚拟空间以后，人们禁不住要怀疑，自己的生活只不过是生活的模仿而已”。他详细说明：

> 强迫症电脑使用对精神治疗构成严重的挑战。确诊和治疗都困难。病人淡化他们的电脑使用，要么认为它是丢丑的话题，要么说它是珍贵的财产，是不该担风险的奖赏。但大多数心理保健者成为精神治疗师，因为他们喜欢人，而不是喜欢技术（Block, 2008）。

谈及当前限制电脑使用的治疗局限性时，布洛克发现："一旦解除限制，许多人似乎就放纵使用"。他的结语是，"直到我们学会更多更好的临床工具前，我们最好的路径可能是预防"。

预防网瘾有困难。禁止电脑不是选项，同时我们又不能让孩子尽情使用屏幕媒介，正如我们不允许他们放纵吃巧克力一样。何为太多？因为没有共识，我们最多只能传授情感意识，训练孩子认识驱动他们坐在电脑前的情绪，辨认什么时候强迫症占了上风。孩子们还可以学习静默的价值——也许有价值，如果静默被称为祈祷或冥想的话。

杰里·曼德尔描绘了与电视相关的问题，彼时，电视屏幕几乎是人们盯着看的唯一屏幕：

> 电视图像的过度活跃既安抚大脑，又加快神经系统：电视既使我们不说话，又使我们加快速度。最后，看电视让我们做好心理准备去接受电子游戏，并产生对计算机的依恋（p. 66）。

互联网迷不能接受曼德尔的观点。他们认为，电视邪恶，互联网善。他们不明白的是：一切屏幕媒介都对我们产生影响。

斯莫尔观察到，网瘾扎根时，管理大脑执行功能的前扣带回脑区失去根基（p. 49）。柯（Ko, 2009）在文章结尾时指出，"网瘾发作时信号诱导的游戏冲动的神经基质，和信号诱导的物质依赖渴望有相似之处……说明两者分享相同的神经生理机制”。

第十四节　对感觉与上瘾的知觉

彼得·西弗尼奥斯（Peter Sifneos）1973 年新造的一个词叫“述情障碍”（alexithymia），这种症状造成理解、辨识和交流情绪的困难，被认为是个性特质，不是临床病症，影响大约 7% 的人，男性多于女性。主诉者通常缺乏想象力，少直觉，内省力受限。主要特征之一是与人情绪联系的能力受限，因为他们感觉不到细腻的情绪——自己的和他人的都感觉不到，他们局限在“感觉好”或“感觉不好”中。其原因不明——可能是遗传和神经化学的，或心理的，比如心理创伤导致的感情疏离、父母对孩子的情绪缺乏反省。

另一个特征是控制冲动的能力受限。不愉快心理状态引起的紧张情绪释放可能是难以控制的，比如滥用食物或物质，或扭曲的性行为。德·贝拉蒂斯（De Berardis, 2009）发现，述情障碍者有较多的分离性体验、较少的自尊、较多的占有欲 – 强迫症障碍、更大的可能形成网瘾。他的研究特别说明，识别情绪的困难很大程度上与养成网瘾的高风险有关。

贝拉蒂斯的研究证明，情感贫瘠化的世界和网瘾有关系。述情障碍也许是上瘾的先兆，反过来，过度的技术使用可能导致“二手”的情感生活，导致情感与情感场所的脱离，这些场所是情绪被激活、辨识和成熟的场所，存在于身体和真实生活关系里。如果缺乏对内心生活的知觉，那就可能引向机械的行为，人就可能成为技术的伺服机制。

如果我们不理解自己的感觉，不注意自己的内心体验，我们就不可能认识自己，就可能使我们依赖外部信息输入。其原因是，除了互联网映射到我们身上的身份以外，我们缺乏任何其他身份。对我们情感的知觉是具象体验过程，也是心理过程。互联网把我们局限在心理层面，使我们进一步脱离身体，远离情感的知觉。

述情障碍有限的内省生活是一种症状，凡是生活在继续不断的讯息流里、只注意外部信息源头的人都有这样的症状。于是，内心生活和内省能力贫瘠化，把注意力从外部转向内部就更困难了。借用神秘主义者葛吉夫喜爱的术语“自我记忆”（self-remembering），那就需要洪荒之力。

情绪知觉可以防止述情障碍者典型的分离性体验，因为情绪知觉把我们锚定在身体里。拓展情绪知觉的最佳“技术”是冥想，内心事件流被见证、感觉和承认，但没有被行为表现出来，也没有被鼠标的点击抛开。

人的生理自古以来未曾有大的变化，也未曾赶上千百年来我们的头脑已然经历的文化发展。在生物能水平上，我们静坐在电脑前，我们的脑子受到强大的刺激，我们的身体多半是不动的。既然刺激的输入不能通过身体平衡和释放，能量就堵塞在脑子里，循环往复，寻找奖赏。

从这个角度看，色情和网络性爱可以被视为释放紧张、重获身体知觉的尝试。遗憾的是，这种释放仅有短期效应，因为它多半是由造成紧张的同一奖赏机制驱动的。网瘾是对打破这一机制的挑战。首要原因是，网瘾不容易识别，因为它和工作的需要纠缠在一起。

有人吸食非法毒品上瘾时，他必须避免与毒品接触，还有避免与其相关的环境、场所、人员和物品接触。然而，避免接触互联网却是极其艰难的，因为当代生活需要线上的呈现。

辛苦工作肌肉酸疼时，我们自然停下休息。那可不是脑子的模式，它不会自然而然慢下来，因为多巴胺系统永不满足。我们不得不调动自觉的意志去制止它吞食信息。脑子反制多巴胺系统，有一切理由需要更多的信息。网页、链接、即时通信网络和社交网络为贪食的脑子提供食粮——没有任何脑子愿意节食。

在过去的几十年里，我们才认识到饱和脂肪、糖果和过量吃红肉的致命后果；而在此前的几十年里，我们贪婪地吞噬这些食物，借以庆贺丰裕生活和提高了的经济地位。至于信息的摄取，我们现在也接触得太多——其后果刚露端倪。直到看清悲惨后果，我们才改造我们的饮食习惯。希望不要等到人类脑子遭遇悲惨后果时我们才修正自己使用电脑的行为。

食品工业和信息产业都有巨额的盈利。过度饮食可能有危险的意识传播得很慢。过度技术使用可能有危险的意识也传播得很慢。我们需要“信息营养学”。即使社会被网瘾伤害，技术发展的速度也不会放慢或停步，除非环境或经济灾难迫使它——就像我们不会因为车祸和全球暖化而给汽车工业拉上刹车一样。（全世界每年大约 130 万人在车祸中死亡，几千万人因此而受到非致命伤害。）

生理中奖赏系统的产生是为了生存，而不是为了上瘾。食物、饮水和性给我们积极的奖赏，以确保我们身体的生存和物种的生存。上瘾主要与脑子有关系，它遵循类似的机制，以确保自我心灵的存活。沉寂的心灵意味着无心灵。沉寂与宁静是自我最危险的敌人，自我不断生成思想，靠思想的营养生存。

这种永无止境的活动是脑子的防卫机制，那是为了保存其维持自我的作用——自我（the ego）是建立在信念与条件反射之上的虚假个性。思想包括有意和无意的思想建构个性，造成一种幻觉：有人在指导那一场表演。

修炼冥想的人通过个人观察看到，脑子如何引诱我们，它总是试图把我们的注意力吸引进一张思想和意象的罗网。冥想技巧比如内观（*vipassana*）聚焦于集中注意力观察，开发冥想技巧是为了寻找一条以超脱方式注意思想和情绪的途径，目的是强化我们见证和观察的能力，同时又削弱诱人分心的力道。历史上，我们要求思想自由和言论自由。现在，我们需要无念想（non-thought）的自由和静默的自由。

第十二章

被数字分裂的自我

第一节　注意力

知觉（awareness）的一刹那可短至一毫秒。在知觉的任何一刻，注意力都集中在一个感知场（sense field）。但在意识（consciousness）瞬间搏动的过程中，注意力快速地跳动，从一个感知场跳到另一个感知场，就像在苯丙胺作用下跳动的黑猩猩。在感知场间跳动的模糊背景下，脑子把熟悉的观念网格叠印在感知（perception）上，借以了解世界。如此，我们有关世界的经验就得以构建，世界看起来就熟悉了（Wallace, 2006, p. 37）。

脑子机械地回忆我们以前的经验和条件反射，补偿连续意识中的沟壑。心灵导师谈及各个阶段：我们构建现实，我们安眠，我们不看事情的本来面目。输入的信息越多而我们并不注意时，为了理解世界，我们心灵的结构就越是无意识地被激活了。

注意力是意识的基础之一。没有注意力，我们对汹涌而进的信息就没有防卫。没有注意力，我们的真实身份和人的价值就不能在信息转化为智慧的过程中发挥作用，我们就会囫囵吞下被送到我们面前的东西而不加选择。

如果没有注意力，我们就要冒着成为伺服机制的风险，不由自主地在没有方向的情况下点击鼠标。没有目标的开放心灵是一回事，疯狂渴望被填满的心灵且方向不明是另一回事。如果缺乏注意力，我们就不能控制我们的意向，也不能控制解读信息的批判视角。

注意力是正念内观（mindfulness）的一个要素，是一种心理状态的意识，包含身体、感觉和感知。冥想技巧始于聚焦的注意力和专注力。

有了注意力、意识、正念、“在场”和宁静的心灵，我们就享有内在的营养，而不是外部刺激的强制。因为注意力与我们的身份相联系，所以弱小注意力就产生弱小的身份。理性心理学协会的一位科学家研究大脑因过度刺激而发生的变化，他把“新冷漠”界定为：应对矛盾刺激而不关切的能力（Talbott, 1997）。如果再加上持久注意力的普遍困难、内意识的缺乏、文化素养的削弱、强大伦理和意识形态基础的缺失，我们就容易被外部讯息操纵，因为它们把世界简单化。于是，我们就成为原教旨主义和民粹主义的猎物，因为它们允诺快速解决问题并回归过去的“确定性”。如果没有注意力，任何东西都无法理解，深入钻研的动机就没有了。

“标新立异的泰德·纳尔逊（Ted Nelson）1965 年首创了‘超文本’一词，用它描绘自己在电子信息里导航的能力。值得注意的是，他从童年时代起就患多动症，即后来命名的注意力缺陷综合征（ADD）”（Harkin, 2009, p. 135）。注意力缺陷综合征的增多与信息的扩展平行发展，使我们容易受到不平衡的外部指引的伤害。注意力的短暂和内指引的缺乏协同作用造成虚弱的身份认同。

第二节　自我的建构

自我的个性是与生俱来的防卫机制，这个防卫机制缺乏实质内容，但自我的个性无疑是灵魂难以避免的重要发展。如果没有自我，我们就不能拥有超越自我的品质或能力。互联网鼓励我们拥有一个“流体”的个性，它随时变换形态，在信息流的四面八方裹挟下随波逐流。

如果没有真实关系、心灵导师和生活经验建构的界定分明的个性，再加上内意识，我们就会松散地认同短暂的精神刺激。如果缺乏叙事和连续性，我们的个性就绝不会界定分明和稳固。这样的情况使人觉得不受僵化心理结构的约束，觉得更为存在开放，但这只是精神状态的幻象。不过，由于心理结构表面上的相似性，精神状态的幻象吸引我们的灵魂。

心理结构的松散状态存在于坚实个性形成之前，松散状态导致脆弱的心理状态，容易产生不安全感。在寻找安稳的家园（虽然它更像是囚笼）时，不安稳的自我可能会转向陈旧的领地、种族和宗教的条件反射，或产生病理的分裂。唯有建立在真实的人格基础上的坚强的个性才能欢迎新东西，并将其整合进灵魂而不觉得受到威胁。

国家、宗教和意识形态的指引强大时，自我主要是通过意识形态、伦理和宗教的灌输而结晶，而不是通过深层、感觉到的和原本的人格而形成。虽然有些讯息互相竞争，个性还是能形成的——这是建立在概念和沙堡上的个性。

个性很大程度上是印刷文化塑造的，印刷文化大大推进了人类的知识、理解和社会发展。印刷文化促成结构化的复杂思维，逻辑、线性的结构和现实的诠释模式，以及持久的注意力。当代人的自我仍然受意识形态和宗教的制约，甚至受科学理论的制约；不过，近年来，我们见证了这些讯息的软化。意识形态不再形塑内在价值。宗教显露阴暗的一面。在指引人类摆脱面对的问题时，科学都似乎遭遇了极限。理性与合理性是盲目信仰的黑暗时代伴生的重要进步，如今再也不能为我们提供清晰的走向了。

人际关系和直接接触是个性形成最重要的元素。这两种元素越来越受互联网中介的影响，在这里，“友情”的确立和结束仅在一次点击之中，个人简历、联系和网址都会变，生死无常。由于这样的不稳定性，形成真诚而持久的友谊是有困难的；唯有真诚而持久友谊才能使我们在互动中更深刻地了解自己。

家人指引的可能性不如以前，孩子主要是向同龄人学习，向电视、通俗文化和互联网学习。单独也好，合力也好，这些因素都不能给予个性形成有条理的、始终如一的指引。父母忙于自己的工作、生活和技术小玩意儿。因为真正的人际关系机会减少，个性的建构不再是一个线性发展过程。不同于报业文化，今天的视觉媒介推出矛盾的、非线性、缺乏结构和叙事的讯息，所以个性的建构永远"在进行中"。只有在个性稳固确立，强大到足以接受并整合矛盾而不至于感到根基不稳时，才会拥有真正的适应和变通能力。

结构和叙事的缺乏始于电视，确立于互联网。虽然链接给予互联网连接和结构的表象，但互联网的本质是非线性的、分散的。大多数时候，链接并不把任何话语编入一篇更大、更深刻的叙事，相反，链接主要是起到分散注意力的作用。

印刷文化不仅造就了新的认知过程，而且个性被界定为一种结构。在后印刷文化里，自我的个性变为流动性的，表面上更开放。我们接触到更大的信息量，所有的信息都争夺我们的注意力，我们被多重信息输入分割，没有为我们在意识中心整合个性的指引力量。

媒介和技术的趋势走向自我结构的集体松散，如果让这个趋势继续发展，人的心灵能跳到一个超越功能脑的无自我的状态吗？能绕过稳定自我的建构吗？会有一个优越的实体掌握心灵吗？心灵会滑进一个先于自我的状态吗？心灵会崩溃陷入精神分裂吗？我们正在见证心灵的演化，传统的自我形成将找到一条新路子吗？

即使得到神经技术的支撑，我认为人类学意义上的心灵变化也是不可能的。从最新的研究我们知道，虽然大脑有极大的弹性，但自从佛祖观察他自己的心灵以来，心灵的发展和展开并没有大的变化。每一个时代都可能追加对心灵的理解，都以更容易理解和有效的方式传授修行之道，虽然如此，古人的自我实现之道至今仍然有效。

人们希望，互联网能应对中央政府的控制和一对多的广播模式。也许，这种希望可能是我们心灵深处的向外映射，是我们心灵中央组织的裂解。

我们尚未理解媒介和技术重塑我们心灵的程度——也许是因为被信息流分散注意力，注意不到重塑心灵的变化正是不关心这样的变化吧。

外部刺激的压力大，我们通过内在意识的酶来消化外部压力的能力难以应对。我们再也扛不住外部的信息输入。像精神的无自我状态，我们在生存里随波逐流，但我们的脑子并不空虚——这是与更高级生存智能流动所必需的条件。相反，我们在清空自己的心灵。

网瘾似乎为心灵的伪重心提供了另一条路径。如此，我们在无穷尽的信息回路中随波逐流，与技术链接，从不驻足揭示我们的空虚，维持着杂乱的头脑以掩盖其虚空。

一位“数字原住民”在电子邮件里告诉我：“吊诡的是，对我这一代的失落感和迷惘而言，互联网提供的就像是锚泊地。”技术负责塑造我们的身份认同。多年前，我们起始于 e– 字头的东西（如 email、ebooks）。随后，技术成为 i– 字头的东西——如 iPhone, iMate, iPad)，这些工具里的首字母 P、M、P 改为大写了，但那个 i– 并没有大写，这表现的变化过程是从我们拥有什么东西到我们拥有界定我们身份的东西。我们回到脸书账户时的感觉是回家——与所有形塑我们生活的人团聚，他们在我们的账户里是井然有序的。

如此，我们的身份在我们接收到的信息流中变得清晰了。连串的思绪赋予可辨身份的个人的感觉（或解释导师们所谓的幻觉）。虽然我们的个性处在永恒的建构之中，但它仍然觉得需要一个清晰界定的身份。我们被难以处理的信息量压得难以承受，既不能也不想将其整理得井井有条；因此，我们浅尝辄止、简化信息、回到已知，回归到既不需要也不容纳细节和复杂性的模式。

精神开悟的状态接受矛盾和混乱，它超越自我，超越心灵，极其混乱。与此相比，处理分散信息的心灵注意力弱，意识中心、信息社会大大加速了对心灵的刺激——心灵既可能进入心理能力的病态下降，也可能向超越的方向演化。

脸书的吸引力之一是，它提供一个井井有条地整合我们的各种线上亚个性（sub-personalities）。它是我们对象关系的集合体，给我们一个圆润的、关联个性的感觉，支撑这一个性的是我们的朋友名单。就社交媒体上花大量时间的青少年而言，他们的个性建构过程的一部分是在脸书完成的。他们的依恋关系和对象关系即个性的积木块是由脸书形塑的，脸书能重塑和操纵他们的个性——这不是比方。

人们对自己的线上个性投入大量的精力，所以他们死守这个人格外形不放。脸书用户界面的任何细小的变化都引起用户齐声抱怨，没有熟悉的参照使他们感到失落。个性建构的基础是身体接触的质和量。这是身体接触减少的第一代儿童。而且，我们在室内花费的时间增多——无论在学校、家里或办公室——我们待在电脑屏幕前，身体几乎不需要移动。除了明显的心血管病和肥胖病的问题外，我们的身心缺乏整合的联系。我们的身体呼唤我们注意，我们却用健身计划和整容手术等技术手段去回应。

个性基本品质的发展通过身与物的结合。联合信号公司（航空和汽车产品制造商）的全球运营总监彼得·尼茨（Peter Nitze）论及他的实践教育时说：

> 如果你有装订书、织袜子、放唱片的经验，你可能觉得你能造火箭飞船，或学会一个你从未接触的软件程序。这不是吹牛，只不过是暗中的自信。没有什么事情是你不能做的。为什么你不能呢？为什么有人能呢？（*Alliance for Childhood, 2000*, p. 69）

这种暗中的自信是实际操作经验生成的心理品质的巩固和承认。当内心的自信陌生时，我们就缺乏方向——我们通过 GPS 之类的技术的数字计量进行补偿。

第三节　作为心理发展隐喻的技术开发

“个人电脑”的命名本身就传达了使用者和媒介独家、独特和亲密的关系。我们不用“个人”来指称我们的汽车或数码相机。用心理学的话来说，使用者和个人电脑的关系遵循发展阶段幼儿与妈妈或呵护人的关系，起始于早期共生阶段的第一个亚阶段就是阿尔玛斯所谓的“融合爱”（merging love）的阶段。

> 这个方面的关系始于生命之初，在2—10个月时间尤其重要。这段生命通常与自我的发展吻合，玛格丽·马勒（Margaret Mahler）将其命名为共生阶段。在这种自我的发展状态下，婴儿没有意识到自己或妈妈是分离的个体。自我尚未分离出来。妈妈和自己仍然是一个整体——二元一体。我们观察婴儿时发现，婴儿体验二元一体，没有受挫，没有冲突，其基要状态是融合的爱。这是愉快、甜蜜、融合的爱。婴儿平静、愉快、满足（1986, p. 92）。

每一位大量使用电脑的人都知道。他会失去时间的感觉，进入人机融合的状态。电脑甚至可以安抚我们。宛若婴儿与妈妈，这样的融合里有一种本能的、欲罢不能的性质。它总是给予我们回馈，并回应我们的要求。就像婴儿一样，没必要说话就可以满足我们的需要——不过，我们还是灵巧地移动手指，用眼睛与周围环境（屏幕）联系。

近几十年来，妈妈与宝宝二合一的阶段被扰乱了——扰乱的因素有人工喂养、过早的日托，以及屏幕媒介对幼儿注意力的大量分散。妈妈哺乳的时间不足，持久母婴身体接触形成的纽带也不足。业已证明，过早的母婴分离影响大脑的发育，养成精神疾病。在没有足够母婴身体接触的情况下，他们与自己身体充满活力的联系也被骗走了。当一个发展阶段被跳过以后，无论这是生理的或心理的阶段，我们总是要寻找办法来矫治和恢复失去了的东西。

共生阶段绝不可能始终完美。阿尔玛斯论述了种种困难的冲击：

> 婴儿的需求没有得到充分满足或立即满足时，他必然会感受到挫折、愤怒和痛苦。但婴儿的这种消极经验并不是被当作他自己的或妈妈的经验，它是母婴二元一体关系的一部分。他没有清晰的己与他概念，没有两者之间的清晰边界。因此，挫折和愤怒的经验只能是所谓的“消极融合”，和满足经验的“积极融合”（positive merging）相反（1988, p. 245）。

人人都体验过计算机触发的沮丧——延误、工作中断、掉线、对方无回应、病毒、丢失和受损的文档、硬件的崩溃。所以我们渴望人之初那种共生阶段顺畅、甜美的感觉。消极融合“表现为很多种渴望。因为这是痛苦未释放的紧张，所有的渴望最终都是要释放的，不过，对象关系会千差万别”（Almaas, 1988, p. 258）。

未释放紧张的感觉常见于电脑使用者身上。我们坐在电脑前如何才能释放这样的紧张情绪呢？互联网给欲望重新定向，提供释放紧张情绪的途径：血腥的电子游戏、色情、搞笑和滑稽的视频、激烈的争论。不过，这一切释放都是短暂的，容易使人上瘾。

越过母婴二元一体阶段后，发展进入了分离 - 个性化阶段。玛格丽特·马勒描绘，这个阶段如何为最初尝试步入世界开辟道路，此间的婴儿感觉到呵护者的关爱。现在，很少有人记得个人电脑尚未接入互联网时的状况——个人电脑是独一无二的融合对象，屏幕那一端没有人。互联网到来后，我们进入了分离 – 个性化的阶段。我们能走出去“会见”人不需求任何信息——安全，且离开了我们的电脑。

分离 – 个性化（separation-individuation）的过程加速了自我的建构。我们认识到，自己或他人有分离的存在和身份——就像互联网确立了一个不变的身份、开放的身份、清晰的 IP 地址、个人博客和社交和连线里的真实姓名——用心理学的话说，这就是对象恒常性（object constancy）。

我们的心理结构建立在本真品质上，这些品质有意志、平和、力量、爱、同情、欢乐。通过自我理解之路可以达成这样的品质。然而，常态的个性建构包含有虚假的品质，它们试图模仿真正的品质。阿尔玛斯（1987）写道：

> 个性是“假珍珠”。每个人都记得人之初本性的失落，都努力效仿它，都试图以接近本真态的方式去行动、相信并感觉。不久，他就在骗自己、也骗别人了。相比而言，有些人做得过一些，有些人做得好一些。个性其实是骗子，试图取代本真（p. 127）。

我们在这里看见创造虚拟世界需求的源头。我们的心灵在发轫之初就备有欺骗的性质。从难以避免的分离、饥饿、疼痛中，我们分割自己的感知，幻想我们仍然享受着业已失去的爱和安抚。此间，最早的原始自我结构就生成了。这就是梦幻世界的发端，也是不断寻求满足的开端。

第四节　数百万计的 MP3 与缺失的“我的个性”

在意大利一次网络音乐的讨论会上，一位年轻人问讲演人：“我们现在能下载任何艺术家的全套作品，却留下一个问题：我们喜欢什么呢？”这个问题概述了技术社会的整个历程，它给我们无数的选择，却不给我们提供造就一个可靠个人身份的工具。

在《选择的悖论：为何多即是少》（*The Paradox of Choice: Why More Is Less*）一书里，巴里·施瓦茨（Barry Schwartz）断言，富裕社会里大量的选择造成瘫痪而不是解放。选择使人觉得不满意时，比较多的人会感到遗憾。结果不完美时，不现实的期望导致自责。选择的爆炸性增长和失望可能导致压抑。淹没在许多选择前时，我们可以对各种选择的特征进行比较，这使我们维持在浅表的信息水平，却没有进入我们需求背后的深度。我们的选择被市场驱动时，我们被骗了却相信，我们知道自己是谁，知道我们想要什么。

此时，我们觉得自己很特别，在进行独特的选择。工业为我们提供了选择和个性化，它们模拟的是对我们身份的承认。为了被社会接受并获得成功，我们必须要别具一格——但仅仅是在可接受参数范围内的别具一格。

那么，个人的偏好是如何形成的呢？我们的音乐偏好反映了我们个人的性格。音乐贯通并连接心灵、情绪和精神。我们喜欢什么音乐取决于我们是什么人——这是很难靠下载千兆字节的音乐找到的。

音乐与我们基本的品行共鸣。如果我们不承认并接受我们的内在力量，我们对动感强劲音乐的欣赏是很难深刻的。如果我们没有感觉到自己的脆弱和温柔，甜美感人的音乐是难以荡气回肠的。同样，在交互的反馈中，音乐有助于我们认识和滋养这些品格的成长。

真正的自由容许我们做出真正的选择。然而，产业界提供无穷多的 MP3 选择，我们营造自己的网上形象时，灵魂的真正需求又受到音乐产业的操弄。因为我们认同我们的所知、所想、所信，即认同塞满我们心灵的既脆弱又不真实的东西，所以我们就相信信息有助于界定我们的个性。

第五节　对机器的依恋

自我个性（ego personality）与其依恋的对象绑定，借以维持自己的完整。如果我们的锚泊地和生活偏好是互联网，我们就会依恋它。

谷歌推出它邮件服务系统的另一款特色 gmail 时，其介绍词是这样的：

> 我们尝试与人聊天，常常却没有回应，因为他们离开了电脑吧？或者是另一种情况：你正在聊天时，他们需要离开，但你还需要告诉他们什么事情——真正重要的事情，比如你已搬家，你要会客……或你要吃冰激凌。我们需要冰激凌！这就是为什么我们找到了一个办法让你和朋友聊天，即使他们离开了电脑也可以聊。现在，有了这个新特征以后，你就可以直接在 gmail 里发短信，让聊天维持下去，gmail 把即时通信和短信的最佳部分结合在一起：你在电脑的安乐窝里聊天，你的朋友可以在手机键盘上敲出他们的回信（Direc, 2008, for Google Blog）。

在一个小小的段落里就读到这么多表达需求、放弃、依恋、滋养的单词，令人吃惊。这段文字像是婴儿在发声，他抗拒与呵护关注他的对象分离。在这里，我们的对象关系迁移到谷歌母亲身上了，她用无穷长的脐带养育我们，那是任何手机任何地方都可以直达的脐带。生成心理依恋的爱和性在网上复制了。第五章描绘的网络处女以及交友网站和色情都依靠这个需求兴旺起来了。

“猴子摇滚性爱器”网站写道：“虽然它不能拥抱你，熊抱你，但你对它产生情愫，却是完全可以理解的。”日本已开始用机器人照顾和陪伴长者，人们注意到，长者对它们有了感情。如今，连关爱、感情和性也用机器媒介化了。这是现实加速数字化的一部分。

第六节　镜像需要

心灵有一个他人为自己提供镜像的需求。在建构身份感时，被看见并被确认我们真实的本性，这有助于我们确认真实的自己。所以，在线分享我们的生活使人觉得被看见、被理解了，大多数人并没有得到这种充足的反映——童年或成年以后的生活中没有得到这样的反映。

社交网站上和聊天室里有一个默认的协议：彼此得到的多半是积极的反馈。否则，我们可能迅速阻止某人联系我们，移除不支持我们期望的任何东西。大多数互联网用户是侵犯自己隐私的共犯。谷歌和脸书都知道，人们需要炫耀、分享和反馈。互联网用户越来越多地把博客和社交网站用来显露自己的思想、照片和私密生活。这似乎显示，如果没有被看见或上传，没有接收者来确认其存在，行为或思想就没有价值。

在网上放弃我们的隐私似乎是一笔好买卖，换取了向世人表现自己的机会，还填补了过去镜像不足留下的空白。然而，这可能成了又一个内在自我形象——如果纯粹由心理驱动，它和其他任何自我形象一样都是不一致的，因为自我表现被认为是自我理解的障碍。

我们的个性和自尊的线上建构只能到此为止，给我们留下不稳定、不可靠的感觉。因此，我们渴望更多的肯定，因为外部的信息输入绝不会为我们整合出一个可靠的身份。被别人看见和欣赏，固有的价值被认可，经过这个必要的阶段以后，我们需要自省。实际上，通过感知并确认我们的内心世界，我们造就了一个更深刻的身份，远离来自外部的确认了。

第七节　母亲的喂食与父亲的限制背景

谷歌邮件服务器的说明词先提出几个简单的数学题，随后用大字标题写道："停止发送你会后悔的邮件，单击'发送'进行验证，你的精神状态良好。"换言之，它防止你在醉酒或不清醒的状态下发邮件。谷歌实验室推出邮件服务器，以"防止许多人发送事后希望不曾发过的邮件……在默认状态下，谷歌邮件服务器只在周末晚间活跃，因为那是你最可能需要它的时候"（Perlow, 2008）。

谷歌以妈妈的温情用无穷的信息喂养我们，除此之外，谷歌现在又获得了父亲的角色，他规制和设定限制条件。谷歌一如既往低调推出这个简单的软件，但它标志着对我们意向和内心生活的干预开始了。谷歌是否保存我们的考试成绩，他们用这样的信息做什么？这倒是饶有趣味的问题。也许，他们会打戒酒广告或食品补充剂广告以预防酒精中毒吧。当然，这个邮件工具本身有价值。一个简单数学问题给你一个有益于健康的停顿，可以转移我们的思绪，给我们重新考虑自己意向的空间。（对酗酒者会启用该功能或长久使用该功能，我表示怀疑。）

然而，至于如何阻止快速的思绪及其所生的行为——那样的技术手段是不存在的。任何软件都必然为杂念提供食粮，而不是阻止杂念。唯有我们意识"肌肉"的发展能阻止我们的冲动。醉酒无意识状态最需要的是，醉酒人停下来反省，或待在无人的空间里，用低技术的活动比如冥想和自我探询来改变思绪。

把数学能力和克制联系起来是一个文化标志，这个文化把理性化和好事情联系起来了。但两者未必是相互联系的。比如，我总是善于数字，即使醉酒也能毫无困难地回答数学题。而正确回答数学题并没有揭示我的心理状态。我仍然可能是冲动、愤怒、开罪于人的或不理智的。但慢下来接受测试有助于我们更清楚意识到，即将发出的邮件究竟写了些什么。如果我们的信是邮寄的信而不是电子邮件，那就有时间组织思路。而且，握笔写信迫使我们多思考，同时寻找信封、邮票和邮筒又给我们更多时间考虑措辞。

我不是说，我们应该回归蜗牛信，但用纸笔写信的过程提供了一种仪式，给予我们消化意向、思想和感情的时间，容许我们提炼我们与收信人关系的价值。线上交流容易，这和反思所需的慢节奏不兼容，因为反思要调动记忆、情感和情绪。生理学不观察处理速度每两年翻一倍的摩尔定律。与我们自己的心相连是一个缓慢得多的过程，比冲动之下说出想法要慢多了。

第八节　沙塔崩解：走向精神分裂

罗纳德·莱因是一个有争议的精神病学家，他领导了反精神病学运动。他把存在哲学和精神治疗结合起来，用新的视角看精神病的性质。他最著名的书《分裂的自我》（*The Divided Self*, 1959）对日益常见的个性做了这样的描绘：

> 精神分裂患者生活在黑色太阳、邪恶目光之下，在他自己的审视之中……这个“自觉的”的人陷入困境。他可能需要被看见被承认，以维持自己的真实感和身份感。然而同时，他者对他的身份和真实性构成威胁……因此，他禁不住要寻求伙伴，却又绝不允许有他人在场的情况下让自己“成为自己”……那个自我主要是与他的幻想对象相

> 联系，它很大程度上是幻想的自我，最终将灰飞烟灭……失去现实以后，它失去在世上行使自由选择的可能性。

莱因《分裂的自我》问世五十年后，研究报告《虚拟现实诱发分离感，降低客观现实里的存在感》（*Virtual Reality Induces Dissociation and Lowers Sense of Presence in Objective Reality*）显示，“由于接触虚拟现实，分离性体验（去个性化和现实感丧失）增加，在客观现实里的存在感减少”（Aardema, 2010）。凯莱奇（Kelleci, 2009）对两千多学生进行研究，其报告《上网青少年的精神病症》（*Psychiatric Symptoms in Adolescents with Internet Use: Comparison Without Internet Use*）发现，“青少年上网与比较严重的精神病症有关系”。

技术迷认为这样的研究支持独裁，他们可能会讥讽说：为了预防这样的精神病症，我们应该禁用互联网。固然，禁用互联网不是解决办法，但对于逃避现实、主要生活在精神世界里的人而言，限制使用互联网倒是可取的。我不是暗示，勤于思考、想象活跃的孩子应该被压制——那不利于支持未来的艺术家和天才的发展。真正的艺术并不仅仅是心灵的产物，而是身体、头脑和心脏以及灵魂的深层品质整合的结果。很长时间待在屏幕媒介前的孩子需要扎根在现实里。如果鼓励他迷恋屏幕媒介，那就像是在肥胖症孩子的冰箱里塞满垃圾食品。

强烈认同感的构件还来自和他人的联系，来自他者对我们的了解。没有这一点，我们就遭受生存的不安全感。用莱因的话说，我能辨认很依赖互联网的网民，他需要通过神经网络被连接、被看到——但仅仅是在某种程度上、在安全距离上被连接、被看到。他的网上形象和他联系的人多半是他映射的对象，以及他想要喂养的自我形象。聊天、论坛、博客和社交网络支持他身份的方式很脆弱。无论他是否意识到心灵底层的虚空，他都紧紧抓住世界的数字化呈现，害怕失去它。

现实的数字化正在被用于一切人类活动，结果，我们主要生活在自己的心理投射中，我们的心理投射由数字技术媒介化了。线下现实比较慢，也许还乏味；相反，网上轻轻一点就把冲动和满足分离开来了。我们对自己网上呈现的身份就像是与我们自我的认同。两者都是心理的建构，都缺乏实质内容，一想到失去实质内容，我们就感到沮丧。

丹娜·沃克（Danna L. Walker 2007）在《华盛顿邮报》（*The Washington Post*）撰文报告，拔掉电源插头退出互联网有困难。一个学生说："有一天有那么一阵子，我觉得无家可归。我在街上溜达，无处可去，简直不知道下一刻要做什么。"这样的失落感正是把我们与媒介拴在一起的锁链。如果我们的认同感主要是在网上造成和维持的，对失去网络的惧怕就构成真正的威胁。硬盘崩溃而没有备份，病毒神不知鬼不觉地毁坏我们的数据，某人盗取我们的密码——这些都是浩劫。

亚历山大·洛温根据生物能心理特征对人进行分类。莱因描绘的情况与精神分裂性格类似，精神病人往往减少与自己身体的接触，基本上生活在心理层次，把思绪和情绪分离开来，规避和他者的直接接触。

类分裂个性（schizoid personality）是最早形成的性格解构之一，源自出生后几个月里的情感剥夺。在发达的市场社会里，类分裂个性相当普遍。在这里，父母的工作节奏剥夺了孩子充分心理成长所必需的身体和情感接触。类分裂个性生活在心理和想象中，与身体脱离；它与世隔绝，与当前分离的生活兼容，一切需求都是个性化的——给市场经济添油加料。在那样的空间里，我们还是可以和社会联系，但那是用技术小玩意儿和社交网络躲在屏幕后进行的——它们利用我们的参与谋利。

连我们的技术都更加"分裂"了——多了疏离性，少了物质性。无线连接、Wi-Fi、GPS 提供的通信方式与物质世界是脱离的。分裂状态给我们的个性打上烙印，需要一个统一的动力。吊诡的是，信息本身显然既是黏合剂，同时又总是让我们的心灵认同某种东西。既然信息能改变我们认同的形貌，脆弱的类分裂个性就可以不断被信息构形（和操纵）。不过，统一是虚幻的——通过信息，我们并不能建立一个有感觉的身份的核心。分裂的个性需要不断输入的信息流，以让人认同，以避免虚空感的威胁。因为在高级修行的精神状态下，虚空感是福，但它使自我意识感到恐惧。

第九节　他者作为意象

互联网向着图像和视频文化前进。社交网络和聊天室里的人成了小图片的表征、屏幕上滚动的概念。“朋友”在点击之间来来去去。工具能扫描人，但不能给人“社群”的感觉。把人视为物体曾经是色情的专属领地，如今，这一观念已延伸到其他的网上链接。

互联网凸显了一种心理倾向。我们把我们内化的对象关系属性映射到他者身上——多半是无意识的。互联网可以清楚证明，他者是我们心理的对象，但这并不能使我们意识到我们内化的客体及其形成方式。心理健康依靠健康个性，分裂个性不能养成健康个性，分裂个性主要生活在梦幻世界里，缺乏与他者的真实关系，也缺乏与自己身体的关系。

第十节　与身体分离

苏茜·布莱特（Susie Bright, 1992）采访人际互动专家布兰达·劳莱尔（Brenda Laurel），劳莱尔谈及她看身体的观点，以及人们在信息技术里的性别取向时说：

> 我和计算机领域的人打交道十五年，我知道，有一群人是我们所

> 谓的呆子，他们对自己身体和性的感觉是极不舒服的。有男人告诉我，他们搞计算机的原因之一是逃避在美国身为男人的社交生活——尤其要躲避女人。这些人不错——不讨厌，只不过是害羞、呆子气而已。男人说虚拟现实时常用“体外经验”“离体体验”之类的话。他们所说的“体外经验”不是某些东方神秘主义者或秘鲁印第安人那种方式的体验。他们的意思是，如果你用屏幕遮掩，你就看不见空气污染。这是西方工业化“让我们支配地球”那样的心态。女人说虚拟现实时常把自己的身体带进另一个世界，其意思是，把这些美妙的感觉器官随身带，我们的脑子飞快浏览网络时，不要让我们的身体佝偻在键盘上。身体不是我们聪明才智的简单的容器（p.66）。

从我自己与信息技术人打交道的经验看，有些人看待生活事件时无法跳出他们的“数字化”态度。有些成功人士面对威胁生命的疾病时，或儿子上网成瘾时，仍然不愿意重新考虑自己的生活态度。另一些人口服精神治疗药物勉强对付。他们向外眼望八方，就是不向内看，把任何问题都当作技术问题来处理。充其量，他们看看医生，让医生开一点化学药，以调节他们神经递质的信息系统。

传统上，克服与身体的认同一直是神秘主义的路径，不过，只有在完全整合身心连接并完全意识到情绪和身体的感觉以后，那样的境界才会出现。基督教传统里的圣人主张与身体分离，即使他们对上帝的态度也无法逃离充分的身体感觉，即使这样的感觉像“魔鬼的诱惑”。在我们的社会里，历史形成的身心分裂因长时间使用计算机而进一步撕裂，在那种情况下，身体只受到最低限度的调动。

神秘主义者说，精神状态升华时，与身心的认同淡出，取而代之的是更广泛的认同。

> 一个人疯狂爱上上帝后，他能把上帝称为父、母、妻子吗？他深爱上帝，爱到发狂。他不再有责任，不欠债，不再意识到自己的身体，通常他和身体是紧密联系的（Ramakrishna, 1963）。

互联网到来以前很久，麦克卢汉就预料，新技术的人将失去与自然接触的直接经验。于是，“无论是否服药，你都倾向于自由自在地漂移进危险的抽象地域”（p.95）。他仿佛看到一个人坐在“信息控制室”里，处理来自世界任何地方的信息，让自我爆炸，成为分裂的人：身在一地，心散落在许多地方。这使他与身体的联系分裂，威胁着他的身份认同。

> 无形无象之人无体重，像失重的太空人，但他的移动要快得多。他失去了个人身份的感觉，因为电子感知不和任何一个地方关联。他陷入了电视技术释放的杂交能量。他在空想的“现实”中呈现，他的感觉被提升，到了吸毒上瘾那样的高度。作为外形的心灵沉入背景，在梦境和幻境之间漂移。梦境与真实世界有一点联系，因为它有一个真实时间和地点框架（通常处于真实时间里），幻觉没有这样的联系。到了那个地步，技术就失控了（p.97）。

我们很容易分辨网瘾和麦克卢汉以上文字描绘的虚拟世界（如“第二人生”）。亚历山大·洛温（Alexander Lowen, 1995）感叹，多年来，在整合性和活跃度上，他看见病人的身体一直在恶化。老式的歇斯底里病人“几乎不见踪影了。歇斯底里病人不能应对情感；精神分裂的病人没有许多情感。今天，大多数人与自己的身体分离，很大程度上生活在自己的脑子里或自我中。我们生活在利己文化或自恋文化中，在此，身体被视为客体，心灵被视为高高在上的控制力量（p.291）”。

第十一节　分裂状态是一种本体状态

由于身体、心灵、灵魂的完整性失去，人必然成为分裂的人。历史上，身体必须预防猎食者的捕杀和环境的危险。因此，身体必须要披上肌肉和外层延伸的保护甲——保护甲扰乱了意识，身体必然要通过技术来延伸，无论这技术是长矛或手机。正如心理创伤的反应一样，本体失落的恐惧需要与身体拉开距离。

野兽不会把创伤症状紧缩在身体里。一旦危险过去，它们的力量就迅速恢复；相反，人遭遇身体疏离、麻木和冻结的风险。如果我们不用特效创伤愈合术来度过心理创伤，我们就可能使创伤在灵魂里挥之不去。彼得·莱文（Peter Levine）的身体经验创伤疗法（Somatic Experiencing, 1997）就是这样的治愈术。

第十二节　眼睛、耳朵和全球部落主义

1964 年，麦克卢汉预见到全人类的连接，“在电力时代，我们身披全人类，人类就是我们的肌肤”（p. 47）。肌肤是我们与他人的边界，是界定我们肉体身份的最后一个表层。“身披全人类”意味着，我们的身份是集体的，不再驻留于一个界定分明的“我”里。在胚胎发育期，肌肤和神经系统都通过外胚层发展，都传导电流。

用占星术象征的话说，海王星掌管双鱼座、肌肤、神经系统、想象和幻想——一直延伸到迷幻药。海王星应对大众的运动、集体意识的运动，

而集体意识和个体意识是对立而互补的。工业社会最珍视个人的身份和选择；但历史地看，身份认同并非总是像今天这样被珍视。个人主义和对个体的强调是相当晚近的现象。

在原始社会和部落社会，以及一些发达国家里，个体和集体的关系比个性重要。麦克卢汉把一个脱离感官世界的人定义为“书面文化人”，与之相对的是带有宇宙视角的部落人。但正是这样的脱离给予他摆脱氏族和家族约束环境的自由，结果他通过专门化而获得新力量，获得从氏族、家族或部落分离出来发展个人身份的自由。

麦克卢汉还把与听觉空间相连的社会界定为“部落”社会，这样的社会不是和书面文化刺激的视觉空间相联系。在听觉空间里，中心无处不在。这造就广泛的参与，却使目标不可能确立，因为没有明确的方向。麦克卢汉认为，视觉空间是连续性的、会聚性的。视觉空间倾向于造成一个视角、一种观点和一个目标。“在一个一切同步发生的世界里，难以产生一个固定的观点。在一个变化之快超乎你想象的世界里，难以产生一个可以实现的目标”（McLuhan, 2005, p. 237）。部落人生活在“一架暴虐的宇宙机器中，其暴虐性远远超过了重文字的西方人所发明的一切机器。耳朵世界的拥抱性和包容性远远胜过眼睛世界的拥抱性和包容性。耳朵是极为机敏的。眼睛却是冷峻和超然的。耳朵把人推向普遍惊恐的心态。相反，由于眼睛借助文字和机械时间而实现了延伸，所以它留下了一些沟壑和安全岛，使人免受无孔不入的声音压力和震荡”（McLuhan, 1964, p. 156）。

通过互联网，我们来到延伸的地球村。在这里，我们不停地与全人类连接。通过信息爆炸，这个地球村就像是回归了“无情的听觉压力和回响”。许多作者用近乎神秘主义的口吻讲述互联网，假设有全球心灵和高度互联的意识。在 19 世纪 90 年代中期，我也是互联网迷，用类似的口吻出书撰稿，仿佛互联网是期待已久的消化酶，能提升全球意识。

但耳朵部落人的世界代表的是一架暴虐的宇宙机器。一方面，它打开通向宇宙的大门，另一方面，把个人经验包容在受局限的部落世界里。通过集体仪式（如今在观赏性体育运动、狂欢里发生，在火人节和政治集会之类的重大集体事件中发生），部落人能体验共享的意识，但他们的社会经验局限于部落规定的社会规则，那是严格界定的规制。部落人实际上害怕，离开部落会威胁他的身份。

在电子地球村宽泛的部落主义里，我们通过互联网无处不在的链接复制宇宙机器的暴虐。一方面，这把我们的关系延伸到全人类的范围；另一方面，它又把我们挤压进一个“压力和回响”的信息世界，这是我们无法规避的世界。在扩大的地球村部落里，我们的神经系统需要对信息泛滥保持麻木状态——造成前文字的人所特有的无聚焦的个人视角。

数字部落主义不允许一种清晰个人身份的定义。即使“我们身披全人类，人类就是我们的肌肤”，需要我们个人的身份，但身份的构成需要的不只是线上的反馈。线上的反馈反映的是我们在互联网里的镜像，我们通过数字媒介互动并分享经验。人的联系本来是形成个性的真实需要，现在却被技术替代了。就像任何真相的反映一样，这些互联网镜子是虚的，只能生产脆弱的个性。

正如在部落社会里人人的一切都广为人知一样，如今在社交网站上，我们大量传播我们个人的信息：普通的、社会的、职业的和私密的信息。我们生活和情感存在的证据再也不是在我们心中，而是在互联网上。互联网公司从我们在网上的存在中谋利，它们研究我们集体心理的走势，以便使自己广告的指向性更加高效。

这个延伸的部落绝不是参与式的、民主的社会，我们有领袖和酋长。谷歌就像是部落里的巫医，严格保守他魔方魔药的秘密——表现为决定页面排名的算法——并根据自己的专用规则分配权力给不同的网站。

第十三节　作为媒介的心灵

麦克卢汉把技术视为我们身体的延伸或自我截除，他认为那喀索斯自恋式地麻木了。

> 人适应了自己的延伸，成了一个封闭系统。这个神话的要义是，人立即被自己在任何材料里的延伸迷住……这才是那喀索斯神话的意义。这位少年的形象，正是刺激的压力所造成的自我截除或延伸。作为一种抗刺激机制，他的形象产生泛化的、难以觉察的麻木或震撼。自我截除不容许自我认识（p.41）。

每一种技术都有双重作用，既是我们器官的延伸，又使我们的器官麻木。计算机集成一切先已存在的媒介，使之延伸成为人类总体心灵的延伸和截除。在研究、信息和知识处理上，计算机技术拓展我们智力的可能性，同时却麻木我们的其他能力，比如自我认知。由于无处不在的信息可以访问，记忆再无必要，深度分析也没有必要了。经过多年不断增长后，我们在过去几年似乎已经达到智能的顶峰。

在应对信息技术时，心灵禁不住忙于寻找、交流和细化信息，反过来又进一步产生信息。在此过程中，计算机使我们麻木，我们不能从见证者的视角观察我们的心灵了。

我们对心理机制和身心系统的觉察反而降低。身体被麻木了，脑子只转向外部刺激，阻碍了自我观察和内心聚焦的能力，削弱了可能引向自我理解的正念（mindfulness），计算机是脑子的延伸，它外化脑子的工作，却妨碍佛家意义上“心”（mind）的认可。这里所谓“心”是思绪、情感和感知的整体的心灵。

计算机这种媒介把我们的心灵映射到互联网上，使我们着迷，我们像那喀索斯，成了一个封闭系统，被我们在互联网汪洋大海里“导航”中反映的形象麻木了。我们对自己在博客、神经网络、交友网站、论坛里反映出来的形象着迷，我们陷入了信息回路。因为我们不从内部去认识自己，我们就寻找外部镜像，在无穷的镜像游戏中失去自己是谁的感觉，就像那喀索斯、连回声女神的爱都不眷顾了。

当观念脑诞生时，我们失去了原初的自我实现。我们的经验被过往印象形塑，我们失去了认知的即时性。这样的情况在降生不久的婴儿身上就发生了。有意无意地，我们终身都为重获原初的自我实现而努力。但我们把走向灵魂完满的原初驱力整合为对外部填料的搜寻了。

如果计算机是外包心灵功能的工具，心灵本身也可以被视为“媒介”，因为计算机延伸灵魂，诱发麻木，使我们意识不到心灵是什么——心灵是灵魂品质的外部反映。心灵是在“截除”中降生的——所谓“截除”是脱离与存在融合状态产生的震撼。这造成麻木，麻木状态不容许我们认识自己的本真。心灵导师说我们睡着了。若要醒过来，那就需要观照心灵本身——通过冥想和内部探索来辨析与反省。

正如梦境预防我们醒过来，把外部噪声当作梦境的组成部分一样，虚拟世界的梦境使灵魂的内省力进入“睡眠”状态，使自我观察难以进行。这防止了我们的灵魂超越心灵。也许，我们感知到一个遥远的回声：观念脑不过是灵魂造就的媒介，我们把观念脑外包给计算机，使我们从观念脑中解脱出来。

但凡是能被刺激并被带到体外的东西并不是真正的“我们”。如果我们能用人脑设计的技术来复制一些思维能力，那就意味着，我们是高于这个层次的存在，尤其要高于那个层次的意识。与之类似，如果我们能观察心灵，我们就能超越心灵。心灵导师说，我们是全球意识的一部分，全球意识又是和我们具体的身心联系的。当然，全球意识不能外化到一种媒介里，它不是互联网的蜂巢脑——仅仅是在心理层次上模仿蜂巢而已。

心灵是从生存的整体状态中分离产生出来的，是灵魂的延伸或假体，灵魂试图重获失去的东西，这些东西是在不停的心理活动中失去的，是在假品性模仿真品性中失去的。心灵创造了信息技术，信息技术是心灵的延伸或假体，它模仿心灵，把心灵外包给技术。如此，信息技术像原初灵魂的映像之映像，使我们眼花缭乱，是“玛雅”的双重虚幻，既提供机会，又带来风险。也许，我们能用信息技术去觉察我们心灵机制的非现实性。如果不能做到这一点，我们将在信息技术令人愉悦的非现实性中失去自我，这将使我们离真相越来越远。

第十四节　无身份

信息技术支持我们分裂的状态，它还促成一个变化之中的身份，这个身份是由我们吸收的信息塑造的，也是由我们联系的极其众多的人塑造的。正如迅速旋转的五色球看上去发白一样，我们迅速变形的身份可能会使我们进入无身份（no-identity）的状态。

自一开始，互联网就与集体性联系，而不是与个体性联系，给予集体性超个人的前景。信息的创造和传播就像是集体脑的行为。软件是集体努力开发的，常常是处在公有领域。固然，脸书或我的空间之类的社交网络为个人表达自己提供了空间，却常常构成个人身份对松散集群的入侵。有几位赛博文化专家尤其在20世纪90年代论及因互联网而生的全球心灵（global mind）。

麦克卢汉（1964）预测，“电力技术”将生成超乎语词的全球一体的拥抱，这就是“世界大识大同的圣灵降临的希望”（p. 80）。“人们深刻联系，处在一切同步发生的场域，开始失去个人身份的感觉，因为身份一向是与简单分类和分割以及非介入的状态联系的。在深刻介入的世界里，身份似乎已烟消云散”（2005, p. 79）。

社交网络的顶点产生个人差异的弱化，使人们在互动的共同形式中同质化。也许，互相联系穿透一切的吸引力反映的是灵魂渴望的状态，个人的自我在那里融合。但那种状态的实现只能是通过意识处理而不是通过信息处理——彼得·罗素（Peter Russell, 1995）做了这样的说明。

在《失控》（*Out of Control*）中凯文·凯利引出蜂巢意识（hive mind）的概念，这是个体间心灵互动产生的超级有机体。个人的心灵退入阴影。因为“生活是网中事——分布式的存在，是时空里延伸的有机体，不再有个体的生活。”马克·斯洛卡接着写道，“全球超级有机体的整个精心设计的隐喻，就像大多数怪异的隐喻比如第三帝国、无产阶级的乌托邦一样，建基于合理的前提和确凿的事实”（p. 98）。

自互联网问世以来，学界都强调集体智能、群众智慧——个人意识变形为寰宇意识的灰白反映，这样的变形是在精神修炼的高级阶段到来的。实际发生的是向实在、独特自我形成之前状态的回归。雪莉·特尔克对角色扮演游戏和网上电子游戏里的个性进行探索并指出，对象关系向计算机的迁移对年轻人的身份形成产生影响。有几位专家研究，我们网络身份的一个方面是线上生活抑制力的衰减。超我（superego）是专门控制行为和欲望的那部分心灵，在网络环境中，它对我们的控制力减少。没有超我的压力后，我们就能探索通常处于阴影中的那部分自我。

用假身份的现象在互联网初期比较常见，它掩盖我们的公众身份（部分来源于自我），同时被掩盖的还有超我。线上有两种互补的倾向：其一鼓励维持多重线上身份，其二把多重身份集合为一个中心身份。

还有一个倾向是实现统一，比如在开放式认证系统（OpenID）里的统一，即“在互联网上用一个单一的身份”；又比如在脸书网上，大多数用户选择用真名。与其他用户的关系可以匿名（虽然服务商和政府可以追踪我们的身份），不过，既然我们连接在紧凑的关系网里，匿名无助于我们社会身份的建构，社会身份是我们努力建构的身份。

精神研究文献和科学文献都显示，“我”是不存在的。神经科学没有发现任何可以标签为“意识中心”或“我”的住所。然而，大脑的每一部分似乎都在与其他部分交流，并没有一个协调中心。人工智能科学家马文·明斯基（Marvin Minsky, 1998）写道：

> 但如果脑子里没有单一的、中心的、主导的自我，什么使我们如此肯定，自我存在呢？什么赋予这个神话力度和力量呢？一个悖论是：也许那是因为、脑子里没有人要我们做我们想要的事情——甚至没有人是使我们想要去想——我们建构我们位于自己体内的神话（p.40）。

无意之间，明斯基的悖论揭示了一个更深刻的道理。心灵导师克里希那穆提（U. G. Krishnamurti, 1982）问道：

> 你的身上是否有一个你称为“我”“心灵”或“自我”的实体呢？是否有一个协调者正在协调你的看和你的听，或正在协调你的嗅觉和味觉呢？是否有任何东西把源于单一感知比如眼睛的神经冲动流和各种感觉联系起来呢？实际上，任何两种感觉之间都有一条沟壑。协调者弥合这一沟壑：“他”确立自己是连续性的幻觉。在自然状态下，没有任何实体负责协调不同感官的讯息。每一种感官都以独特的方式运行。外界来了一个需要，使协调一个、两个或多个感官且做出回应成为必需时，协调者仍然是没有的，但暂时的协调状态却是存在的。没有连续性；一旦需求被满足，剩下的又是感官不协调的、不连接的或

脱白的运行。这是永久的状况。一旦连续性被炸裂——其实连续性不曾有，有的是虚幻的连续性——连续性就完结了，一劳永逸地完结了（1982, p.65）。

神经科学还认为，没有什么意识中心，但它看不到除此之外的任何东西，它把人放到软件程序的层次；软件程序是各种模块交换数据和操作的层次。正如意识导师（teachers of awareness）所言，自我是一种错觉，是维持个性的一个实体，是思想、意念、希望和情感的集合；由于不断的活动，这个集合产生一个指导者的错觉。同时，互联网上源源不断的信息流与我们的亚个性互动也产生连续性的幻觉。

连心灵导师也说，“我”是不存在的。他们多半承认，有必要建构一个有结构的个性，以便超越它。精神综合法（psychosynthesis）之父、超个体心理学的灵感人物阿萨乔利（Assagioli）把不同精神部位及其整合的概念应用于精神语境。在阿尔玛斯的金刚乘（Diamond Heart school）里，到了一个修行阶段，本真的自我，那《无价的珍珠》（*Pearl Beyond Price*）形成平衡、圆润和完整的个性。

“珍珠”不同于自我，它是真东西——建立在真实的品质上，真实的品质在人身上整合，具有个性的、独特的味道。“珍珠”不是我们心灵里的精神意象，也不是其中的对象关系。由于意志、同情、力量、智慧、喜悦和平等品质的支持，“珍珠”会生长，为了在我们的灵魂里整合，我们必须要承认、感知和探索这些品质。

有趣的是，网络游戏的化身里放进了一些基本的个性特征，我们可以在“忍耐”“智慧”“力量”和“意志”等品质上得分。

第十三章

知识的处理

科学建基于通达知识的一种特殊方法之上。科学家认为，唯有客观的知识才有价值。客观性的神话无处不在，它甚至被用于主观而内心的学科比如心理学。主观经验一般认为是“孤例”，不值得进一步研究；因为独特，不能在实验室里复制。

在科学探询里，笛卡尔寻找“清晰而明白的感知”，将其作为科学方法的基础，科学方法是独立于先前主观思想和情感的方法。他的探询程序用上了沉思技法，不过，这一方法不同于彼时接受的学问方法，也不同于东方冥想的形式比如内观（vipassana）或禅修。笛卡尔暗示，每个科学家从事任何探询时，首先要清空一切先入之见。

历史表彰他是科学方法之父——或责怪他把身体与灵魂分裂。不过，科学家从未真正采纳他的沉思方法。笛卡尔的探询停止于“我思故我在”，令人扼腕。倘若他再走一步，他可能就达到“我见证我的思想，因此我不是我的思想”了。

第一节　客观性君临一切

现代科学建立在复制和客观性的基础上——这是理解牛顿物理世界的基础——这一原理导致巨大的科学技术发展，却从未开发出理解意识、灵魂、心灵或存在的工具。给意识定位的问题（困扰着具体的神经科学）似乎难以捉摸，对否定内心生活作用的研究方法而言，这个问题的确是难以捉摸的。

现代科学认为，个人的主观品质会污染科学发现的“纯洁性”。在这里

我们又看到，客观性宰制的最初理由与《圣经》有关系。既然人是按照上帝的形象被创造的，他们就可能求得近似于上帝对自然的看法

根据《圣经》，人是在创世的最后一天被创造的，和被创造的其余世界分离。因此自然是可以被人客观认识的。既然人的心灵是仿造神性创造的，它就有认识上帝创造宇宙的潜能。因此，如果采用上帝创世那样的客观视角，人就应该能够客观认识世界，维持与自然世界的分离。（我们不应该忘记，笛卡尔提出他的科学方法，目的是要人们理解并发现上帝的创造。）

但是我觉得，还有一个因素使主观性进一步信誉扫地。亚当、夏娃用自己的主观能力进行选择，而不是服从上帝的规定，因此犯了原罪。于是，最好不要信赖主观性，而是依靠客观性、数据和精确的数字设备。如此，西方排除了从科学探索知识的内心主观渠道，把这些渠道让与哲学或宗教——不赋予它们信誉，否认它们是达至真理的可靠渠道。宗教和科学瓜分了领地：科学分得外部，宗教分得内部。有时，宗教和科学爆发边界冲突，但千百年来，这一非文字协议运行良好，宗教和科学相安无事。

艾伦·华莱士（·Alan Wallace, 2000）分析了客观性上升的历史。他描绘了科学发现和沉思发现的差异。科学发现是客观的和公共的，沉思发现是主观的和私密的。即使在科学家之间，研究导致的发现是否准确可靠，也没有完全的保证，因此对同事工作的信任是基本保证。唯有在类似的实验室里重复了同样的实验，完全的保证才是可能的。华莱士断言，如果科学家总是怀疑同事的工作，科学就会发展得很慢。他断定，同样的话语可以被用于沉思研究。如果社会珍视沉思经验，人们就会信赖古今最优秀灵魂的正宗性。

探索心灵导师的著作时，我理解，他们用不同的隐喻和语词描绘的却是同样的提升了的意识。这使我踏上自己的探索之旅。虽然有前人的宝贵教导，精神之旅却必须要个人亲自体验——从一开始就必须由每一位研究者亲自体验。如果只阅读有关文献，内心会几无所获。精神修炼之路常常

被视为模糊的、非理性的，甚至是需要精神治疗的（确有这样的病例），实际上是更加“科学的”，因为精神修炼之路从一开始就需要亲自体验，而科学则建基于对实验有效性的信任。

虽然智者的火炬照亮了精神之旅，但这条修行的道路绝不是线性的，它既是普世的，也是个人的。路途艰险，需要先行者的指引。在西方，心灵导师被人怀疑，所以研究者首先得克服社会障碍，要社会接受他成为修行的弟子。我们接受科学有关人生的表述的权威性，而有关人士对自己所说的东西并没有任何亲身体验（他们常常有经济诱因）；相反，我们却反对在修炼之旅上有亲身体验的心灵导师。

心灵导师被拒有若干原因，其一是制度化宗教对灵魂的垄断。基督教的讯息是，耶稣基督是唯一被指定来体现人神联系的神子，是唯一能用上帝权威说话的人。此外，我们的文化对个人主义的强调，以及 20 世纪 60 年代挥之不去的反权威的反文化立场，致使人们把权威误解为权威主义；其实，权威是源自生活经验的智慧。总体上，西方人不承认精神开悟的人。然而，在精神之旅上，指引只能来自拥有成熟品格和内心状态的人；这些品格必须要得到传播。虽然无师自通的精神修炼是可能的，但这样的例子难得一见。

科学在社会上干预的范围已经拓宽，包括了社会、道德、伦理含义的发现，但这些方面的发现常常得不到科学家内心生活的支撑。这使我想起一个佛传故事，一个孩子吃糖太多，母亲担心，求和尚以智慧说服孩子停止吃糖。和尚叫她半月后再来。母亲再访时，和尚对她儿子说：“吃糖太多不好。”母亲不解，问和尚为何不在半个月前说这句大白话。和尚答曰，他本人克服这一嗜好就花了一段时间。

第二节　内外知识的结合

有些科学家结合内外研究——毕达哥拉斯、达·芬奇、史威登堡（Swedenborg）、特斯拉（Tesla），以及《吠陀经》的古科学家。他们的意识状态（state of consciousness）有时导致自然科学的发现。但若要理解心灵、灵魂和意识的性质，那就更需要内心状态（interiority）的研究。

为了达成有效的意识理论（theory of consciousness），就有必要从内部去研究它，甚至是从超乎心灵的视角去研究它，从广义意识的空间里去观察它。认知科学和神经科学批驳心灵之外的存在状态，试图通过大脑的神经技术映射去发现意识。他们发现一切，唯独没发现意识的寻找本身。他们甚至比神秘主义者更隐晦费解；他们说意识因神经元连接的复杂互动而"出现"——这就开辟了一条路，甚至把互联网视为"意识实体"了。

大觉大悟者有关意识的教导的有效性已有千百年之久，科学的教导反而倾向于经不住范式变化的检验。然而，只有少数科学家欢迎神秘主义者的发现，说它们是值得研究的假设。当科学的权威受到挑战时，情况似乎是，我们必须在科学理性和信仰之间进行选择。但第三条道路是存在的。科学研究和内心状态的联系是可能的——这一联系可能会使科学丰富。阿尔玛斯起初是科班的物理学家，但他开辟了一条道路，其方法是探询，其技法是内心探索。他把心灵、情绪和感知结合起来，寻求真义。我的互联网杂志就物质问题两次采访他（Almaas, 2008, 2009）。

就科学家的客观性而言，他不否认科学的有效性，"因为我们个人的信仰和偏向，我们的主观性往往使我们的感知和知识云遮雾罩"。然而他认为，关于主观性，科学有一种不完全的直觉，因为"科学不注意，这种有偏向的主观性是自我的主观性，而人的灵魂是可以摆脱自我的”（Almaas, 2008），灵魂可以免于过滤，而过滤使纯现实的感知模糊不清。

科学家内心生活的演化对科学不重要，科学不区分自我的主观性和源于智慧的主观性。阿尔玛斯认为，“真正主观的和个人的——即源自个人存在之外的——个人的影响是罕见的，因而是宝贵的进展”。我问他，包含主观方法和客观方法的一种新的科学方法是否可能；当我们的灵魂成熟时，我们可以得到什么。他回答说：“用探询的话说，研究、识别、分析、综合等很有用，在任何研究领域都有用，但需要有一个条件，研究者整合这样的灵性能力，使研究、识别、分析、综合在任何领域都能起作用。”（2008）

阿尔玛斯认为，认识（真知或纯知识，古希腊人较高的知性）有一个神秘或直觉的基础，其中的认识和存在密不可分。自从西方思想把生存体验和认识对象区分开来之后，存在的源头就被放到神秘主义之下，被认为是神秘的、非理性的、不科学的甚至是反科学的。阿尔玛斯赞同说，客观知识应该免予认知者的扭曲，但“如果把主体从研究域里移除，以消除研究环境”（2009），走向客观性的道路是无法到达的。他认为，客观性的科学理解：

> 科学客观性并非真正的客观性，那是分裂样的隔离，是试图通过分裂样退缩来达到客观性的结果。因为我们不知道如何应对主观性，我们就堵死主观性。那曾经被认为是科学之道，有人甚至一直在心理学和灵修界鼓吹这一进路……客观理解个人经验的最佳方式不仅要通过探询研究对象，同时要研究主体。观察实验结果时，物理学家不排除他自己对结果的影响。他只是尽可能少干预，并努力改进工具。然而，当我们探询自己的经验时，我们不尝试规避干扰，只不过把自己的干预作为我们观察的一部分。我们的探索不仅要进入我们经验或状态的性质，而且要进入我们是谁的总体情况，包括我们观察或探索的那部分身心的性质（2002, pp. 356, 358）。

海森堡的不确定性原理也告诉我们，观察者和观察对象在根本层次上是不能分割的。

> 我们不能分割，因为认知主体只不过是存在场和意识的塌陷而进入认知自我……笛卡尔的科学哲学是一种近似值，类似牛顿经典物理学乃物理规律良好的工作近似值一样。现在我们知道，在物理测量尺度的两端，牛顿经典物理学崩溃了，在那里，广义相对论和量子理论取代了牛顿经典物理学，分别成为宏观和微观两个层次上更精准的理论（Almaas, 2009）。

在理解意识、灵魂和超越性上，笛卡尔方法的不足是显而易见的，因为这三个认识对象都需要第一人称的经验。阿尔玛斯相信，神秘主义有助于否定存在与知识的基本统一，神秘主义认为，精神知识“是模糊的、直觉的、神秘的、非观念的、不可言传的等等，相反，直接的神秘认知和详细的具体形式的认知是可以结合的，因为它们起初是多元一体的，是不二（non-dual）。这就是说，我们能掌握神秘知识——即认同的知识，而且这样的神秘知识可以是准确、清晰、具体和详细的”（Almaas, 2009）。

这样的认知渠道可能带来“科学的知识，即直接的知识，其意思是准确而详细的表现形式的认知”（Almaas, 2009）。同样，在探索过程中，观察自己反应、偏向和态度的认识主体产生越来越少的、轻微的主观扭曲，更接近客观性了。

> 我们发现不同程度的客观性，每一个程度的客观性都处在我们工作的主观框架中。换言之，如果我们用的框架是平凡世界里的框架，即我们乃分离个体的框架，那么，这个平凡世界框架里的客观真理有别于另一个框架里的客观真理：在没有分离个体假设的框架里，客观

真理是另一层意思。再者，客观性意思的不同取决于一个条件：我们是否假设，存在和非存在是两个对立的两极，抑或是不可分离的、共现的两种现象（Almaas, 2009）。

澄清扭曲的过程就像蒸馏的过程。“不再有分离的自我把持偏向时，客观性就完全了”（Almaas, 2009），因而超越了观察者和观察对象的二分法。这一研究方法把基于客观性的科学探询与直接知识联合起来。这样的新方法可以走向存在的发现。

纯知识（nous）是存在的，它植根于存在和认识神秘的合一，超乎分离自我的经验。

第三节　不知

“美国前沿网 2010 年度问题”（The Edge Annual Question 2010）询问 170 位科学家、哲学家、艺术家和作家：“互联网如何改变你的思维方式？”吸引我注意力的回答中有安东尼·阿吉雷的文章《洞察力的敌人吗？》（The Enemy of Insight?），他的文章和我产生强烈的共鸣，暗合我对知识的反思，以及洞察力之下的内心机制。

和大多数同事一样，我花费大量的时间连线上网。这是我研究生活里的核心工具。当我思考我所做的什么事情最珍贵——至少对我而言最珍贵时——那是偶尔生成对世界的创造性洞察。审视其中一些洞见时，我意识到，基本上没有任何洞见的发生和互联网有关系……我现在想，养成一种“不知”心态至关重要：感知到真实而有趣的谜题，愿意沉浸在那种迷惘与困惑中。困惑里玩中求乐的感觉，甘愿出误，挣扎前行——这是洞见之所以成为可能的关键之一。至于互联网呢？互联网不喜欢这种心态，它想要我们知道，想要我们立马知道：它的基本结构是应用户需要生成知识。我不担心，互联网怂恿我们用理解换信息（确乎如此），但它使我们太习惯于立即的信息满足。它明媚的光芒剥夺了我们在神秘的黑暗沃土里花时间的机会（2010）。

优秀科学和精神探询分享“不知”（not–knowing）的态度。笛卡尔本人用不知道的态度起步研究哲学，这使他发现了他的第一原理“我思故我在”。让我们看看心灵导师对“不知”的论述。

室利·阿罗宾多（Sri Aurobindo）这样评说开悟的心灵：“人处在难以言说的真理状态，并不知道有关真理的任何东西——质言之，这就是心灵的开悟”（Satprem, 1974, p.208）。

尼萨加达塔·马哈拉吉（Nisargadatta Maharaj）认为：意识与自己混合，那是三昧（Samadhi）。人什么也不知道——甚至不知道自己不知道任何东西——那是三昧（1985, p.6）。

奥修云：

这是神秘主义的终极悖论：携“不知”时，你抵达知，通过知你失去知。“不知”优于知。大学使你有学问；进入心灵导师的佛界时，你进了一所反大学（anti-university）。在大学里，你收获越来越多的知识和信息，你积累知识。在精神大师的反大学里，你抛弃越来越多的东西……直到你不再知道任何东西（1983）。

梅斯特·埃克哈特（Meister Eckhart）被教会视为异端分子，却在14世纪以后很有影响。他说：

> 导师们说，上帝是一种生的存在，有天赋的知性，他知道一切。我却说：上帝是生的存在，他没有天赋的知性，他不知道这或那、彼或此。如此，他不羁于万物——故他即万物（1995, p. 72）。

阿尔玛斯又说：

> 为什么我在这里？我去往何方？……这些问题是不能用心灵回答的。这些问题应该始终是问题。不要试图简单地在心里回答这些问题。它们像火焰。如果你用心灵回答，你就把火焰扑灭了，因为心灵不会灭火，心灵不可能知道这些问题的答案。你心里回答问题，以为自己知道答案时，问题已去而不回。你相信自己已回答这些问题时，火焰已被扑灭，探询已不复存在了（1990, p. 1）。

即使从神经生理学的视角看，为达至“尤里卡效应”，一个“不知”的阶段也是需要的（Pearce, 2002）。身处“不知”状态时，心里不舒服，因为我们的自我多半是与我们的“所知”认同。“知”使我们安心。所以每当我们渴望知道任何东西时，我们就用谷歌解渴。但正如阿尔玛斯所言，这样去做时，“火焰已被扑灭”。美餐有时要细炖慢煨——最好是用明火，而不是用电。谷歌相反，它努力避免“黑暗的神秘沃土”，避免慢吞吞给答案。

小的时候，我相信，某地某人能回答我关于世界和存在的一切问题。我相信，或早或晚，我将获得这些知识，这平息了我的认知焦虑。无论多么难以获得，知识总是存在于某地，这使我觉得：知识肯定是能获得的，仿佛就在空气中，只需装上天线就能接收到。彼时没有互联网，也没有谷歌，如今的它们几乎提供了人类知识的全部宝藏。彼时的我也不知道鲁珀特·谢德瑞克（Rupert Sheldrake）的形态发生场理论（morphogenetic field theory），遑论寰宇意识精神观，也没听说过人脑中储存类似阿卡西记录（Akashic records）的宇宙讯息。

当我们在谷歌网上立即搜寻到知识时，对发现知识的过程而言，发生了什么呢？谷歌同时既是我们发现答案能力的延伸，又是其截除。通过谷歌，我们骗自己相信，我们得到了答案。如果有任何答案来得不快，我们就焦躁，我们扑灭冒险渴求知识的火焰。知识给我们控制的错误理念，防御我们对意料之外知识的焦躁，而意料之外的知识是神秘的固有成分。

心灵的本性对未知感到不安。尝试求知——至少知道有答案——使我们感到舒服。我也有这样的经验。成年人的本事之一就是心怀不确定性的感觉。当我们对搜索引擎给出的答案感到满意时，进一步搜索的激情就被扑灭了。

即使我们能积极主动地从一次查询跳到另一次查询，从一个链接跳到另一个链接，这也会抑制我们持久的注意，而持久的注意则是连接内外知识之必需。现在的搜索引擎已被用于科学、文化、哲学研究，甚至被用于存在研究或精神研究。互联网把我们的注意力从一片信息引向另一片信息，不让它扎根于我们的内部世界，注意力能够在内部世界蝶化为内部知识。

搜索引擎的趋势是使问题更加对用户友好，确认共同的语言建模。尽管如此，谷歌用户的查询需要用户的直觉，去发现引向渴望中信息的搜索用语；他仍然需要辨识的能力，需要把注意力集中在问题上的能力，以及理解语言微妙之处的能力——根据门户网站所有者的统计，搜索者查询访问网页的方式时，这样的能力是罕见的。确保我们吸取所求知识的是我们的激情和专注力，它们的保证远比谷歌重要。

激情和专注支持发现、要求同步性，有助于我们的知识。（同步性一词系荣格创造，描绘两件不相连的事情因同时发生而产生一点有意义的结果。）集中注意力时，我们的一种意识邂逅另一种意识，实际上是意识与自己邂逅。吸引发现的注意力发生在许多相异的领域，比如科学、警务调查和内部知识。尼萨加达塔·马哈拉吉（1982）说：

> 一旦达成内部整合，你的外部知识自然到来。在生命的每一时刻，你都知道你需要知道什么。普世心灵（universal mind）的汪洋大海容纳了一切知识，那都是你的，有求必应。大多数知识你永远不必知道——尽管如此，那一切知识都是你的（p.385）。

网上搜索被设计得尽量简单。然而，搜索的功夫把我们与搜索场域联系了起来。谷歌界面上“我幸运”那个按钮骗我们相信，我们的查询即将结束。抵达查询终点具有本能的吸引力，使我们最终平息心灵里的噪声——伴随精神修炼是同样的现象。谷歌搜索这种探索是查询在心理层面的反映，但心灵不久又变得焦躁了。

脑子想要答案，而且想立即得到答案，相反，我们精神的本性是在“不知”状态中感到舒服。这种“不知”的状态是：婴儿好奇状态的再发现，并且和成年人的意识品质整合一体。克里希那穆提（U. G. Krishnamurti, 1982）做了这样的描绘：

> 这种状态是“不知”的状态；你真不知道你在看什么。我可以看墙上的钟长达三十分钟——却不注意看钟的时间。我不知道那是不是钟。心里只不过在问：“我看的是什么？”那个问题并没有真正成形，没有组词成句：我的整个身心就像是一个大问号，一种疑问态，因为我不知道自己在看什么。关于“不知”状态的知识——我学到的有关它的东西——除非有需求，一切都贮存在背景里。“不知”的状态处在“离合的状态”。如果你问时间，我会说“三点一刻”或什么其他时间——回答快如飞箭——然后我又回到“不知”的状态，疑问的状态（1982, p.62）。

无论谷歌的答案多么珍贵，保持疑问的状态和“不知”的状态同样重要。神秘主义者不像我们在现代生活里那样赋予知识特定的角色，尤其不分离二元性知识。

> 古之人，其知有所至矣。恶乎至？有以为未始有物者，至矣，尽矣，不可以加矣！其次以为有物矣，而未始有封也。其次以为有封焉，而未始有是非也。是非之彰也，道之所以亏也。(《庄子·内篇·齐物论》)

第四节　语词是仅次于静默的选择

灵修教诲常常断言，终极知识见于超乎语词和概念之处。精神研修者解构心理框架，因为心理框架主要是由思想、语词和概念组成的，它们构成一个严密的网络，遮蔽真相和现实。我们把自己的身份和语词及概念联系起来——这可能成为沉重的意识结构，误将地图当领地——于是，我们在观念地图的引导下走向生活。

大约一岁末尾，婴儿学会随意地放弃手握之物，开始学步。这似乎暗示，儿童放弃对物体的依恋，因为它们正在被观念层次的器物表征取代，即使这是初步的取代。

沉默可能会带有终极真义，概念对自我了解很有用。创新、准确和深刻的概念处理能穿透理解，把我们带到心灵和超乎心灵的边界。

> 语词既可能是障壁，也可能是桥梁，心灵形塑语言，语言形塑心灵。两者都是工具，用它们，但不要误用。语词只能带你达到其极限；欲往前走，你必须放弃语词。只维持你静默目击者的身份（Maharaj, 1982, p.451）。

走在精神修行路上的人可能会谈论“无念”（no mind）和超乎心灵。他们可能觉得，普通的心灵只不过是生物计算机。说得不错，但唯有让心灵充实，心灵才能被超越。无论如何，即使在精神开悟以后，心灵仍然跟着我们，所以最好要拥有精明而宽广的心灵，以便能更好地把我们开悟的状况和达至这一境界的道路向尾随我们的他人传递。手掌语词和辨析的明灯，我们必须超越语词和辨析，踏上实现之途（《楞伽经》*Lankavatara Sutra*）。

与此相似，只有在掌握了音阶以后，音乐人才能逃离音阶的结构去改进旋律。否则，他只能生成无意义的噪声。被约束的心能招致僵化和偏狭。如此，脑子就容易被民粹主义的口号和简单化的讯息操纵，它们撬动着最肤浅的情感。

互联网上很少有继续不断的、深化主题的叙事，有的是快速的信息消费，不珍惜语词和概念的潜力。语词是个人意识的基本媒介、连接我们与外部世界的工具。形象（无论动静）和声音被内化，共同转化为内语词和概念，用以理解内部世界和外部世界。

阅读是获取信息最具创意的方式。读书是我们的内部世界与其内容互动的过程。这个过程能使人充实，能改造灵魂。电视和视频以感觉的形式抵达意识，其速度不在我们的掌控之内。阅读容许我们决定吸收和反思的节奏。放慢速度、略有顿挫的阅读使我们能珍惜和代谢语词。书本能携带我们潜入深处，因为书本的进路温柔敦厚、充满敬意。像它的伴侣写作一样，阅读是一种内在行为。

起初，互联网主要是文本媒介。许多年间，低带宽使互联网局限于文本和少许图片，互联网是有关读和写的媒介——读写本身常常是在线下进行的，免予互联网的干扰中断。线下的读写使人能沉思和反思。

实际上，速度至关重要。速度不仅是一个量的问题，它改变我们处理和使用概念和信息的质量和方式。比如，我们步行走过一块地方的感觉和乘汽车跨越它的感觉是完全不一样的。

第五节　我们靠大脑认知吗?

认知科学家马文·明斯基(1988)写道:

> 即使我们真能感知到脑子的运行机制,我们也不会经常根据我们猜想的动机来行事。我们也不会拥有如此多样和矛盾的心理学理论。被问及人们如何得到好主意时,我们也不会用“反刍”“消化”“受孕”和“分娩”等隐喻来说概念,仿佛我们的思想根本就不在脑子里。如果能看到脑子里的东西,我们肯定能有更多有用的事情要说(p.63)。

当前的主流观点是,心灵和思想是专属于大脑的概念。但历史上的观点并非总是这样的;如今,连科学也发现,我们在心脏里和腹部有“大脑”,所以明斯基讥讽有关概念的隐喻是有道理的。心脏里的神经系统和大脑的互动甚至能诱发自主抉择的过程。兹引述《心脏科学》(*Science of the Heart*)如此:

> 经过广泛的研究,神经心脏学先驱安德鲁·阿默尔(J. Andrew Armour)1991年提出了功能性“心脏脑”(heart brain)的概念。他揭示,心脏有一套复杂的神经系统,很发达,足以名为“小大脑”(little brain)。“心脏脑”是几种神经元、神经介质、蛋白质和支持细胞组成的复杂的网络,就像大脑里的网络一样。繁复的电路使它能独立于颅内脑(cranial brain)而行动——学习、记忆甚至感觉和感知(Institute of HeartMath, 2001)。

心脏的磁场比大脑的磁场强大 5 000 倍，几英尺之外就能探测到。它可能是知觉和同感的神经生理的对应部。直到近年被科学观察到以后，在直觉层次上长期观察到的现象才被人承认，至少是很奇怪的。心脏的认知能力已经有许多作家表达过，包括奥尔德斯·赫胥黎（Aldous Huxley, 1945）：

> 我们只能爱我们的所知，绝不能完全了解我们所不爱的东西。爱是一种知识形态；爱足够强烈时，知识就成为统一的知识，就带上不谬的品质。没有什么无私的爱（更简略地说，没有什么施舍），只存在带偏向的自爱，因此，只存在不完全的、扭曲的知识，包括对自我和世事的知识，以及自我之外的生命、心灵和精神的知识（p. 81）。

如果说心脏是认知器官，它也不是唯一陪伴大脑的认知器官。科学家发现消化道里的一种结构，由一千亿个脑型细胞组成，比脊髓的脑型细胞还要多。研究者认为，这一腹部脑（abdominal brain）对欢乐和悲伤的感觉发挥更大的作用。它甚至储存着与身体反应相关的信息。这些发现与古人的观点兼容：腹部是感知和本能认知能力的储藏所。

《肠道反应》（*Gut Reactions*, 2008）作者杰西·普林茨（Jesse J. Prinz）假设，腹部的神经元网络（neuronal net）是无意识决策的源头，大脑后来将其据为己有。19 世纪的德国神经学家利奥波德·奥尔巴赫（Leopold Auerbach）率先描述了肠道脑（gut brain），但他的研究直到近年才被人认真考虑。我们又看到，科学现在才准备研究的东西其实早已为人所知了。

> 我一定要再说一说我普韦布洛酋长朋友的故事。他认为，美国人全都发疯了，因为他们相信，他们用脑袋思想。酋长说："我们在心里思考。"这就是心轮（anahata）。那时，还有原始部落人把心轮定位在腹部（Jung, 1996, p. 34）。

在这个时代，我们需要所有的三个中心——大脑、心脏和腹部，以理解复杂的挑战，并据此明智地行动。大脑太受局限，无助于我们应对当前互相激化的环境、能源、伦理和经济危机。复杂性科学向着更整体的科学方法迈出了意义更重大的步伐，尽管如此，它还是难以跃升到更宏观的、包含了精神的生命观。爱因斯坦的名言再一次给我们指引："我们面对的重大问题不能用造成它们的同一水平的思维来解决。"也许，我们应该从心灵的层次走向整体的灵魂。

第六节　将思维外化

波斯曼说，技术的基本原理之一是，它能帮我们思考问题。奇点计划把脑子里的思想下载并上传到网上，对我们与心灵的认同发起挑战。倘若心灵可以模仿、复制和分享，它还能被视为我们自己的心灵吗？消解与心灵的认同给我们提供机会，使我们能逃脱思想的囚笼，能走向更高层次的意识和智慧。

把脑子里的思想迁移到计算机里，这一设想背后的意向脱离了脑子，但即使在肉体死亡后仍然坚守与脑子思想的认同。感知到心灵和思想的性质后，克里希那穆提（1982）说道：实际上，我们都在"思想域"里思想和运行，大脑只不过是接受思想的天线。因此，大脑被视为接收器，而不是生产思想的机器。

如此，一旦意识达到某种程度后，想法或思想的源头就不再是个问题。古印度圣典《奥义书》没有作者署名。它们是在自我或缺的状态中写就的。版权的终极理解是不必要的。个人心灵这个概念本身就受到不二论传统神秘主义者的批驳。拉马虚・巴尔谢卡（Ramesh Balsekar, 1992）说道：

> 你瞧，我的基本论点是，大脑不能用自己的材料创造任何思想。思想只能来自外部。任何时刻大脑都可能有反应，但思想是来自于外部的。[有学生问：]我觉得“外部”这个概念难以理解。位于什么的外部？[克里希那穆提答曰：]这就是要点。真的，既没有外部。也没有内部。一切的有都是意识（p.28）。

尤迦南达（Yogananda, 1952）说道：“思想是普世扎根的，不是个体扎根的；真义不能被创造，只能被感知。”为了保持心灵结构的完整，尽可能使之与互联网长存，确保在走向绝对性的旅途上，心灵不再是舞台的中心。然而，我们的灵魂感知到了心灵专横的存在，所以，把心灵外包给数据中心（“云”）是有吸引力的手段，能使之摆脱有限能力的束缚。但这实在是心灵保证自己存活的又一个诀窍。

把思想上传到更安全的媒介而不是让思想停留在必死的生物体里，这个欲望再次表现了笛卡尔与身体无联系的纯思想的梦想。笛卡尔说，身体的“囚笼是科学探询的障碍，是达至真理必须破除的障碍”。基督教和其他神教所谓的人类始祖的堕落，是落到地球上，进入了物质，进入了必死的身体。科学和宗教都试图摆脱肉体，以重获纯洁的思想和灵魂。

因此，身体罕有被视为精神追求的源头而受到欢迎，更难得被视为科学探询的源头。然而，与心灵合作时，身体也可以向意识敞开，也可以是通向心灵深处的门户。阿尔玛斯的精神探询是这样表述的：

> 维持对你身体的感知至关重要——维持与你的动作和感觉的直接接触。这包括你感觉到的麻木、迟钝或紧张。让你的感觉植根于你的意识很重要，因为你的基要品性兴起的地方正是你体认到情感、情绪和反应的地方。它们不会在你的头颅上方出现，只能在你身体里发生。所以说，你的身体实际上就是你进入神秘境界的地方……因此，你的

探询始于激活身体，使之充满活力（p.294）。

当我们不承认身体的价值时，身体被认为是机械的，可以被忽略甚至被技术替代。如果我们的理解是，心灵创造的一切都不可能是真实的，那么，技术就可以进一步刺激我们的研究。抑或是另一种情况：我们甚至可能被技术无限多样的形式迷得发狂，技术可能继续不断地像令人迷狂的幻境向我们投射。数字领域可能使我们震惊，但基本上，它只能抵达创造它的心灵的层次，不可能再前进一步。

第十四章

登天

通过技术成就，我们试图弥补我们内心的不足。无意识地，我们甚至试图效仿人类成就高级的心理和精神水平，即观念脑所不能达到的那些层次。技术是意志追求无穷境界的当代方法。借用艾伦·瓦茨（Alan Watts）的话说：

> 自我的孤独和孤寂是深度不安的感觉，表现为拥有无穷的饥渴……其形式可能是通过技术使有限变无穷，通过消除空间、时间和痛苦的限制而达此目的。用哲学语言说，这涉及用上帝的价值赋予人的自我……凭借光辉的理性，人将消除自我痛苦的有限性。他将忘却身居拥挤都市生活的孤寂，忘记多余交流和社会骚动的狂欢（pp. 101–3）。

在 20 世纪 50 年代，多余交流的信息流开始发生。我们想把有限变无限，因为我们相信，我们与无限和神性是分离的。我们被告知，人不能达至神性，至少人生在世是达不成这个目标的。于是，技术允诺人从局限、缺陷和原罪中救赎，修正“错误”的走向。

肯·威尔伯（Ken Wilber）写道：

> 人人都凭直觉猜想，人和宇宙灵魂（Atman）性质相同，这是对的。但他曲解直觉，将其用于他分离的自我。他觉得，他分离的自我永生不朽、无所不包、位居宇宙中心，最为重要。这就是说，他用自我替代 Atman。于是，他不是寻找真实、永恒的整体性，仅仅是用自己永生的希望取而代之；他不是和宇宙一体，而是用拥有宇宙的欲望

> 取而代之；他不是和上帝一体，而是要自己扮演上帝（p.120）。

阿罗宾多说："每一种有限的存在都尝试表达无限性，觉得无限性是现实的真义"（Satprem, 1974）。通过技术进步，我们尝试用心灵捕捉无限性，然后把心灵的内容下载并传到网上。技术效仿追求精神层面的驱力，超越与身体的认同——但拔苗助长，用的是孤僻的、精神分裂的方式。然而，技术追求的结果适得其反：抑制了灵魂的演化。绕开与身体的完全接触，我们是不能超越身体的。

身体即身、心，它容纳我们的心理状态，就像心灵包容心理状态一样。没有任何东西可堪比纯洁的心灵。一切信念、情绪和状态都容纳于身体里，就像容纳于心灵里一样。若要免予认同身体和心灵局限的自由，那就首先要觉悟到身体和心灵，对两者都要进行探询。

第一节　创生寰宇意识

> 千百万年来，贯穿在世界存在期间，意识一直在参与形式的游戏，成为威武壮观的宇宙的"舞蹈"和"莱拉"游戏（lila）。随后，意识又厌倦了这样的游戏（Tolle, 2000, p.109）。

寰宇意识（universal Consciousness）游戏时，躲藏在无数个人意识背后，众多的个人意识相信，它们与寰宇意识是分离的。寰宇意识厌倦了这样的游戏后，个人意识重新加入寰宇意识。信息技术参与游戏，模仿寰宇意识，在心理层次上起作用。信息技术开发者设计互联网，以吸引数以十亿计的个人头脑。于是，互联网就发挥了寰宇意识的作用，指引无数的个人意识参与开发者的“莱拉”游戏。如此，个人头脑加入了互联网意识，失去个人意识。

技术无意识想要达到的目的是模仿寰宇意识的精神状况，寰宇意识业已遍及宇宙。每个人都感觉到重新加入寰宇意识的渴望。然而，当我们认同我们个人的自我意识时，我们就不能被深层的觉悟拥抱，深层的觉悟引导我们抵达寰宇意识。尽管如此，我们还是无意识地感知到寰宇意识存在的微弱的回声，所以我们试图通过技术创生一个寰宇意识。这是技术层次上的苍白反映，并不威胁我们的个人自我，个人自我尚未准备加入一个寰宇意识。实际上，技术模仿使自我意识陷入无休止的游戏和重复的模式，这就维持了个人意识位居注意力中心的需求，和掌握全局的需求。

神秘主义者说，思想不是心灵 / 头脑产生的，大脑这个器官接收存于全球思想域（global thought-sphere）的信息。在这个方面，Wi-Fi、物联网和增强现实的工程都是在模仿一个全球的、无处不在的非定位的意识：严密的数据和器物网络智慧地相互交流。凭借工具，我们可以接收这些智慧实体生成的信息，觉得和全球思想域联系在一起了。

“现实挖掘”（reality mining）是麻省理工学院媒体实验室创造的语汇，用以概括一切能被转换为数据点（data spot）的器物，万物都可以用无线电连接的微传感器芯片连接起来。2007 年《技术评论》（*Technology Review*）七八月合刊的首篇文章《第二地球》（Second Earth）给数据点下的定义是：“一切值得监察的东西，含桥梁、通风系统、灯具、捕鼠器、装运平台、战场设备，甚至人体”（Roush, 2007）。

无线网络的吸引力不只是避免混乱的电缆，以及任何地方都能接入互联网的方便。对我们的心灵而言，它们就像有意识的、几乎无处不在的活生生的存在，就像无数眼睛和普遍意识的网络；在此，万物互连。科学认为，大脑是思想形成、意识创生的地方。相反，探索意识的汪洋大海，有第一手经验的神秘主义者马哈拉吉说：“你习惯于认为，你是有意识的肉

体，你根本不能想象，意识也有身体。”（1982, p. 327）

因为意识是寰宇皆有的，所以我不觉得奇怪，人的意识住所对数据科学家是难以捉摸的，他们在大脑里寻找这个住所。云计算和大数据中心储存一切可能的数据——包括我们个人的数据，也许不久就要包括我们的生命日志和生理参数——从任何地方都可以获取这些数据，它们在模仿意识。

斯多葛哲学家认为，世界弥漫着超物质的逻各斯：初始的原因、受孕的动词。各种神秘主义哲学认为，寰宇概念（universal concept）和寰宇心灵是无处不在的实体。神秘主义者认为，寰宇概念和寰宇心灵渗透存在，技术模仿寰宇概念和寰宇心灵；数以百万计的网民在互联网上聚集，让自己的思想和概念在全球各地跳跃。

搜索引擎竞争第一反映的，是寰宇概念和全球意识的觉悟状态——换位到自我层次的状态。非但不把自己作为这种换位的一部分，反而在自我的层次上，我们想把信息交流驱赶到概念领域，通过数字主导来操弄寰宇意识。

创造虚拟世界时，我们模仿寰宇意识，在无穷的个人意识里，寰宇意识成倍增长。拉马虚·巴尔谢卡是这样表达的：

> 思想的物质生成，或曰心灵概念化，一直很混乱，使人误解。如果说意识总是自由无羁的，为什么意识与每一具身体认同，造成个人意识或心灵的局限，首先不必要地造成束缚和解放的麻烦？看这个问题有两种方式，消解这个问题有两种视角，所以一个答案都是多余的。如果说意识本源上一直是无羁绊的、完全自由的，为什么它不局限自己并参与“莱拉”游戏呢？刻意局限自己于个人意识就是自由的一部分！再者，唯有通过主客观关系的分割，意识才能感知和认知煌煌宇宙，而宇宙又是在意识之内“创生”的。一个有感知力的存在物成为主体，另一个成为客体，这就是意识认知的意识表现形式的“机制”（p.69）。

我们模仿寰宇意识，或从零开始创生“有意识的”技术实体，或通过人工智能，或有意识地把我们的心灵迁移到互联网上。开发技术时，我们把自己的意识投射到外部，意欲使一切实体有智能、有意识——这是因为我们不认为，宇宙本来就是有意识的、并不需要我们的帮助。

宇宙是广布意识到实体，各种传统的神秘主义者都描绘了宇宙的这种情况。这样的意识被称为宇宙意义、有意识的宇宙、寰宇心灵。欧文·拉兹洛（Erwin Laszlo）接受《什么是启蒙》杂志（*What is Enlightenment?*）的访谈中，用如下的语言论及有意识的宇宙：

> 我认为很明显，意识不只是一种副现象，不是大脑的副产品；意识是遍布整个宇宙的东西……意识不只是复杂神经元系统产生的。它就在那里，在整个身体里，在全部存在里（Pitney, 2010）。

因为我们不认为我们的个人意识与遍及一切的无限意识相连——是寰宇意识汪洋大海的一部分，所以我们认为，我们的认知能力有限，于是我们就想要凭借外部工具使之延伸。我们是无限的，但我们不能用自我去走近那样的无限。尽管如此，连自我也感觉到无限的拉力，也想在无限的层次上去体验无限。

第二节　作为自我维持力的技术

平凡的心灵本身并不能达成超越自我的状况。思想把我们拽往各个方向，常常互相矛盾，还激荡我们的情感。我们建构心理结构，勉力维持一个不平稳的意识中心，名曰“我”。当此中心缺席时，我们称之为精神病状态——不过这只是程度问题。每一个自我都乱糟糟，用信念、自我形象和其他形式的欺骗来掩盖自我的脆弱性，以便使自己觉得，自我有实质内容。

目击我们拉开我们与思想的认同，给予自我意识的脆弱性一个中心地位——这是迈向精神演化的第一步，甚至能达到顿悟的境界。讽刺的是，精神启蒙和精神病状态都缺少一个分享心灵的中心；如果我们不能建构一个容纳框架，心灵激荡瞬息万变的结果就是精神疾病。

精神病状态和启蒙状态都缺乏自我层次上存在的那种结构——一种被骗的组织，抑或成熟个性里基于重要品性的灵魂——这种结构给我们的心灵提供一个重心。我们观察思想感情的内在能力是演化迈出的一步，我们借此超越机械认同经验对象。冥想是发展内在观察能力的最佳途径。

目击我们的经验能强化一个更高的观察点，相反，完全与经验认同则是精神病状态。这样的见证与完全进入经验的精神状态是截然不同的，经验、对经验的知觉和经验的主体这三者是不可分离的。我们被外部刺激接管时难以觉察到观察者，我们的觉悟本身就失去了。

然而，在冥想的高级阶段，即使观察中心也最终要失落，连同任何认同感一道失落了。

> 我们要区分观察者的扩散状态和观察者的缺失或虚弱状态，观察者的扩散状态是冥想修行界定的，观察者的缺失或虚弱状态是精神病理学的形式。在后一种状态下，那是一种自我功能的缺失或扭曲，是疏离观察中心的状态。这不是无限意识的状态，而是与经验的具体情况深深纠缠和完全认同的状态，结果，人就不能只维持观察者的身份。这是完全认同的状态，通常显示退步的状态；相反，精神修炼里观察者的扩散状态是与任何经验内容完全脱离认同的状态（Almaas, 1996, p. 517）。

为了在世界上正常运行，我们要形成个性，其功能是心灵的中心。然后，通过精神修行之途，我们在前行中把自我熔化在意识之火里，直到我们不再需要中心。我们跟随存在而流动，不抗不拒，我们的行为从纯意识中升起。

我们散落在互联网上，追随它呈现的许多诱惑，同时追踪许多事情。此时，我们就在效仿开放的、接受性的、自由的、无中心普世连接的状态，这样的状态与终极的理解同时来临。由于继续不断改变我们网上身份的外形，我们能得到“非存在”（not being）无限自由的虚假的一瞥——我们摆脱了内在形象和身份时，就会出现这种情况。在精神修炼的高级阶段，自我的结构消融不再是必需，但若要在世界上正常运行，若要维持不受制于内部碎片化的“我”，个性还是需要的。技术的弥散型刺激使牢固的个性结构难以形成。对人际关系多半被网络媒介驱动的儿童而言，牢固的个性结构特别难以形成。

碎片化的心灵和弱化的自我都难以认识自己的情况，因为内在的见证者也很虚弱。在日益浩大的信息流入中，我们心灵的技术延伸和信息流成为自我的锚泊港。它们提供方向感，刺激无休止的心理和情感活动。于是，自我就忙个不停，始终活跃。信息流以脆弱的方式把我们的各种身份粘贴在一起。我们认同喂养我们的信息，所以信息流停滞意味着身份的消逝。实际上，我们把自己的“我”外包给技术了，信息技术公司在玩弄我们的身份。

心灵填补我们碎片化感知的缺口，借以理解和创建现实；如此，我们感知中的经验就被认为是稳定的和常衡的。心灵理解和创建现实多半是通过思想、情绪和感知，是在无意之中进行的。心灵以这些固有的方式维持牢固的自我，所以它不需要外部信息流。但信息技术使外部信息流空前扩张，生成永续精神活动的食粮。

对个人思想的认同使我们进一步远离见证者的态度，诱发进一步的思想瀑布。越来越快的信息流使我们意识不到精神活动的沟壑，于是，我们就没有机会拷问我们的选择，也无法拷问自我本身的真实性。为了破除魔咒、意识到精神活动，有些冥想技法建议在两个念头之间去寻找空白。

第三节　超越“我”的信息技术：用技术解除我们与自己的联系

通过技术，我们把自己的心灵部分地外化到互联网上。在心灵演化的层次上，外化我们自己的一部分看上去像是去认同的过程，这个过程是在走向自我认知路上发生的。我们越深化自我认知，越是能够放弃与内在自我形象、信念、偏好、厌恶、自我实体形象和个性的认同，那样的认同是我们自幼开始建立的防御机制。

几种精神修行的道路都强调，实体和心灵是非永久性的实体，因此与它们认同就不可能达至终极的觉悟。我们的实体可能会不断变化和衰退。与此相似，我们的心灵受制于不同的转变：我们迅速交换意见、思想、感情和内心状态！我们甚至创建和消解我们的亚个性。心灵的可塑性的确是正面的，就像免予僵化的意见一样；同时，大多数时候，我们变化中的观点受外部事态趋势的影响，我们自己的在场产生的影响是很小的。

佛家发现，我们不以个人身心实体的方式存在，这个实体是无实质内容的建构。今天，“我”的存在本身正受到精神修行和科学的挑战，神经科学宣称，协调心灵的不同部位的意识中心是不存在的。

如果我们不是身心实体，我们会是什么呢？这个问题的回答只能通过探询我们的主观经验来进行。每一个心灵导师都描绘了超越身心的状态，但修行的道路还是得每个人自己走。科学知识可以人传人，接收者不必重复每一个阶段；相反，修行知识需要个人的和经验的参与。科学家可以利用科学进步并进一步发展科学，相反，修行的道路必须由每个人从头跋涉，以便进行性地减轻我们认同的包袱。

越深入探寻自己，我们就越深刻地意识到，我们认为的存在实际上是一个心灵结构。这是个去认同的过程，虽然有解放的意义，却不容易施行。我们认同的丧失可能会带来伤痛和混乱的阶段，因为我们（虚假的）的支持正在消失。因此，这是需要同情心的过程——同情心是在痛苦经验里使人维持下去的主要支柱——也是需要力量、意志和毅力的过程。

我们意识到心灵、身体、情感或关系的自我形象认同的时候，我们能在没有定型干扰的情况下去观察它们时，这些方面的认同过程也就发生了。如何在我们的认同关系中去定位，去感觉、探询并释放这些认同——理解这一过程至关重要。只有完全理解一种认同，我们才能释放它。

使用技术时，存在一个进行性的退出直接的身心接触的过程——这更像是精神分裂症的退出，而不像有意识地与清楚观察到的个性部分的去认同化过程。从注意源头退出的动作使我们崩解，而不是使我们自由。比如，长时间坐着不动使我们失去与双腿的接触——不是超越与一部分身体的认同并成为天使。更准确地说，长期静坐不动使我们失去与一部分身体的有意识经验，这样的经验对心灵演化有用，因为腿是接地的，不偏离实践，它们和站立的能力相联系——这些属性是任何精神修行道路的基础。

精神演化的过程始于我们所处的任何地方，这个过程利用我们可以调动的一切内在品质。我们给明晰、和平、意志、同情和力量的品质加油。我们把记忆力向计算机投射和外化，把我们与人联系的需求向社交网络投射和外化，我们把我们理解事物的驱力向谷歌投射和外化，此间，我们使灵魂失去了训练成熟所需的内在品质。

凭借技术延伸的功能产生的效应使我们部分麻木，同时还遮蔽我们对应的身心内在功能。用汽车代步时，我们不注意腿脚渐进的虚弱。我们用脸书替代与人联系的需求时，我们真正的接触需求变得麻木。谷歌的快速答案抑制我们与搜索主题的深层内心联系。技术绕开我们的意识。技术是我们的延伸，它们压制了我们对自己相应内在功能的认识。

第四节　此时此地

在“此时此地”存在——这是精神成就状态。圣人无过去，亦无将来。他的行为不受过去定势的影响，也不受未来计划的影响。他根据此时此刻的现实行事。在此时此地生活和在没有个性的状态下生活，这两种生活是相互联系的。我们没有诸如此类的认同时，我们对生活的反应就没有过往定势的包袱，我们的反应就很及时——就是此时此地的反应。我们的个性主要是过往的产物，是过往印象和经验的产物，它们固化为一个结构，分割我们的空间，阻碍我们性情的流动。在没有过往约束的情况下，生活以宏大的规模和自发的性质自我呈现。诸多心灵导师描绘了这种状态以及通达它的途径。

技术使我们存在于继续不断流动且更新的“此时此刻”（“now”）里，借此，技术加速这一进程，将我们带到内心自由的境界吗？最受欢迎的网站把优先地位给予最新消息、博客帖子和社交媒体的更新内容。“此时此刻”状态缺乏固化的身份，是在媒体的压力下发生的，是在个性层次上对超验性的模仿——不过，这只是那种状态的回声。它似乎没有过去和未来的包袱，只和此刻发生的事情有关系。但若要超越个性，就必须要有个性。当观察者、观察对象和觉悟密切联系时，此时此地的超验状态随即发生。三者与现实同一，与现实一道流动，没有思想的干扰。在与现实同步发生的过程中，心灵不再把应然和已然过滤开来。

随着身份的消解，由于再没有人想要改变任何东西，与现实联盟就是完全的联盟了。这种状态并不是开悟者独享的状态：即使仅仅是短暂一瞥，但人人都能瞥见这种状态。纵身投入信息流说明心灵层次上的需求，无缝参与生存流的需求。但在信息流中，我们不是在超越自我，而是在忘却自我。

第五节　虔诚地消失在技术中

精神传统的路径之一是虔诚的奉献，弟子的自我熔化在敬爱、信赖和奉献心灵导师的火焰中，导师是他全部存在的镜像。

在我们这个执着于个人主义的文化里，奉献之路并不时髦。我们想要在无人无物指引的情况下决定自己的生活。这里必须澄清的是：我们的社会里呈现的个人自由和自决原理是重要的社会成就和历史成就。和顺从封建领主、神父、国王和意识形态相比而言，能决定个人生活的原理是进化的一步。

但即使获得个性后，灵魂超越自我的精神需求还是存在的。如果这一需求没有通过精神索求而得到满足，它就会落定在另一个截然不同的演化层次上——乐队迷或运动队迷那样的忠诚，对政治或宗教原教旨主义的效忠，或在艺术、做爱、狂热中寻欢作乐，归根到底，这些都是爱的行为，但这种种爱的扭曲可能会产生冲突和战争。当我们奉献于更重大的事情时，我们就超越小小的自恋式自我，这个自我总是想要成为被注意的中心。奉献会摧毁自我的一部分，同时又将我们托举到一个新的高度。麦克卢汉说：

> 由于不断拥抱各种技术，我们成了技术的伺服机制。所以，如果要使用技术，人就必然要为技术服务，必然要把自己的延伸当作神祇或小型的宗教来信奉。印第安人成为其独木舟的伺服系统，同样，牛仔成为其乘马的伺服系统，行政官员成为其时钟的伺服系统。从生理上说，人在正常使用技术（或称之为经过多种延伸的人体）的情况下，

> 总是永远不断受到技术的修改。反过来，人又不断寻找新的方式去修改自己的技术。人仿佛成了机器世界的生殖器官，正如蜜蜂是植物界的生殖器官，使其生儿育女，不断衍化出新的形式一样（p.46）。

我们献身信息技术，信赖机器，使自己在技术中失去效力。我们虔诚地忠于技术对象，它们吸引越来越多的人。我们用脑力喂养机器，并成为机器的性器官。

我们献身技术，同时又受到我们献身对象的滋养，它们指引我们的选择，填充我们的头脑，烘干我们的内脏。我们行为的向导不是源于我们的内心生活，而是源于信息流。心灵导师帮助我们清空头脑里的条件反射，用爱意和觉悟充实我们。信息技术填充我们的心灵，遮蔽我们的觉悟和内心向导。

我们期待技术提供指引，带来优雅生活，指望技术解决我们的问题。在与技术的关系中，我们放弃自己，让它指引我们——从不怀疑技术扩张的价值。也许，我们因劣质技术设计师而生气，但我们从不怀疑技术开发的需求。凯文·凯利在《技术想要什么》（*What Technology Wants, 2010*）里说："我们有道德义务去增加最优秀的技术。"

如此，献身技术替代了献身更重要的事情——把自我安置在更安心的层次上。与技术互动时，心灵并未被超越。心灵进入了一个自支持的回路，被调动的仅仅是互动所需的那部分心灵。因此，支持观察和超越心灵的能力——反思、内静、专注和持久注意，以及与身体联系的能力，就被弱化了。

第六节　不朽的心灵

很久以来，技术都和不朽联系在一起。印刷机被珍视为为千秋万代留下思想的工具，它使我们心灵不朽。当代版的“印刷机”正把我们的心灵下载给计算机。正如玛吉·杰克逊（Maggie Jackson, 2008）的报告所言，托马斯·爱迪生多年献身于制造一台能从亡灵那里接收信号的机器。

库兹韦尔说得对，我们有拓展可能性，超越此生不朽；人与技术融合，并将心灵下载后上传到互联网上——他看到正在发生这样的超越。人与动物的差异之一是有意识地广泛使用工具。从一开始，人类文化和神经系统都在被包括媒介的工具形塑。对人而言，通过外界工具和技术去超越我们有限的本性，“自然而然”。

毫无疑问，智能、知识和心灵是人类经验最先进的方面。因此，库兹韦尔等人努力维护并提升这些品质是可以理解的。然而，尽管库兹韦尔的研究似乎是革命性的，甚至是过分的，但和人类实际的潜能相比，他提出的拓展研究仍然是有限的。

我们能拓宽知识和心灵的内容，甚至能将神经系统和芯片连接，或将其与互联网融合，但心灵和知识不是觉悟。觉悟可以利用知识、与知识合作，被知识和智能提升。但觉悟属于另一个层次了。觉悟属于精神修行的层次，可以被内在工具拓展，而不是被外界工具拓展。

在一定程度上，精神修行甚至比库兹韦尔的预言更不自然。自然的心理－精神发展把我们带到认知成熟和心理成熟的不同阶段。在最好的情况下，那些力量能创生一个健康的、创造性的、圆润的自我，那真是有价值的成就，但自我的局限性并非极限。人的潜能要大得多，绝不会亚于和神性的融合，人的潜能终将成为大爱和寰宇意识。

直接抵达终极实现的精神修行的例子十分罕见。除此之外，一些修行传统将终极实现解释为前世的因果报应，另一些传统将其解释为神恩。对我们大多数人而言，灵魂和心灵的修炼需要有意识的努力。这样的努力很不自然，因为我们需要放弃我们尊崇的自我——自我会千方百计抗拒放弃自我的企图。

库兹韦尔的憧憬是精神层面上技术渴求的反映，那是要超越与身心的认同，而正如他之观察，身心是脆弱的，易腐朽。然而，无论外在的支持和提升使心灵多么扩张和精细，技术驱动的探索仅仅是把我们维持在心灵的层面。

我们的文化赋予心灵优越的角色。对我们的文化而言，不朽的意思就是保存信息。然而，人独有的灵魂的基本属性所需要的是人生存在的完整性，那是不能迁移到互联网上的。我们的灵魂已然不朽——在打开大悟的领域，而不是在机械脑的内容里。奥修提醒我们说，唯有开悟和冥想是我们能保存的珍宝。

> 记住，唯有你离开身体时带走的才是重要的。这就是说，除了冥想，没有任何东西是重要的。除了开悟，再没有重要的东西，因为唯有开悟是死亡把你带走的。其他的一切都将被抢走，因为这一切都是来自外部。唯有开悟是从内心涌现出的，那是带不走的。开悟的影子——怜悯、大爱——不能被带走。它们是开悟的固有成分。你将带走的仅仅是开悟抵达的境界。那是你唯一真正的财富（1979 年 3 月 3 日谈话）。

信息技术和生物技术到来之前很久，人就在追求不朽。道家通过外丹和内丹修炼不朽。外丹包括大多数身体保健的修行，以求无限期保养肉身，赋予人更多的时间去推进精神修炼。内丹的目标与其说是保存身体不如说是将开悟从肉身转向微妙的层面，以便让肉身死亡后开悟仍然存在。内丹强调道德与正直，两者是修行的基础。微妙和不朽的“气”与冥想和高尚品德相联系。

第七节　凭借技术的精神力量

每一种技术都有可能重新夺回我们失去的需求和品质，可能满足我们灵魂拓展的需求。技术不满足于效仿人类品质的恢复：它想要把人带进一种超人的境地，效仿印度人传统所谓的“悉地”（*siddhis*）成就。这样的精神力量是高级修行者精神进步的副产品，“悉地”使人能瞬间迁移飞行（谷歌地图等模拟器），创生世界（虚拟世界比如“第二人生”），使人能操纵物质（纳米技术）。

在真正的修行之路上，“悉地”可能是障碍而不是辅助，因为其炫目的光辉使人看不清目标。通过技术拓展力量似乎是宗教传统里毫无疑问的假设。在犹太－基督传统中，技术扮演了人类始祖在伊甸园堕落以后救世主的角色，成为创造新的地上天堂的代表。

对个人精神力量的依附阻碍进一步的精神演化，同样，在集体层面上，技术对力量的依附阻碍我们的觉悟，我们不知道我们正在集体失去的人的品质。受神奇技术小玩意儿的诱惑，我们的自我不能拉开足够的距离去拷问技术广泛的效应。

另一种精神力量用上了阿卡西记录（Akashic records），这本宇宙的“生命之书”可以被理解为一个储存任何信息的寰宇数据库。埃德加·凯西（Edgar Cayce）要我们“想象拥有这样一个计算机系统：它记录地球上发生的一切时间、思想、形象或欲望。再想象这个系统不是简单的文字数据和语词的辑成，而且容纳了无数视频、电影和图片，及观者目击的记录，涵盖任何历史事件框架里发生的一切。最后我们想象，这个浩大的数据库不仅客观记录信息，而且保存了每个人的视角和情感。听上去不可思议，这样的描绘相当准确地表现了阿卡西记录”（Todeschi, 1998, p.1）。

有些神秘主义者说，这样的知识可以通过高阶的意识获取。从生物学家鲁珀特·谢德瑞克的视角看，“动物和人类行为、社会和文化系统、心理活动的组织场域都可以被视为形态发生场（morphic field），包含了固有的存储器”（p.112）。阿卡西记录和形态发生场的功能是存储库。

谷歌拥有海量的档案，记录了互联网上发生的一切——每一点信息、知识、被访问的网站、互动与点击，也许它将来还要记录思想感情博客的每一个字节，谷歌正在模仿阿卡西记录的角色。

第八节　我们是机器吗?

> 总之，计算机的比方传达了一个根本的讯息：人是机器——虽然是思考的机器，但终归是机器（Postman, 1993, p.111）。

我们像机器那样行事，这是神经科学家和心灵导师分享的另一种观察，虽然他们的观点非常不同。

> 放弃一切关于开悟的念头后，你会非常平和，你开始像计算机那样运行。你必然是一台机器，在这个世界里运行，从不拷问自己的行为，事前事后都不问。（U.G. Krishnamurti, 1988, p.30）

乍一听，这段话像是鼓励人变得低能，实际上却掩盖住了另一种讯息。精神开悟发生时，我们放弃一切念头、观点、判断和定式——我们的心灵与那一刻的现实联手工作，而不是建基于过往结构的反应。我们的心灵在没有过往印象和判断的条件下运行，没有好恶——诚如引文所言，像计算机那样运行时——心灵并不承载更复杂的涵义。它不再生成更多的思想，留下虚空，没有额外的分量和模式。

每一个精神大师包括葛吉夫都说，为求开悟的人机械般地生活。这种机械般的生活无情推进，多半是对现实的无意识解读，这样的解读建立在过往定势的基础上。相比而言，开悟者的机械行为自然流动，不抗拒现实，没有过往的包袱。

对于指引我们表现的个性的存在，认知科学和神经生理学都提出挑战。实验者观察，大脑自动反应，背后并没有有意识的意向。柏林市伯恩斯坦计算机神经科学中心的约翰 – 迪伦 · 海恩斯（John-Dylan Haynes）的实验证明："大脑活动模型可以揭示，一个人将做一个什么选择，而他本人过了很久才意识到这一点。"实验团队"扫描志愿者的大脑，受试者双手各握一个按钮，实验者告诉他们，任何时候都可以按下一个按钮，想按就按。实验者可以从扫描仪上判断，受试者将用哪只手按下按钮；实验者提前 10 秒钟做出预判，而受试者 10 秒钟后才意识到，自己已做出决定"。（Branan, 2008）

这类实验似乎挑战自由意志的观念，并证明：行为的源头是无意识的大脑活动，它走在"我们的"选择前面。心灵需要一种感觉，它在掌握并负责我们的决定，它因我们的行为而有功。科学宣称，我们受骗并相信，我们有力量控制行为，有一个"我"决定我们的行为。然而，心灵导师发表类似的言论时，却传达了截然不同的意思。马哈拉吉（Nisargadatta Maharaj, 1982）这样描绘自己的开悟状态，身心受存在指引，不再受虚幻的个性指引：

> 我似乎在听、在看、在说话、在行事。对我而言，这一切自然发生，就像消化或出汗对你一样。身心机器照料它，让我不参与。就像你不必担心头发生长，我不必担心言与行。它们自然发生，让我不关心，因为在我的世界里，没有任何东西会出错（p. 18）。

我们的心灵和行为自然发生，不受控制，不必我们参与——对我们这种文化而言，这一视角令人恐怖。我们的文化把人的最高品质与其生成的心灵和行为画等号了。

我们的心灵是我们自豪的源头（客体），同时它又是灵魂的包袱，甚至没有精神病态。心灵评判我们，限制我们，激活重复性行为，常常对我们耍恶作剧。看起来，我们不能控制我们的心灵，它是一个异质实体，它不是“我们”。这样的看法有道理。科学向我们展示，人基本上是机械的，科学摧毁了我们的骄傲和自负，致使我们陷入绝望，因为自我被摧毁后，科学再也看不见任何东西。心灵导师的教导拿走了我们的自我，却送回了更多的东西。用自我交换拓展的觉悟，这是一笔更好的交易，即使自我绝不会签署这样的协议。

科学的进路可能导致虚无的视角，科学在进步，我们的生活却在降格；相反，精神修行使我们升华到真义 - 意识 - 极乐的境界。

第九节　创建心灵世界的意志

从神经生理层次开始，我们创建现实。视觉机制以及整体的神经系统创建、过滤和解读现实。随后，我们的心灵成为现实的障碍，它创造结构和概念，我们把这些概念称为“想法”“意见”“原理”“真理”“客观性”“善”“恶”，等等。

在形象、幻象和映射构成的心灵世界里寻找栖身之处，这代表着一个难以避免的防卫机制；这一机制是在自我的建构过程中到位的，是防卫不快感觉的机制。同时我们又创建一个由希望组成的虚幻世界，权作补偿。当这个虚幻世界发展过度，开始一种自主的生活时，我们就称之为精神分裂。但由于我们生活在自己创建的世界里，这又是一种共享的经验，所以精神病实际上是一个程度大小的问题。

理性化可以支持真理的寻找，但理性化本身常常是心灵的骗术，骗我们相信：我们可以按照事物的本来面目客观地看事物。理性化与合理化（rationality and rationalizations）很容易成为对抗真理的自卫机制；另一方面，在技术层面上，理性化又是创造人为世界的理想工具。技术是理性的典范，在集体层次上成为防卫机制，创造先进的数字工具，去疏导人的交往，而交往又支持精神分裂的退缩。

精神领悟（spiritual realization）把我们带回现实，摆脱诠释性结构，并刺穿过滤系统；过滤系统使我们对现实的充分感知模糊不清。对心灵构建的虚幻现实的觉悟就是所谓的“精神开悟”。所以马哈拉吉可以说：“我憧憬创造一个世界并居住其中——如今你不再这样做了”（p. 392）。

在神经生理和精神两个层次上，我们平常的感知都不是对真实的感知，真的不是。在东方传统里，使劲儿的追求被认为是“玛雅”，一种外观或幻象。因为我们的经验始终受到感官的中介，以及我们解读现实的神经系统的中介，我们可以断言，客观的现实，也许根本就是没有的。

神经科学家、虚拟世界的技术建造者和修行的心灵导师表面上似乎有相同之处。他们都看幻景中的世界。自佛祖和柏拉图以降，对世界表征的哲学、形而上和精神的研究层出不穷。根据自我觉悟的路子研究时，我们的理念、愿望、信念和对现实的解读都没有实质内容。

尽管如此，无论多么主观和虚幻，我们意识到物质和形式的世界时，人的地位总是要开启的。充分意识到我们身心本性的生活将使我们超越物质、形式、身体和心灵。人的演化不能只靠心灵驱动——那种没有肉身的“我思故我在”的、人与技术混合的方式——而是要通过心灵、身体、感觉和觉悟的交织来驱动。断言世界不真实，因为神经科学这样说——既得不到经验的支撑，又不给予人超越虚幻世象的希望。如果我们能从内部了解心灵机制——不将其作为思想操练，而是用透视心灵本源的观察力——我们就知道心灵是否在重建现实了。

见证心灵与纠缠其内容的品性是截然不同的。内容是来自于外部媒介抑或是来自于我们自己的细究，其实关系不大。理智地说世界是一种表征，既使我们拉开与世界的距离，又拉开与内在经验的距离。“全都在心里”——这样的断言必然来自超越心灵及其虚幻招数的层次。否则，我们就仅以心灵生活而告终，与现实、身体或高一级的觉悟脱离。

冥想的目标是紧贴现实。大多数忽视精神追求的人相信，灵修之路与现实格格不入，不溶于物质、激情和俗务的世界。毕竟，根据基督教信仰人是在创世的最后一天创造的，与自然不同、优于自然、在物质世界之上。根据这一信仰，我们只是暂时被地球借用，我们意欲回归天国，以无肉灵魂的形式生活。根据这一思路，身体在回归精神领域之途上没有作用，实际上被视为障碍了。

这样的误解认为，精神修行与现实脱离，也许是精神恍惚的状态。事实正好相反。冥想和探究真理之途是走向现实之道，使我们贴近我们的感情、激情和感知，贴近我们的真性情。我们要通过开悟掌握自己的真性情，才能超越世俗的层次。再者，如果我们不从内部观察和掌握心灵机制，我们就不能超越心灵。

在一定程度上，精神修行之路是科学的，触手可及。理性思维摈弃精神修行，认为其“不真实”，不客观。但精神修行的态度不拒斥理性思维——它甚至可以支持精神探询。吊诡的是，理性思维被推向极端之后，它开发出的虚拟世界反而离真实世界更远，误将表征当作现实。通过冥想，我们认识到，我们建构现实，心灵则把我们引入歧途。

然而，如果从思想层次出发，或凭借在虚拟环境里生活，那就难以觉悟到心灵信念的非真实性。技术、理性、媒介和表征是人类前进路途上非常重要的里程碑，却常常成为抗拒现实及其难预测性的心理防卫机制。它们也不是人类发展的终点。

第十五章

心灵导师不怕蛇毒

在悠久的坦陀罗传统里，有些修行者服用麻醉剂或咬毒蛇的方式来验证自己开悟的力量，看看自己是否能维持全然清醒的意识。20 世纪 60 年代，拉姆·达斯（Ram Dass, 原名 Richard Alpert）让他的印度导师服用大剂量迷幻剂，竟然无任何作用，这使他深受启发。这是那个传说时代最著名的故事。无论是否真有其事，都不能改变一个事实：我们是心灵的主人时，没有任何东西能影响或改变超越机械脑的大彻大悟。

然而，对我们中间既非大彻大悟的心灵导师亦非高阶的密宗修行者而言，任何麻醉剂都会改变我们对世界的感知。通常我们认为，唯有酒精、海洛因、可卡因、摇头丸和大麻之类的物品才会改变我们的感知。但对我们的信息社会而言，坦陀罗修行可能会在我们接入互联网时维持自我意识；在线上时，我们往往在信息流中忘却自我。坦陀罗可能是很好的自我理解修行。

在印度形而上的传统中，我们由七个身体组成；肉体、情感体、心灵体位列前三，觉悟体是第四。在我们的时代，我们充分进入了心灵体，心灵体以日益强大的方式冲击我们的灵魂，这个第三体由思想塑造。第四体由意识强化，靠觉悟来观察思想；这个觉悟体通过反省来发展——不是靠“细嚼慢咽”的思考方式，而是靠全神贯注、观察自我的方式，观察身体、心灵和情感，不尝试改变任何东西。觉悟体因冥想的态度而加强。

据说，第四体这个觉悟体会受到麻醉剂的伤害。除了麻醉剂，我还想加上信息过载，因为信息过载使人难以静下来观察思想，而不是被思想所困，或与思想认同。靠召唤我们的意志，我们总是能暂停思维转而冥想——但即使为了激活我们的意志，我们也需要与思想拉开一定的距离。互联网挑战充分呈现和不被诱惑的能力，很多讯息想要抢占我们心灵的一部分领地。

由于我们的心理活动部分“外包”给技术，我们的注意力被锁定，所以上网时就需要一种特殊的冥想技法。起步学习时靠观察流进来的心理刺激。随后将其命名，注意它们如何激发反应。感知那点击的冲动。呼吸……不理会。另一个刺激……不理会——就像吸气、呼气一样。

互联网是加速走向心灵的旅程。在这里，心理刺激成倍增长，将达极限——直到我们沉入一种观察的态度，就像台风眼平静的感觉。技术甚至有助于更清楚地觉察到我们的机械脑——但那是双刃剑。我们给心灵的滋养越多，我们和难以抗拒的心灵活动拉开距离的内在资源就越少。所以，我们要心甘情愿停止心理狂奔，要集纳内在资源，使自己回归我们内心的存在。一遍、又一遍、再一遍，如此循环往复。

书写提升我们与自己呈现的联系——不限于 140 个字符的推特写作，尤其如此。为了写作，我们需要形成一个叙事的意象，将其与交流背后的意向联系起来。就这样，博客可以成为一个探询的工具，像日记的功能一样。遗憾的是，我们大多数人在网上写东西，如此，洞察力升起的平静空间多半都不复存在了。

第一节　逃出回环圈

网上的一切活动成为我们记住自己（self-remembering）的机会。网上搜索时，我们感觉到一股活力——发现的激动像烈火一样在我们身上燃烧。搜索没产生希望的结果时，情绪转向沮丧，因为自我想要结果，而且想要快来的结果。继续探索而不是执行需求，那可能会为内在过程和搜索目标带来意想不到的结果。

几年前，我的互联网供应商遇到一个奇怪的问题，稽延了一个多星期，也许是他们的域名服务器出了问题。结果，大约 20% 的网站我不能访问，显然是随机的。我一直弄不清哪个网站不能访问。令人生气，但也是我放弃的好机会。我要的访问真那么重要吗？我真的需要那类信息吗？马上就需要吗？我很依恋那样的内容吗？什么样的焦虑驱动着我对信息的需求呢？作为记住自己的训练，葛吉夫会出人意料大声说“停！”，提醒学生注意自己，并放弃机械运行。

注意我们信息渴求的另一个很好的练习是：待在电脑屏幕前，准备行动，但不点击。感觉困在信息的汪洋大海里，无风，发动机不转，船不能出海，那是什么滋味？我们的心灵没有新奇的滋养时，我们体会到的是什么呢？

我们可以有意识地做一些练习，在信息输入和我们的接入之间留下一点空隙。新的短信或电子邮件到达时，首先深呼吸而不是匆忙去读，如何？我们追逐短信和邮件，仿佛它们都很紧急，好像不立即抓住，它们就灰飞烟灭、过期失效。我们的信息社会产生奇怪的信念，稍加探询就证明是错误的——大多数是错的。然而，弃绝“新、多、快”的态度并不容易。

询问法能澄清生活里的任何问题。它可以是内心独白的形式，或者可以回答某些具体的问题。我们可以探索继续不断接收信息得到的好处：我收获了什么样的感情？我寻找的究竟是什么？这样的探究可以被当作一个多次重复的问题——最好是一个同伴在预定时间比如 15 分钟里反复提出的问题。

这是阿尔玛斯的《金刚乘》（*Diamond Heart*）所用的询问法，它能层层不断深入。走近我们深埋的习惯动机就可以揭示，它们替代了其他需求；它们还可以被视为掩盖其他情感的心理防卫。如果我们用开放的、非评判的方式去探询，它们引导我们踏上的旅途可能会变幻莫测，洞见丰富。询问法能创造奇迹。

第二节　屏幕媒介与冥想的比较

> 研究脑电波活动的科学家发现，看电视的时间越长，滑入 alpha 波层级的可能性就越大：这是一个缓慢、平稳的脑电波模型；其间，脑子处在最易接收信息的状态。这是一个非认知模态：信息能直接进入头脑，无须观者的参与。看电视时，观者把形象收进大脑，并不思考这些形象（Mander, 1991, p. 82）。

无论电视的内容是什么，alpha 波都是存在的，因为电视媒介本身也引起脑活动的变化。alpha 波是 10 赫兹左右的电磁波，由大脑的电活动产生。其频率与冥想和澄明而松弛的状态相联系。大多数老道的冥想者能走向 delta 波，其频率是 2 赫兹左右，此间，思维流大大减弱了。

delta 波的存在通常和深度、无梦的睡眠相联系，但冥想期间的 delta 波并非睡眠样的无意识状态，冥想时，delta 波伴随内心状态的清醒意识。冥想和目不转睛地看电视都减弱 alpha 波，却是两种不同的状态，因为被观察的对象不同，这是内外对象之别，认同和不认同之别。冥想和看电视有一个相似之处：脑子处于接收状态，但冥想伴有敏锐的观察。在电视屏幕前，我们看文字、图像和视频——至少那是我们看像素流的体会。冥想时，我们观察思想和感知里呈现的东西，不评判，不认同，不忘乎所以。

看电脑屏幕生成的 alpha 波诱发放松的感觉。但由于这种感觉不能与专注和有意识的观察整合，所以它变成不安和压力——常常是比较严重后才被认出来。杰里 · 曼德尔又说：

> 倘若看电视可以比喻为吸毒，它似乎有安定等镇静剂的许多特征。但那只是问题的一半。实际上，如果说电视是药物，它并非安眠的安定，而是兴奋作用较强的安非他明（p.66）。

遥控器成为寻找“更好”东西的行为工具。我猜想，压力源于追随外在事件而人又不能在场，没有意识、注意力和知觉。

冥想不评判进入知觉的内容，冥想需要无目标的开放性。计算机的使用要求更大的目标导向，胜过看电视，因为我们用鼠标、触摸屏和键盘积极地引导动作。互联网的交互性激活更高的脑电波频率，而这样的频率与机警、行动和焦虑相联系。电视更被动，生成的是更松弛的状态。但由于更快的带宽，互联网上的视频更为常见。于是，鼠标和触摸屏就变成超级遥控器了。

冥想 / 看屏幕前

冥想开始前，人通常有一些抗拒，所以坐下冥想需要调动意志力。寻找与生活相关的无数借口时，我们的心灵颇有创造性，那是为了避免或推迟冥想。这可以理解，因为冥想时心灵不得不放弃中心舞台。冥想时的心灵将被见证，但飞泻的思绪将被忽视，而不是被注意。反之，开始看电视很容易。我们知道，任何眼前移动的东西都触发本能的反射，本能的反射是很难抗拒的。任何开着的电视机、智能手机或电脑屏幕都诱人。我们调动意志力抗拒诱惑，避免被拉离自己的意向。

冥想 / 看屏幕开始之初

冥想开始之初仍然有抗拒，常常有受挫的时刻，我们难以停留在“是什么”那个观察它的状态。我们受若干思绪流的诱惑，其中之一是每个冥想者有过的体会：“我想要立即停止冥想。”

相比而言，开始看电视时，我们通常很放松，很满足，思绪放缓，我们似乎很安宁。开机上网时，我们点开网站和应用，在虚拟领地里圈地，总是有一点不安。稍后，我们觉得舒适，觉得自己控制了环境，不安的心情在融合的状态里得到缓减，但如果我们因数据丢失、延误、无回应而受挫时，或遭遇天不容的病毒时，融合状态就很容易陷入消极状态了。

冥想 / 看屏幕期间

冥想开始后一会儿，通常情况好转。静坐几分钟或一个多小时后，改善的状态出现。初期的困难过后，思绪流里的焦躁缓减。我们可以更好地集中注意力简单地观察思绪和感觉，觉得自己存在、轻松、意识明亮。我们能区分各种心灵状态的细腻微妙。

思绪、情绪和感觉变得更澄明，因为我们不和它们认同，而是让它们出现和消逝。内在的疙瘩和问题可以在观察意识的烈火中熔化，担心和焦虑减轻。有时，我们能找到解决问题的办法，或意识到问题实际上并不存在——那是我们自己制造的问题。眼睛周围的肌肉松弛，敞亮和机敏的感觉升起。

相比而言，电视机前坐一会儿后，单调乏味、受挫感开始出现。我们不由自主甚至漠然地按遥控器，对发现的节目都不满意。电脑用的时间比较长后，眼睛周围的肌肉紧缩，我们的脑子进入信息超饱态，压力大，因为我们在为脑子追逐更多的信息和刺激。“足够”的状态不会来。新信息产生更多的信息。

信息立即进入“青春期”，并在早孕中成倍增长，信息没有成熟期去照料后代，而是抛弃后代去追逐更多的信息。在这个阶段，加快的脑电波可能会接管心灵，带来不安，放慢节奏集中注意力就困难了。我们囫囵吞下眼前的任何东西，不咀嚼——如狼似虎地吞噬信息。

持久看电视时，心理状态更不活跃，妨碍我们分析和处理心理投入的能力，影响我们按心理投入行事的能力。太活跃和不活跃都妨碍澄明清晰。没有内省和有意识注意，我们的脑子很快就陷入癫狂或被动。在冥想练习时，心理焦躁和迟钝有可能发生——成为开悟过程中的障碍。

冥想 / 看屏幕之后

冥想之后，我们的脑子觉得新鲜、轻松。存在的感觉被放大，注意力和理解现实的能力也被放大，没有思维定势的包袱。我们从事实践活动时没有强制的性质。脑子里的冲动和行为更加同步。

而看屏幕之后，脑子的运行速度更快，大大超过有意识注意每一点思绪的生物能力或实际能力。我们还来不及给思绪或冲动留出一点空间，另一点思绪已把它挤出去了。就像在泥地或冰面打滑的汽车一样，越踩油门，越打滑越沮丧。我们的脑子觉得肿胀，而我们心灵深处却觉得是空虚。

第三节　冥想

千百年来，冥想都加惠于人，在日常生活和灵修中都是这样的。在过去的几十年里，科学证实了冥想的价值。

2010 年四月号的《意识与认知》（*Consciousness and Cognition*）展示了冥想与认知的研究成果。一直以来，人们总是假设，广泛的训练是基本条件，但一场实验证明，短期的冥想训练也能改进认知。许多人都有这一愿望，但需要严格训练的感觉成了拦路虎。研究结果证明，情况不是这样的。经过四天、每天二十分钟的训练，认知测试就显示，认知能力有了耐人寻味的提高。“结果证明，心灵实际上容易改变，很容易受影响，尤其容易受冥想的影响”（Zeidan, 2010）。

《心理科学》（*Psychological Science*）刊布的一篇研究发现，冥想提高注意力时长和分辨力意识，训练以后几个月，所获能力持久不减，坚持练习的人效果尤其好（MacLean, 2010）。

前扣带皮层分管理性认知的大脑中枢，比如奖赏预期、决策、情感知觉和同感。一项近期研究发现：以传统中医为依据的几个小时冥想，就足以增强前扣带皮层的活动，改进自我调节与部分各向异性（fractional anisotropy）；分数各向异性是白质整合与效率的指标，这对自我调节和总体心理平衡至关重要（Tang, 2010）。

另有几项冥想研究证明，冥想与注意力中枢皮层的厚度和增长有关，甚至能逆转与衰老相关的神经元机制。

和冥想相比，技术工具对我们的心灵更“自然”。冥想增强心灵占据中心舞台、继续不断接收刺激的自然倾向。对自我而言，自省、冥想和心灵的清空是最不自然的经验。灵魂的普通演化至多能创生一个健康的自我。超越这个阶段需要大量“不自然”的工作。更不自然的是不认同心灵里个性的话匣子吗?

互联网技术有一种特色鲜明的方式，它滋养我们对心理材料的依附。其链接结构是心灵功能的隐喻，从一个分支跳到另一个分支，这是我们在冥想中观察到的情况。但我们追随网上的链接时，并不是在练习冥想，所以我们更难以专注向内并放弃心灵的指令。

我们的灵修之旅携带我们走向现实，而不是走向虚幻的映射。冥想意味着触摸超越符号表征的现实。冥想练习指引我们走向一种觉悟：原来心灵是对思维上瘾的。冥想使我们一遍又一遍回去专注中性的东西，比如呼吸。冥想时，我们不会被任何思想搬走；可能要花一些时间我们才能意识到，我们被绑架离开专注对象了。觉悟到偏离方向是冥想的实质，所以，看见心灵习惯（计划、渴望、气愤、幻觉）浮现时就标记它们，这支持我们集中注意力。

通过冥想，我们甚至可以用奇妙的心灵事件和洞见替代我们对网上最新事件的渴望。

第四节　信息技术基本上是反冥想的

凭借冥想，我们可以使意识超越心灵的机械渴望，从而成功控制自动式反射。居然有“超越心灵”的东西，这使许多人迷惑不解，因为我们的文化把心灵视为进化的巅峰。神秘主义者并不同意这个观点。心灵及其内容是意识的终极游乐场，因为意识能观察我们心灵的内容。

对没有冥想经验的人而言，如何避免陷入自动机制的罗网呢？比如，如何避免把我们指向每一个方向的定向反应呢？有两个应对这种冲击的途径：我们能通过冥想超越机械心灵和思绪；我们能滑向心灵之下，用可预见的方式做出反应。在第一个途径中，我们观察心灵及其反应。在第二个途径中，我们离开内部观察——还离开深度、批评性分析和解读。换句话说，我们使自己更加笨拙，把碎片式的注意力给予无穷的外部刺激，外部刺激使我们的心灵和自我忙个不停。

科学家认为，打或逃（fight-or-flight）的反应、定向反应以及其他本能机制是不可避免的——它们嵌入了神经系统对外部刺激的敏锐反应中。

在《破坏性情绪》（*Destructive Emotions: A Scientific Dialogue with the Dalai Lama*, 2004）一书里，丹尼尔·戈尔曼（Daniel Goleman）描绘了人类最原始的反应之一的惊吓反射，这是一连串快速的肌肉痉挛，是对炸响、惊人的声音和突然、刺眼的图像做出的反应。

五块面部肌肉尤其眼睛周围的肌肉突然收缩，谁也不能指望绕过这种反应。像其他一切反射一样，它发生在脑干——最原始的爬行类那部分大脑。脑科学已经断定，即使对习惯于枪声的警察神枪手而言，惊吓反射是不能被故意修正的，因为它位于随意调节的范围之外。

加州大学旧金山分校人类互动实验室的保罗·艾克曼（Paul Ekman）测试惊吓反射，受试者是奥塞尔喇嘛（Lama Oser）。奥塞尔是欧洲佛教徒，长期在深度、孤独状态中隐修。他采用各种冥想时，他的惊吓反射几乎消失。而且，“心一境性”（one-pointedness）的冥想术甚至使他的心率和血压降低，而不是一般人通常的升高（Goleman, 2004）。

如果冥想对硬接线的反射起作用，我们就能尝试不激活对屏幕动作的本能定向反应，使自己免予对屏幕媒介做出机械式反应。在世界各地，历代已有数以百万计的人尝试，冥想如何对觉察并克服心理定势产生效应，所以冥想这一技术肯定通过了 beta 脑电波测试。如此，冥想能支持我们决定何时并如何指引我们的注意力。我们又能再次成为自己注意力的主人。（我在此向争夺我们注意力的广告商和数以千计的网站表示歉意。）

第五节　通过技术创建另一个虚幻世界

玛雅（*Maya*）是心灵创造的虚幻世界，亦即神奇的莱拉（*lila*）游戏。我们无须拒绝，相反，我们可以进入这种带有知觉的虚幻境界。意识到何为真义时，我们就能回归这个虚幻世界，它可以被视为现实的许多表现之一。罗摩克里希那（Ramakrishna, 1063）指出两种玛雅观：“通过莱拉，你开启通向尼蒂雅（*nitya* / 永恒，真实）的道路。同理，你必须从尼蒂雅回归莱拉，此时的莱拉不再是非真实的，对你的感官而言，莱拉是尼蒂雅的一种表现。”他教导我们：“让梦幻展开，直至结束。你禁不住这样做。但你可以

把梦幻当作梦幻，拒绝给它打上现实的印记。”（Maharaj, 1982, p. 258）

有了虚拟世界比如“第二人生”以后，深一层的玛雅形成，它覆盖在一般人所持的虚幻现实观之上。有了虚拟世界以后，这类虚拟环境的人为性和非现实性就变得明显了。然而与此同时，同样明显的是：在普通生活和线上世界中，我们的反应和情感基本上就是一样的了——这样的虚拟生活应该被称为玛雅 2.0 了吧。

上网时，我们使用心灵的各部分是不平衡的，有些部分多，有些部分少，用得尤其多的是：理性 – 技术的、信息饥饿的、注意力局限的、疏离身体的认知部分。尽管如此，我们的互动仍然反映了我们的心灵结构，形塑了我们的自我个性。匿名性可能会使抑制减少，我们觉得自己能根据情况来重新界定自己；尽管如此，创造认同感的心理定势的基本核心并没有从数字互动中解脱出来。我们的自动反应并没有被线上互动改变。

然而，我们的现实经验给我们机会去怀疑，我们的心灵现实是梦境的一部分。这不是虚无主义观点——如“一切皆非真实，包括我的心灵”，而是更加建设性的观点。斯瓦米·尼蒂亚南达（Swami Nityananda）说：“心灵的真实性并不大于它通过技术建构的产品的真实性，我能接触到更牢锚泊在现实和真实里的一个维度。有必要考虑玛雅，一个更深层的玛雅。”（1962）如此，一个更深层的虚幻境界可能会开辟通向现实的道路。

如果我们转弯 180 度，从屏幕回到自己的内心生活，我们就有机会不在媒介里忘却自己，我们就身处这样一个地位去看两个层次的玛雅。东方传统中有一些描绘顿悟的故事：刹那间觉悟到真实。女尼齐蓉（Chiyono）常年修行，求开悟，不成功。一天挑水行走时，她欣赏水桶里的满月。突然皮带断裂，水桶摔破，水洒地，水中月消失。

奥修评说道：

> 突然，水从水桶汩汩流出，不再有月亮。她抬头观月，真实的

月亮就在天上。她突然顿悟：一切都是投映、虚幻，因为都是通过心灵看见的。水桶破裂，内在的心灵随之破裂（1999, Card 05: Ultimate Accident）。

今天，许多新技术向我们展示了许多突发事件，揭示水中月的虚幻。这些事情有：硬盘崩溃而没有备份，需要时不能连接访问互联网。

互联网有走向真情的倾向。不出几十年，我们就可能用电子技术分析思想了。想想先进的神经生理工具比如功能磁共振成像机（fMRI machine）吧，它们与技术小玩意儿整合，播放我们的内心状态。起初，我们可以小心翼翼地与互联网互动，无指向设备，无触摸屏。（我 2011 年写这段文字时，这类研究项目正在开发中。）这类技术可以拓展我们阅读的思想。阅读身旁人或一位政客的思想，那肯定好玩。但过一阵子后，这也可能变得索然无味，就像社交网上川流不息的短信一样。那时，我们就会看清思想的真面目——意识里冒出的泡沫，时间里呈现的莱拉游戏。

附录　信息技术巨人及其驱力

许多人为当代信息技术的发展做出了贡献：数学家、哲学家、政界人物、程序师。因为悉数列举全部播下理论种子、开发实际解决办法的人物是不可能的，我将提出我认为代表性的人物。以下介绍不是准确的传记，我只探索他们个人故事与思想成就的关系。

查尔斯·巴贝奇（Charles Babbage）

查尔斯·巴贝奇（Charles Babbage, 1791—1871），久负盛名，把可编

程计算机理论化。他的“差分机”和“解析机”已用上了计算机的基本概念。他更高阶的项目未能在有生之年完成，但伦敦科学博物馆自建馆之日起就承认这位信息技术之父。

巴贝奇提出劳动分工的理论，为现代专业化搭建了舞台，同时为人转化为技术伺服机制创造了条件。他的论文《论第九座水桥》(*Ninth Bridgewater Treatise*)“论神的能力、智慧和良善”(On the Power, Wisdom and Goodness of God, as Manifested in the Creation, Babbage, 1837)，把上帝喻为立法者，有权在恰当时间创造物种。在他的视野里，上帝就像创世的程序大师，他通过理解生命的机械程序追随上帝。他认为，我们甚至可以拓展上帝的计划：

> 人对造物主作品结构的知识进步，可以不断提供越来越多的知识真实性的证明。因此，如果能力利用得当，我们不仅能从时光的摧残中挽救启示，而且随着知识的增长能强化启示(Babbage, 1837)。

据说，巴贝奇“讨厌不整洁”的习惯，这似乎是阿波罗性情者钟爱的理性化。与此一致，他反对街头音乐，不赞同孩子们的街上玩要，也许是因为这样的活动不符合他有序的世界吧。

消除信号里的“噪音”是工程和控制的目标之一——这和他对有序的喜爱形成有趣的类似特征。数字心灵的姿态阐述过度的辨析，总是在分裂——善与恶、信号与噪音、三元运算之别。

阿达·拉夫莱斯

伯爵夫人阿达·拉夫莱斯(Ada Lovelace, 1815—1852)，杰出的英国数学家，常被人称为史上程序设计第一人。她为巴贝奇的分析机写程序，预见算法的范围将扩大到数值计算以外的过程数据，谁也不曾有她那样的设想。程序语言阿达因她而命名。

阿达·拉夫莱斯是浪漫主义诗人拜伦勋爵的女儿。拜伦及其社会随从因阿达的性别而失望，不久与阿达的母亲分居，告别英国。阿达 9 岁时，拜伦去世。母亲安排阿达的生活，避免与拜伦接触，规避拜伦的生活态度，认为拜伦勋爵疯狂，担心女儿也会疯狂。从幼年起，阿达就接受数学教育，不过，慢性健康问题迫使她卧床休息。阿达·拉夫莱斯死于尿道癌症，留下遗嘱葬在拜伦勋爵身边，与她并不真正理解的父亲为伴。

约翰·冯·诺依曼

约翰·冯·诺依曼（John von Neumann 1903—1957），美籍匈牙利数学家，奠定了当代许多计算机科学模型、量子力学、博弈论和人工智能的理论基础。冯·诺伊曼架构几乎描绘了每一种计算机的结构。

约翰·冯·诺依曼是曼哈顿计划最重要的人物之一，该计划研制的原子弹轰炸了广岛和长崎。他还参与了气弹研制。他热衷军事，迷恋原子技术的威力，主张先发制人用核武器打击苏联。他首先提出一些地球工程。一是在极地冰盖上使用着色剂以提高地球温度，让世界获得更大的收成。他还提议在大西洋引爆核武器以“改善”非洲气候。

他具有世界末日级的眼界，不可能不思考生命是什么的问题。他找到生命和机器的接触点，在细胞自动机上研制自我繁殖机制，成为人工生命之父。

他谋划用世界末日的核战争毁灭世界，他似乎准备像上帝那样重造生命，用人工生命和地球工程重造物质世界。

诺伯特·维纳

美国数学家诺伯特·维纳（Norbert Wiener, 1894—1964）深受纳粹迫害犹太人的影响。第二次世界大战期间，他分析敌军飞机的数据（位置、速度等），研制高射炮。通过敌军飞机和高射炮回馈的数据，他拓展了通信理论。

他的信息回馈环路的概念是控制论的基础。哈金（Harkin, 2009）说，维纳的思想是网络郊区 (cyburbia) ——我们网络生活的黏合剂。“他开始审视无处不在的回馈环路……得出结论，人、动物和机器间的讯息的根本性质相同”（pp. 23, 26）。大多数网络编程所用的事件驱动的编程语言似乎是建立在维纳思想的基础上。

讯息的分析、控制和回馈对战时的生活至关重要，回馈系统的沉默意味着重大的灾难。今天，我们继承了为军事目的而创造的方法。我们的行为仿佛遭受了创伤后精神紧张性障碍——不由自主地陷入了回馈环路，焦急地寻找着新闻、电邮、推特或脸书网页上的更新。看见他的研究成果被用于军事目的后，他对科学的用途持悲观态度，拒绝像冯·诺依曼那样参与核武器工程。他论述自动化和计算机的发展，认为它们可能把人变成机器的奴隶，使人掉进机械运行的陷阱中。

维纳探索人类交流与机器通信的相似之处。他没有看见的是，虽然心灵可以用机械方式运行，但我们毕竟不仅仅是心灵而已。人们想要成为机械环路一部分的原因之一是解放的感觉，那种感觉来自心灵的外包，外包使心灵解除包袱。毕竟，心灵既是包袱，也是欢乐。我们的心灵深处可能有一种暗示：心灵不再是主人。通过“云计算”，软件，我们的数据和网络生活存储在巨型计算机服务器上。“云计算”沿着一个方向前进，把心灵外包给一个“更大的”东西，把信息技术公司的云误解为天上的云彩了。

艾伦·图灵

艾伦·图灵（Alan Turing 1912—1954），英国数学家和密码分析专家，对计算机科学产生了重大影响。第二次世界大战中，他的密码分析成为破解纳粹密码的基础，为战胜纳粹主义做出了贡献。他的图灵机融合了算法和可计算性形式化的重要进展。他构思的图灵测试界定的“思维机器”是：骗人相信自己正在用键盘和远方的一个人会话。在他那个时代，同性恋的英国人要受到刑事检控。1952年，他承认与英国年轻人有染，检察官给他一个选择：或下狱，或接受女性激素治疗（以“减少力比多”）。他为拯救国家出了力，国家却把他当成罪犯。1954年，图灵死于中毒。2009年，英国首相戈登·布朗代表英国政府对他的遭遇表示道歉。

在《半个宣言》（One Half a Manifesto）里，杰伦·拉尼尔（Jaron Lanier）评述图灵的悲惨死亡说：

> 图灵显然死于激素治疗引起的乳房肿大，激素治疗一再逆转他的同性恋取向。在他悲惨生命的后期，他为机器的感知力激烈争辩。我一直很纳闷，他是否在投入高度原创性的心理逃避形式；是否借变成计算机而逃避性事和死亡。

我认为，图灵的否定比同性恋问题更深刻：这和他否定“纯”笛卡尔思维之外的任何东西都有关系——这里的“任何东西”包括身体及其意识。在当代信息技术两大支柱阿达·拉夫莱斯和艾伦·图灵的身上，我们看到对性认同、感性和非理性世界的否定如何塑造了他们的生活。拉夫莱斯的性别被其生父拜伦拒绝，她的母亲却推着她走向纯理性的生活。法律镇压图灵的同性恋，也许他本人也在压制自己的同性恋。

心灵被视为人最重要的特征，与心灵的认同深深扎根，我们想要用机器复制心灵，让自己成为造物主。图灵测试让我们确定机器的“智能”。

1964年，约瑟夫·魏泽鲍姆(Joseph Weizenbaum)设计了一种交互式程序语言伊丽莎（Eliza），模拟了一个罗杰斯式的心理治疗师。魏泽鲍姆看到，使用者认真对待Eliza这台聊天机器人的语汇，他本人感到奇怪和担心。虽然心灵不可能用软件模拟，但成功的图灵测试并没有告诉我们心灵内部正在运行的任何东西。然而，图灵测试强调说明，脑子很容易被欺骗，实际上我们很容易像机器那样行事。

艾尔·戈尔

艾尔·戈尔（Al Gore）生于1948年，在克林顿总统任内担任副总统。戈尔是极富远见的政治家，早在20世纪70年代就献身通信建设。与他一样同为参议员的父亲推进了美国的信息高速公路系统，戈尔本人是美国信息高速公路最伟大的推进者之一，信息高速公路后来更名为互联网。在参议员任期内，戈尔推动1991年的《高性能计算与通信法案》，名曰“戈尔法案”。这一法案有助于国家信息基础设施（NII）的建立。他还支持创建基金，开发第一个网络浏览器“马赛克”，使互联网的应用从学界扩大到今天的规模。

艾尔·戈尔看见，以前的公路建设触发了经济增长和房地产的开发。他认为，互联网是人人能用上信息、缩小教育和健康差距、增进民主和参与度的一条路径。

戈尔认为，电视就是掏空公共辩论、造成“对理性攻击”（Assault on Reason，这是他著作之一的书名）的那个因素。他意识到，电视图像的威力用恐惧压倒理性。相比而言，互联网使人人容易参与对话，他认为这是扭转电视威胁民主的途径。

他创建潮流电视频道（Current TV），瞄准高质量的视频内容。这是一项壮举，但我认为，它没有看到：媒介即是讯息。在互联网上，被动视频方式和网上的无穷干扰结合在一起了。

斯图尔特·布兰德

嬉皮士登场之前，有序、理性化、整齐和控制的阿波罗态度推进了计算机和互联网的开发。数学家和工程师奠定了信息技术的理论基础，早期的互联网由军方开发。到了某些节点上，信息技术世界看见一些背景各异的玩家陆续登台：斯图尔特·布兰德、凯文·凯利、杰伦·拉尼尔、霍华德·莱因戈尔德和史蒂夫·乔布斯。20 世纪的文化是混乱、迷幻、环境友好、反权威主义的和社群共享的文化，它扰乱了信息技术世界。

斯图尔特·布兰德（Stewart Brand, 1938—）一直是加利福尼亚嬉皮文化的偶像。他参与了许多有创意的项目：组建快乐的恶作剧者（Merry Pranksters）联盟，试用迷幻剂，创办《全球概览》（*Whole Earth Catalog*）等杂志。布兰德还率先创办了“全球电子链路”（Whole Earth’Lectronic Link），这是最早的网络社群之一，是一个智慧讨论论坛。

布兰德将反文化态度应用于小社群生活、赋能“小人物”所谓的反文化旨在为个人和小社群争取权力，《全球概览》里的工具使这些宗旨得到推广。人们评说这些工具，在线下论坛中分享信息。乡间小社群成为“虚拟社群”。这是霍华德·莱因戈尔德（Howard Rheingold）一本书的名字。莱因戈尔德深入观察互联网的社会层面，论述新兴现象。有些嬉皮士初期的反技术、反集体态度孵化出一些互联网初创企业和 Nasdaq 的首次公开募股（IPO）企业。

布兰德的理念是，归还给个人的技术使世界变得更好。毕竟，电吉他、较早的个人乐队、迷幻剂的制造和许多小社群生活的工具引起创新性和自足力的爆炸。嬉皮士们放弃乡间小社群生活，进入省力的虚拟社群，停用迷幻剂，开始陶醉于分形动画、电子游戏、软件编程和虚拟现实环境。

最重要的是，他们相信虚拟社群成员的电子信息交换会改变并拓展人的意识，在社会上和政治上赋予他们很大的力量。

在互联网大普及的岁月里，人们频频引证神秘主义者和科学家夏尔丹（Teilhard de Chardin）的话，他预见奥米加点（Omega Point），认为踏上物质和精神双双进化的终点。通过“智慧圈”(noösphere) 的开发，人类可抵达奥米加点，这是人类心灵互动的地点。麦克卢汉怀抱强烈的基督教信仰，受到夏尔丹的影响，用圣灵降临节的语言议论计算机获得“电力世界”，预言用技术绕开语言以创生寰宇意识的前景。

凯文·凯利

自 20 世纪 70 年代以来，凯文·凯利（Kevin Kelly, 1952—）通过《全球概览》及其后继者《全球评论》（*Whole Earth Review*）普及了技术文化，接着又担任《连线》（*Wired*）杂志的执行主编。《连线》是数字文化的喉舌。他和斯图尔特·布兰德携手创办“全球电子链路”（The Well）这个网络论坛。

凯利论技术的著作颇丰，《失控：全人类的最终命运和结局》（*Out of Control: The New Biology of Machines, Social Systems, and the Economic World*, 1994）也许最为著名。该书执着于的主题之一是，生物和技术将要融合，根据“上帝九律（The Nine Laws of God）”演化。他是虔诚的基督徒，27 岁时在耶路撒冷有过神秘的体验。在耶稣殉难之地睡了过去，此后的六个月里，他感觉那就是他生命的最后岁月。看来，他对上帝的信仰和他对技术演化的信仰一样坚定。

他重温巴贝奇视上帝为神性的编程者，“凯利宣称他发现，‘宇宙是一台计算机’，计算机网络的概念不久将有助于解释生命、宇宙和万物”（Harkin, 2009, p. 84）。

凯利大力鼓吹，技术是拓展人类自由、选择和自由意志的道路（这也是基督教的基本主题）。在《自由意志的拓展》（Expansion of Free Will）一文里，他写道：“技术想要选择。互联网在更大程度上胜于以前的任何技术……技术元素展开，通向未来，继续拓展自由意志。技术想要的是更大的自由和拓展的自由意志”（Kelly, June 2009）。

凯利认为，通过技术选择的拓展，人的潜能可以得到开发——这一点我是同意的，如果我们的意思是说，技术能（部分地）支持我们才能的表达。我们潜能的充分释放产生于我们与内在品质的触摸——没有这一点，技术是没有多少帮助的。

比尔·盖茨

比尔·盖茨（Bill Gates, 1955—）是闻名遐迩的“软件先生”他和保罗·艾伦（Paul Allen）创办的公司伴随过去几十年的个人电脑革命。他近年通过它的基金会把大量的时间和财富都献给慈善事业。他是个典型的电脑狂，早年就投身计算机编程。“计算机有整洁的特征（Gates, 1996）”，很有序。他说，穷国需要治疗疟疾的药物胜过对计算机的需要。在我的眼里，他在这样的言行中完成了自己的救赎——而我曾经被微软软件里的病毒激怒。

史蒂夫·乔布斯

史蒂夫·乔布斯（Steve Jobs, 1955—2011）联手史蒂夫·沃兹尼亚克

（Steve Wozniak），出生时母亲是单身大学生。她把养不起的孩子送人领养。她认为重要的是，养父母应该是大学毕业生。不过，她安排的那对夫妇获悉婴儿是男孩时，他们就放弃了约定。下一对愿意领养婴儿的夫妇并没有大学学位，她继续自己带孩子过了几个月。随后的养父母一心要看见乔布斯大学毕业——最终他却辍学了。顺应 20 世纪 70 年代的反文化，乔布斯探索迷幻剂，去印度修行。（他说自己信佛。）1978 年，他重复自己的历史，生了个女儿，可是他否认自己是父亲，理由是他不能生育。那女婴靠福利长大。

随着时代前进，他成为信息技术领域最具原创性却常常富有争议的企业家。苹果手机给个人计算赋予新的意义，推出视觉信号和用户友好的界面。

然而，他与苹果的生命并不是一条笔直的坦途。1985 年，苹果董事会撤销他的董事长职务。于是，他创建 NeXT 计算机公司，稍后该公司由图形集团（Graphics Group）收购，继后又改组为皮克斯（Pixar）公司。皮克斯是最多产的动画技术公司，产品有《玩具总动员》（Toy Story）、《寻找尼莫》（Finding Nemo）、《美食总动员》（Ratatouille）。1996 年，苹果回购 NeXT，请乔布斯再当 CEO。2004 年，他患上罕见的可手术的胰腺癌。5 年后，肝移植使他能继续自己的创意使命。

在世界许多地方，被领养的孩子被视为“无人的孩子”。也许，不明的身份驱使他去印度搜寻灵魂。此后，他构建了一个更容易被社会接受的身份。通过威望和金钱，他挑选界定鲜明的“我”（“I”）品牌——iPod, iMac, iPhone, iPad。许多趣闻轶事描绘他的管理风格，说他是信息技术世界拥有最大“自我”的人。鸟瞰他的生命历程浮现出来的一个模式是：反复的退出和回归。曾经被母亲、潜在的父母、自己创建的公司摒弃；摒弃自己的教育和女儿；由于重大的健康问题几乎被生活摒弃。

连安居都一直成问题。法律文牍纠缠着他 1984 年在加利福尼亚伍德赛德购买的一幢历史豪宅。他在未装修的豪宅里居住多年，打算拆掉重盖新楼，但地方上的环保群体阻挡他。他还多年翻修纽约市一幢公寓楼顶层的一套房子，却从未乔迁进住。他似乎永无休止地寻找内心和外在的家园，遭遇困难就返回，带上新的工具和更新后的技能向世界展示。

退入心灵

阿达·拉夫莱斯被视为史上首位程序师，出生时被命运捉弄，日后成为信息技术偶像。史蒂夫·乔布斯的故事是九型人格学里典型的第五型人格（虽然他身上肯定有第七型的表演型人格元素），信息技术世界里很多人都是第五型人格。这一心理精神系统认定九型人格。九型人格学大概起源于伊斯兰神秘主义的苏菲派，大约 1900 年由乔治·葛吉夫带到西方。20 世纪 70 年代，奥斯卡·伊察佐（Oscar Ichazo）和精神病学家克劳迪奥·纳兰吉沃（Claudio Naranjo）对这九型人格的核心品质做了阐述。稍后，唐·里索（Don Riso）、拉斯·赫德森（Russ Hudson）和海伦·帕玛（Helen Palmer）做了普及。20 世纪 90 年代，阿尔玛斯阐述了九型人格的精神维度。

早年生存的不安稳可能会造成精神分裂人格，第五型人格最接近精神分裂人格。合理性和有序性是珍贵的防卫机制，能抵御脱离生活的威胁，并使一切各归其位、井井有条。

第五型人格者退入精神世界，躲进安稳的避风港。他们想要他人接受自己的能力，常常不现身，退守心灵，磨砺技能。这些品质使他们自信能再入现实，成为有才能（因而被接受）者，并展示自己的创新思想。

他们最成功之处在于创造无人占据的利基，这使他们得到世人的认可。苹果的技术是专利技术，确保了乔布斯独占鳌头的地位，突显了第五人格的部落化倾向——谨守情感和财产或专利信息。像阿达·拉夫莱斯那样，乔布斯出生时被命运捉弄，日后成为信息技术偶像。阿达·拉夫莱斯因女儿身不被父亲接受，乔布斯被遗弃供人领养。

在现代依赖技术的世界里，精神分裂的第五型人格似乎比其他类型更加普遍。

参考文献

Aardema, Frederick, O'Connor, Kieron, Côté, Sophie and Taillon, Annie, "Cyberpsychology, Behavior, and Social Networking," August 2010, vol. 13, no. 4, pp. 429-35: doi:10.1089/cyber.2009.0164: <www.liebertonline.com/doi/abs/10.1089/cyber.2009.0164>

Aguirre, Anthony."The Enemy of Insight?" from "The Edge Annual Question 2010", 2010, www.edge.org/q2010/q10_10.html

Aldhous, Peter, "Psychologist finds Wikipedians Grumpy and Closed-Minded," *New Scientist*, 3 Jan 2009: <www.newscientist.com/article/dn16349-psychologist-finds-wikipedians-grumpy-and-closedminded.html>

Alliance for Childhood, *Fool's Gold: A Critical Look at Computers in Childhood*, Codd Park: Alliance for Childhood, 2000.

Almaas, A. H., *Essence: The Diamond Approach to Inner Realization*, York Beach: Samuel Weiser, 1986.

———*Elements of the Real in Man*, Berkeley: Diamond Books, 1987.

———*The Pearl Beyond Price*, Berkeley: Diamond Books, 1988.

———*Being and the Meaning of Life*, Berkeley: Diamond Books, 1990.

———*The Point of Existence*, Berkeley: Diamond Books, 1996.

———*Spacecruiser Inquiry*, Boston: Shambhala, 2002.

———"Tools for the Maturation of the Soul: Interview with Almaas," *Innernet*, 14 Feb 2008: <www.innernet.it/tools-for-the-maturation-of-the-soul-interview-with-almaas/>

———"Loving the Truth for its Own Sake: Interview with Almaas," *Innernet*, 21 Aug 2009: <www.innernet.it/loving-the-truth-for-its-own-sake-an-interview-with-almaas/>

Anderson, Chris, "The End of Theory: The Data Deluge Makes the Scientific Method Obsolete," *Wired*, June 2008: <www.wired.com/science/discoveries/magazine/16-07/pb_theory>

Assagioli, Roberto, *Psicosintesi*, Roma: Mediterranee, 1971.

Babbage, Charles, *The Ninth Bridgewater Treatise: a Fragment* [*1837*] *. Second edn.*, London: Pickering, 1989.

Balsekar, Ramesh, *A Duet of One*, Los Angeles: Advaita Press, 1989.

———*Consciousness Speaks*, Redondo Beach, CA: Advaita Press, 1992.

Barlett, C., Harris, R. and Bruey, C., "The Effect of the Amount of Blood in a Violent Video Game on Aggression, Hostility, and Arousal," *Journal of Experimental Social Psychology*, vol. 44, no. 3, 539-46, May 2008.

Barlow, John Perry, *A Declaration of the Independence of Cyberspace*, 8 Feb 1996. <homes.eff.org/~barlow/Declaration-Final.html>

Bateson, Gregory, *Steps to an Ecology of Mind*, San Francisco: Chandler Press, 1972.

Berman, Marc G., Jonides, John and Kaplan, Stephen, "The Cognitive Benefits of Interacting With Nature," *Psychological Science*, 2008: <pss.sagepub.com/content/19/12/1207>

Berninger, Virginia W., Abbott, Robert D., Augsburger, Amy and Garcia, Noelia, "Comparison of Pen and Keyboard Transcription Modes in Children with and Without Learning Disabilities," *Learning Disability Quarterly*, vol. 32, no. 3, Summer 2009.

Block, Gerald, "Out of this World," *Standpoint*, August 2008: <standpointmag.com/node/315/full>

Branan, Nicole, "Unconscious Decisions: As We Mull a Choice, Our Subconscious Decides for Us," *Scientific American*, August 2008: <www.scientificamerican.com/article.cfm?id=unconscious-decisions>

Bright, Susie, *Sexual Reality*, San Francisco: Cleis Press, 1992. <www.susiebright.

com>

Brook, James and Boal, Iain. A., eds., *Resisting the Virtual Life: The Culture and Politics of Information*, San Francisco: City Lights, 1995.

Brooks, Michael, "Unknown Internet 2: Could the Net Become Self-Aware?" *New Scientist*, 30 Apr 2009: <www.newscientist.com/article/mg20227062.100-could-the-net-become-selfaware.html>

Carr, Nicholas, "Is Google Making Us Stupid?" *Atlantic*, July/August 2008: <www.theatlantic.com/magazine/archive/2008/07/is-google-making-us-stupid/6868/>

———*The Shallows: What the Internet is doing to our Brains*, New York: W.W. Norton & Company, 2010.

CBS 60 minutes. "J. Craig Venter: Designing Life" . 21 Nov 2010. <www.cbsnews.com/video/watch/?id=7076435n>

Chandler, D. L., "Rethinking Artificial Intelligence," *MITnews*, 7 Dec 2009: <web.mit.edu/newsoffice/2009/ai-overview-1207.html

Chitrabhanu, Gurudev Shree, *Twelve Facets of Reality*, *The Jain Path to Freedom*, New York: Dodd, Mead & Co., 1980.

Church, Dawson, *The Genie in Your Genes*, Santa Rosa, CA: Energy Psychology Press, 2007.

Cioran, E. M., *Précis de Décomposition*, Paris: Gallimard, 1949.

Clotfelter, Charles T., Ladd, Helen F. and Vigdor, Jacob L., "Scaling the Digital Divide: Home Computer Technology and Student Achievement," Duke University, July 29, 2008.

Csikszentmihalyi, Mihaly, *Flow: The Psychology of Optimal Experience*, New York: Harper Perennial, 1991.

Damasio, Antonio, *Descartes' Error: Emotion, Reason, and the Human Brain*, New York: Harper Perennial, 1995.

Davitt Maughan, Patricia."Assessing Information Literacy among Undergraduates: A Discussion of the Literature and the University of California-Berkeley Assessment Experience" . *American Library Association*. Jan 2001.

Dawkins, Richard.*The Selfish Gene*, New York City: Oxford University Press, 1976

De Berardis, Domenico, D'Albenzio, Alessandro, Gambi, Francesco, Sepede, Gianna, Valchera, Alessandro, Conti, Chiara M., Fulcheri, Mario, Cavuto, Marilde, Ortolani, Carla, Salerno, Rosa Maria, Serroni, Nicola and Ferro, Filippo Maria, "Alexithymia and its Relationships with Dissociative Experiences and Internet Addiction in a Nonclinical Sample," *CyberPsychology & Behavior*, 10 February 2009, 12(1): 67-9, doi:10.1089/cpb.2008.0108: <www.liebertonline.com/doi/abs/10.1089/cpb.2008.0108>

Debord, Guy.*Society of the Spectacle*. 1967. <www.marxists.org/reference/archive/debord/society.htm>

de Decker, Kris, "Faster Internet is Impossible," *Low-Tech Magazine*, 7 Feb 2008: <www.lowtechmagazine.com/2008/02/faster-internet.html>

———"The Monster Footprint of Digital Technology," *Low-Tech Magazine*, 16 Jun 2009: <www.lowtechmagazine.com/2009/06/embodied-energy-of-digital-technology.html>

Deida, David, *The Way Of The Superior Man: A Spiritual Guide to Mastering the Challenges of Woman, Work, and Sexual Desire*, Brazos, Texas: Plexus, 2006

Derbyshire, David, "Social Websites Harm Children's Brains: Chilling Warning to Parents from Top Neuroscientist," *MailOnline*, 24 Feb 2009: <www.dailymail.co.uk/news/article-1153583/Social-websites-harm-childrens-brains-Chilling-warning-parents-neuroscientist.html>

Dery, Mark, ed., *Flame Wars: The Discourse of Cyberculture*, Durham, NC: Duke University Press, 1994.

———*Escape Velocity: Cyberculture at the End of the Century*, New York: Grove Press, 1996.

Descartes, René, *Discourse on the Method (The Philosophical Writings of Descartes)*, Cambridge: Cambridge University Press, 1985.

Digital Nation, Interview with Clifford Nass, *Digital Nation*, 1 Dec 2009: www.pbs.org/wgbh/pages/frontline/digitalnation/interviews/nass.html>

Dirac, Leo, "Really New in Labs this Time: SMS Text Messaging for Chat," *Gmail Blog*, 10 Dec 2008: <gmailblog.blogspot.com/2008/12/really-new-in-labs-this-time-

sms-text.html>

Divan, Hozefa A., Kheifets, Leeka, Obel, Carsten and Olsen, Jørn, "Prenatal and Postnatal Exposure to Cell Phone Use and Behavioral Problems in Children," *Epidemiology*, July 2008, vol. 19, no. 4, pp. 523-9, doi: 10.1097/EDE.0b013e318175dd47.

Economist, "Great Minds Think (Too Much) Alike," July 2008: <www.economist.com/node/11745514?story_id=11745514>

Edelman, Ben, "Google Toolbar Tracks Browsing Even After Users Choose 'Disable'," January 26, 2010 (1): <www.benedelman.org/news/012610-1.html>

———"Facebook Leaks Usernames, User IDs, and Personal Details to Advertisers," May 20, 2010 (2): <www.benedelman.org/news/052010-1.html>

———"Hard-Coding Bias in Google 'Algorithmic' Search Results," November 15, 2010 (3): <www.benedelman.org/hardcoding/>

Ellul, Jacques, *The Technological Society*, New York: Knopf Publishing, 1964.

Engels, F. The Origin of the Family, Private Property and the State. Middlesex: Penguin. 1985.

Gates, Bill, *The Road Ahead*, New York: Penguin, 1996.

Gentile, D. A., "Pathological Video Game Use Among Youth 8 to 18: A National Study," *Psychological Science*, vol. 20, pp. 594-602, 2009: <www.drdouglas.org/page_resources_articles_2009gtext.html>

Goleman, Daniel, *Destructive Emotions: A Scientific Dialogue with the Dalai Lama*, New York: Bantam, 2004.

Greenfield, Susan. House of Lords. 12 Feb 2009. <www.publications.parliament.uk/pa/ld200809/ldhansrd/text/90212-0010.htm>

Hafner, Katie, "Texting May Be Taking a Toll," *New York Times*, 25 May 2009: <www.nytimes.com/2009/05/26/health/26teen.htm>

Harkin, James, *Lost in Cyburbia: How Life on the Net Has Created a Life of Its Own*, Toronto: Knopf Canada, 2009.

Herrigel, Eugen, *Zen in the Art of Archery*, New York: Pantheon Books, 1953.

Hillman, James and Ventura, Michael, *We've Had a Hundred Years of Psychotherapy:*

And the World's Getting Worse, San Francisco: Harper Collins, 1993.

Hoffman, Stefanie, "Montana City Asks Job Applicants to Fork Over Social Networking Passwords," *CRN*, June 19, 2009: <www.crn.com/blogs-op-ed/the-channel-wire/218100385>

Holmes, Bob, "The Not-so-Selfish Gene," *New Scientist*, 7 March 2009.

Hu, Mu, "Will Online Chat Help Alleviate Mood Loneliness?" *Cyberpsychology, Behavior, and Social Networking*, 28 Feb 2009: <www.liebertonline.com/doi/abs/10.1089/cpb.2008.0134>

Huxley, Aldous, *Brave New World*, New York: Harper & Row, 1932.

———*The Perennial Philosophy*, New York: Harper & Row, 1945.

Institute for Social Research, "Empathy: College Students Don't have as Much as They Used to," University of Michigan News Service, 27 May 2010: <www.ns.umich.edu/htdocs/releases/story.php?id=7724>

Institute of HeartMath, "Science of The Heart: Exploring the Role of the Heart in Human Performance," Boulder Creek: Institute of HeartMath, 2001: <www.heartmath.org/templates/ihm/downloads/pdf/research/e-book/science-of-the-heart.pdf>

Jackson, Maggie, *Distracted: The Erosion of Attention and the Coming Dark Age*, New York: Prometheus Books, 2008.

Jackson, T., Dawson, R. and Wilson, D., "Case Study: Evaluating the Effect of Email Interruptions within the Workplace," In:*Conference on Empirical Assessment in Software Engineering*, Keele University, EASE 2002, Keele, UK, April 2002, pp. 3-7.

Jung, Carl Gustav, *The Psychology of Kundalini Yoga*, New Jersey: Princeton University Press, 1996.

Junghyun, Kim, LaRoseand, Robert and Peng, Wei, "Loneliness as the Cause and the Effect of Problematic Internet Use: The Relationship between Internet Use and Psychological Well-Being," *CyberPsychology & Behavior*, Aug 2009, vol. 12, no. 4, pp. 451-5, doi:10.1089/cpb.2008.0327: <www.liebertonline.com/doi/abs/10.1089/cpb.2008.0327>

Kakabadse, Andrew P., Nada K., Bailey, Susan and Myers, Andrew, *Techno Addicts*, Cambridge: Sigel Press, 2009.

Kaki, M., "Welcome to Cyberia: An Economic Primer," Minutes of the Lead Pencil Club, ed. Bill Henderson, New York: Pusicart Press, 1996.

Kasparov, Garry, "The Chess Master and the Computer," *New York Review of Books*, Feb 2010. <www.nybooks.com/articles/archives/2010/feb/11/the-chess-master-and-the-computer/>

Kelleci, Meral and İnal, Sevil, "Cyberpsychology, Behavior, and Social Networking: Psychiatric Symptoms in Adolescents with Internet Use: Comparison Without Internet Use," doi:10.1089/cpb.2009.0026: <www.liebertonline.com/doi/pdf/10.1089/cyber.2009.0026>

Kelly, Kevin, *Out of Control: The Rise of Neo-Biological Civilization*, Reading, MA: Addison-Wesley, 1994.

———"Technophilia," *Technium*, 8 Jun 2009: <www.kk.org/thetechnium/archives/2009/06/technophilia.php>

———"Why Technology Can't Fulfill," *Technium*, 26 Jun 2009: <www.kk.org/thetechnium/archives/2009/06/why_technology.php>

———"Expansion of Free Will," *Technium*, 13 Aug 2009: <www.kk.org/thetechnium/archives/2009/08/expansion_of_fr.php>

———*What Technology Wants*, New York: Viking, 2010.

Kirsh SJ, Mounts JR, Olczak PV. "Violent media consumption and the recognition of dynamic facial expressions," *Journal of Interpersonal Violence*, May 2006; 21(5):571-84. <www.ncbi.nlm.nih.gov/pubmed/16574633>

Ko Chih-Hung; Yen Ju-Yu, Liua Shu-Chun, Huanga Chi-Fen and Yen Cheng-Fang, "The Associations Between Aggressive Behaviors and Internet Addiction and Online Activities in Adolescents," *Journal of Adolescent Health*, vol. 44, no. 6, pp. 598-605, June 2009: <www.jahonline.org/article/S1054-139X%2808%2900676-9/abstract>

Ko Chih-Hung; Liu Gin-Chung; Hsiao Sigmund; Yen Ju-Yu; Yang Ming-Jen; Lin Wei-Chen, "Brain Activities Associated with Gaming Urge of Online Gaming

Addiction," *Journal of Psychiatric Research*, vol. 43, no. 7, pp. 739-47, April 2009.

Krishnamurti, U. G., *The Mystique of Enlightenment*, Post Betim, Volant, Goa: Dinesh Vaghela, 1982: www.well.com/user/jct/mystiq.htm

———*Mind is a Myth*, Post Betim, Volant, Goa: Dinesh Publications, 1988.

Kruger, Justin, Epley, Nicholas, Parker, Jason and Ng, Zhi-Wen, "Egocentrism over E-mail: Can We Communicate as Well as We Think?," *Journal of Personality and Social Psychology*, December 2005, vol. 89, no. 6, pp. 925-36: <psycnet.apa.org/?&fa=main.doiLanding&doi=10.1037/0022-3514.89.6.925>

Kurzweil, Ray, *The Singularity Is Near: When Humans Transcend Biology*, New York: Viking Adult, 2005.

———inHamilton, Craig, "Chasing Immortality: The Technology of Eternal Life," interview with Ray Kurzweil for *EnlightenNext*, Sep-Nov 2005: <www.enlightennext.org/magazine/j30/kurzweil.asp?page=3>

Kurzweil, Ray and Grossman, Terry, *Fantastic Voyage: Live Long Enough to Live Forever*, New York: Rodale, 2004.

Kushner, David, "When Man & Machine Merge," *Rolling Stone*, 19 Feb 2009. <www.rollingstone.com/news/story/25939914/when_man__machine_merge>

Laing, R. D., *The Divided Self*, London: Tavistock Publications, 1959.

Lakoff, George, interviewed by Iain A. Boal in "The Conduit Metaphor," *Resisting the Virtual Life: The Culture and Politics of Information*, Brook, J. and Boal, I. A., eds., San Francisco: City Lights, 1995.

Lanier, Jaron, "One Half a Manifesto," *Edge*: <www.edge.org/3rd_culture/lanier/lanier_p1.html>

Laski, Margharita, *Ecstasy in Secular and Religious Experience*, Los Angeles: J. P. Tarcher, 1990.

Lavin, Timothy.*How the Recession Changes Us*. The Atlantic. Jan/Feb 2001. <www.theatlantic.com/magazine/archive/2011/01/how-the-recession-changed-us/8347/>

Lenhart, Amanda, Purcell, Kristen, Smith, Aaron and Zickuhr, Kethryn, "Social Media and Mobile Internet Use Among Teens and Young Adults," *Pew Internet*, Feb 2010: <www.pewinternet.org/Reports/2010/Social-Media-and-Young-Adults.aspx>

Levine, Laura E., Waite, Bradley M. and Bowman, Laura L., "Electronic Media Use, Reading, and Academic Distractibility in College Youth," *CyberPsychology & Behavior*, August 2007, vol. 10, no. 4, pp. 560-6, doi:10.1089/cpb.2007.9990: <www.liebertonline.com/doi/abs/10.1089/cpb.2007.9990>

Levine, Peter A., *Waking the Tiger: Healing Trauma, The Innate Capacity to Transform Overwhelming Experiences*, Berkeley: North Atlantic Books, 1997.

Levy, Pierre, *Collective Intelligence: Mankind's Emerging World in Cyberspace*, New York: Plenum Press, 1997.

Lipton, Bruce, *The Biology of Belief: Unleashing the Power of Consciousness, Matter and Miracles*, Santa Rosa, CA: Elite Books, 2005.

Lowen, Alexander, *Bioenergetics*, New York: Coward, McCann & Geoghegan, 1975.

———*Joy: Surrender to the Body*, New York: Macmillan, 1995.

MacLean, Katherine A., Ferrer, Emilio, Aichele, Stephen R., Bridwell, David A., Zanesco, Anthony P., Jacobs, Tonya L., King, Brandon G., Rosenberg, Erika L., Sahdra, Baljinder K., Shaver, Phillip R., Wallace, B. Alan, Mangun, George R. and Saron, Clifford D., "IntensiveMeditation Training Improves Perceptual Discrimination and Sustained Attention," *Psychological Science*, 11 May 2010: <pss.sagepub.com/content/early/2010/05/11/0956797610371339.full>

Magatti, Mauro, *Libertà Immaginaria: Le Illusioni del Capitalismo Tecno-Nichilista*, Milano: Feltrinelli, 2009. Quotations are author's translation

Maharaj, Nisargadatta, *I Am That*, Durham: Acorn Press, 1982.

———*Prior to Consciousness: Talks with Sri Nisargadatta Maharaj*, Durham: Acorn Press, 1985.

Mander, Jerry, *Four Arguments for the Elimination of Television*, New York: William Morrow, 1978.

———*In the Absence of the Sacred*, San Francisco: Sierra Club, 1991.

Mapes, Diane, "Bury Me With My Cell Phone," *Msnbc.com*, December 16, 2008: <www.msnbc.msn.com/id/28182292>

Martini, Carlo Maria, "Lectio Divina e Pastorale: A Cura di Salvatore A. Panimolle, Ascolto della Parola e Preghiera, La 'Lectio Divina'," Città del Vaticano: Libreria

Editrice Vaticana, 1987.

McLuhan, Marshall, *Understanding Media: The Extensions of Man*, New York: McGraw Hill, 1964.

———*Understanding Me*, Cambridge, MA: MIT Press, 2005.

McLuhan, Marshall and Powers, Bruce R., *The Global Village*, New York: Oxford University Press, 1989.

Mehdizadeh, Soraya, "Self-Presentation 2.0: Narcissism and Self-Esteem on Facebook," *Cyberpsychology, Behavior, and Social Networking*, 16 Feb 2010: <www.liebertonline.com/doi/abs/10.1089/cpb.2009.0257>

Meister, Eckhart, *La Via del Distacco*, Milano: Mondadori, 1995.

Minsky, Marvin, *The Society of Mind*, New York: Simon & Schuster, 1988.

Moravec, Hans, *Robot: Mere Machine to Transcendent Mind*, New York: Oxford University Press, 1999.

Morin, Edgar, *La Méthode 3: La Connaissance de la Connaissance*, Paris: Editions du Seuil, 1986.

Morozov, Evgeny, "Texting Toward Utopia: Does the Internet Spread Democracy?" *Boston Review*, March/April 2009: <bostonreview.net/BR34.2/morozov.php>

———"Wrong Kind of Buzz Around Google Buzz," *Foreign Policy*, 18 Aug 2010: <neteffect.foreignpolicy.com/posts/2010/02/11/wrong_kind_of_buzz_around_google_buzz>

Mostrous, Alexi and David Brown, "Microsoft Seeks Patent for Office 'Spy' Software," *Sunday Times*, January 16, 2008: <technology.timesonline.co.uk/tol/news/tech_and_web/article3193480.ece>

Mumford, Lewis, *Technics and Civilization*, New York: Harcourt, Brace and Co., 1934.

———*The Myth of the Machine*, New York: Harcourt, Brace & World, 1966.

Nityananda, *Voice of the self*, Madras: P. Ramanath Pai, 1962.

Noble, David F., *The Religion of Technology: The Divinity of Man and the Spirit of Invention*, New York: Alfred A. Knopf, 1997.

Osho, *Meditation: The Art of Ecstasy*, Cologne: Rebel Publishing House, 1976.

———*The Search: Talks on the Ten Bulls of Zen*. Cologne: Rebel Publishing House, 1977.

———*The Heartbeat of the Absolute*, Cologne: Rebel Publishing House, 1980.

———*Theologia Mystica*, Cologne: Rebel Publishing House, 1983.

———*The Dhammapada: The Way of the Buddha, Series 2*, Cologne: Rebel Publishing House, 1990.

———*The Book of Wisdom: Discourses on Atisha's Seven Points of Mind Training*, Cologne: Rebel Publishing House, 1993.

———*Osho Transformation Tarot* [Cards]. New York: St. Martin's Press, 1999.

———*The Psychology of the Esoteric*, Cologne: Rebel Publishing House, 2008.

Page, Angie S., Ashley R., Cooper, Pippa Griew, Russell Jago."Children's Screen Viewing is Related to Psychological Difficulties Irrespective of Physical Activity" .*Pediatrics*, Vol. 126 No. 5. November 2010, pp. e1011-e1017 (doi:10.1542/peds.2010-1154) <pediatrics.aappublications.org/cgi/content/abstract/126/5/e1011>

Pagnoni G., Cekic, M. and Guo, Y., 2008, "Thinking about Not-Thinking: Neural Correlates of Conceptual Processing During Zen Meditation," PLoS ONE 3(9): e3083, doi:10.1371/journal.pone.0003083. 3 set 2008.

Parker, A. and Dagnall, N., "Effects of Bilateral Eye Movements on Gist-Based False Recognition in the DRM Paradigm," *Brain and Cognition*, vol. 63, pp. 221-5, Apr 2007: <dx.doi.org/10.1016/j.bandc.2006.08.005>

Pearce, Joseph Chilton, "Gathering Sparks," interview by*Parabola* magazine, selected by David Appelbaum and Joseph Kulin, New York: Parabola Books, 2001.

———*The Biology of Transcendence*, Rochester: Inner Traditions, 2002.

Perlow, Jon, "New in Labs: Stop Sending Mail You Later Regret," *Gmail Blog*, 6 Oct 2008: <gmailblog.blogspot.com/2008/10/new-in-labs-stop-sending-mail-you-later.html>

Pirandello, Luigi, *One, No One, and One Hundred Thousand*, Translated and introduction by William Weaver. New York: Marsilio Publishers, 1992.

Pitney, Joel, "The Conscious Universe," *EnlightenNext*, 5 Apr 2010: <magazine.enlightennext.org/2010/04/05/enlightennext-mp3-dr-ervin-laszlow/>

Postman, Neil, *Amusing Ourselves to Death: Public Discourse in the Age of Show Business*, New York: Viking Press, 1985.

———*Technopoly: The Surrender of Culture to Technology*, New York: Vintage Books, 1993.

Prinz, Jesse J., *Gut Reactions*, Oxford: Oxford University Press, 2008.

Ramakrishna, Shri, *L'Enseignement de Ramakrishna*, 1963.

Ram Tzu, *No Way for the Spiritually 'Advanced'*, Redondo Beach: Advaita Press, 1990.

Research Digest Blog, "Improve Your Memory: Wiggle Your Eyes Back and Forth," *British Psychological Society at the Research Digest Blog*, 26 Mar 2007: <bps-research-digest.blogspot.com/2007/03/improve-your-memory-wiggle-your-eyes.html>

Rideout, V. and Hamel, E., *The Media Family: Electronic Media in the Lives of Infants, Toddlers, Preschoolers, and Their Parents*, Menlo Park, CA: Henry J. Kaiser Foundation, May 2006.

Risen, James and Lichtblau, Eric, "E-Mail Surveillance Renews Concerns in Congress," *New York Times*, 16 Jun 2009: <www.nytimes.com/2009/06/17/us/17nsa.htm?_r=2>

Riso, Don Richard, *Personality Types, Using the Enneagram for Self-Discovery*, New York: Houghton Mifflin, 1996.

Rheingold, Howard, *The Virtual Community: Homesteading on the Electronic Frontier*, Reading, MA: Addison-Wesley, 1993.

Rose, Alexander, "Are We Losing Our Memory?" *The Long Now Blog*, 22 Mar 2009: <blog.longnow.org/2009/03/22/are-we-losing-our-memory/>

Roush, Wade, "Second Earth," *Technology Review*, Jul/Aug 2007.

Rowlands, Ian, Nicholas, David, Huntington, Paul, Gunter, Barrie, Withey, Richard, Dobrowolski, Tom, Tenopir, Carol, Williams, Pete, Fieldhouse, Maggie and Jamali, Hamid, "Behaviour of the Researcher of the Future," University College London Centre for Publishing for the British Library, January 16, 2008: <www.bl.uk/news/2008/pressrelease20080116.html>

Russell, Peter, *The Global Brain Awakens*, Maui, HI: Global Brain, 1995.

Salganik, Matthew J., Dodds, Peter Sheridan and Watts, Duncan J., "Experimental Study of Inequality and Unpredictability in an Artificial Cultural Market," *Science*, vol. 311, p. 854, 10 Feb 2006: <www.sciencemag.org/cgi/content/abstract/311/5762/854>

Sanders, Barry, A is for Ox: The Collapse of Literacy and the Rise of Violence in an Electronic Age, New York: Vintage Books, 1995.

Satprem, *Sri Aurobindo, or the Adventure of Consciousness*, New York: Harper & Row, 1974.

Schwartz, Barry, *The Paradox of Choice: Why More Is Less*, New York: Harper Perennial, 2004.

Sheldrake, Rupert, *The Presence of the Past: Morphic Resonance and the Habits of Nature*, New York: Times Books, 1988.

Siegel, Lee, *Against the Machine*, New York: Spiegel & Grau, 2008.

Slouka, Mark, *War of the Worlds*, New York: Basic Books, 1995.

Small, Gary and Vorgan, Gigi. *iBrain: Surviving the Technological Alteration of the Modern Mind*, New York: William Morrow, 2008.

Smith, Aaron, "The Internet and Civic Engagement," *PewInternet*, September 1, 2009: <www.pewinternet.org/Press-Releases/2009/The-Internet-and-Civic-Engagement.aspx>

Steiner, Rudolf, *The Evolution of Consciousness*, Sussex: Rudolf Steiner Press, 1991.

Stepanikova, Irena, Nieb, Norman H. and Hec, Xiaobin, "Time on the Internet at Home, Loneliness, and Life Satisfaction: Evidence from Panel Time-Diary Data," *Computers in Human Behavior*, vol. 26, no. 3, May 2010.

Stepp Sessions, Laura, *Unhooked: How Young Women Pursue Sex, Delay Love, and Lose at Both*, New York: Riverhead Books, 2007.

Stone, Allucquère Rosanne, *The War of Desire and Technology at the Close of the Mechanical Age*, Cambridge, MA: MIT Press, 1996.

Talbott, Steve, *The Future Does Not Compute: Transcending the Machines in Our Midst*, Sebastopol, CA: O'Reilly & Associates, 1995.

———“Are Our Brains Changing?” *Netfuture: Technology and Human Responsibility*, 30 Jul 1997: <www.netfuture.org/1997/Jul3097_54.html>

———“Multitasking Ourselves to Death,” *Netfuture: Technology and Human Responsibility*, 30 Jul 1998: <www.netfuture.org/1998/Jul3098_75.html#2d>

———“Twilight of the Double Helix,” *Netfuture: Technology and Human Responsibility*, 12 Mar 2009: <www.netfuture.org/2009/Mar1209_175.html>

Tang, Yi-Yuan, Lu, Qilin, Gengc, Xiujuan, Stein, Elliot A., Yang, Yihong and Posner, Michael I., “Short-Term Meditation Induces White Matter Changes in the Anterior Cingulate,” *Proc Natl Acad Sci USA*, August 16, 2010: <www.pnas.org/content/early/2010/08/10/1011043107.abstract>

Technorati, “State of the Blogosphere,” 2008: <technorati.com/blogging/feature/state-of-the-blogosphere-2008/>.

Thomas, L. E. and Lleras, A., “Moving Eyes and Moving Thought: On the Spatial Compatibility between Eye Movements and Cognition,” *Psychonomic Bulletin & Review*, vol. 14, pp. 663-8, 2007.

Thompson, Clive, “Your Outboard Brain Knows All,” *Wired*, November 25, 2007: <www.wired.com/techbiz/people/magazine/15-10/st_thompson>

Todeschi, Kevin J., *Edgar Cayce on the Akashic Records*, Virginia Beach: A. R. E. Press, 1998.

Trungpa, Chogyam, *The Heart of the Buddha*, Boston: Shambhala, 1991.

———*Great Eastern Sun*, Boston: Shambhala, 1999.

Turkle, Sherry, *The Second Self: Computers and the Human Spirit*, New York: Simon and Schuster, 1984.

———*Life on the Screen: Identity in the Age of the Internet*, New York: Simon & Schuster, 1995.

———Interview by*Digital Nation*, 2 Feb 2010: <www.pbs.org/wgbh/pages/frontline/digitalnation/interviews/turkle.html>

Twenge, J. M., Konrath, S., Foster, J. D., Keith Campbell, W. and Bushman, B. J., “Egos Inflating Over Time: A Cross-Temporal Meta-Analysis of the Narcissistic Personality Inventory,” *Journal of Personality*, 2008, vol. 76, no. 4, 875-902, DOI:

10.1111/j.1467-6494.2008.00507.x

Umiltà MA, Escola L, Intskirveli I, Grammont F, Rochat M, Caruana F, Jezzini A, Gallese V, . Rizzolatti G., "When Pliers Become Fingers in the Monkey Motor System," *Proc Natl Acad Sci USA* (2008) 105: 2209-13.

University of California, San Diego. "How Much Information? 2009 Report on American Consumers". Dec 2009. <hmi.ucsd.edu/howmuchinfo_research_report_consum.php>

Venter, Craig, "How to Make a New Life Form," *Guardian*, May 20, 2010: <www.guardian.co.uk/science/video/2010/may/20/craig-venter-new-life-form>

Vigdor, Jacob L. and Ladd, Helen F., "Scaling the Digital Divide: Home Computer Technology and Student Achievement," National Bureau of Economic Research Working Paper No. 16078, June 2010: <www.nber.org/papers/w16078>

Walker, Danna L., "The Longest Day: Could a Class of College Students Survive Without iPods, Cellphones, Computers and TV from One Sunrise to the Next?," *Washington Post*, August 5, 2007: <www.washingtonpost.com/wp-dyn/content/article/2007/08/01/AR2007080101720.html>

Wallace, B. Alan, *The Taboo of Subjectivity*, New York: Oxford University Press, 2000.

———*The Attention Revolution*, Boston: Wisdom Publications, 2006.

Watts, Alan, *The Supreme Identity*, New York: Pantheon Books, 1950.

Webb, Richard, "Online Shopping and the Harry Potter Effect," *New Scientist*, 22 Dec 2008: <www.newscientist.com/article/mg20026873.300-online-shopping-and-the-harry-potter-effect.html>

Weiner, Norbert, *The Human Use of Human Beings*, Boston: Houghton Mifflin, 1950.

Weizenbaum, Joseph, *Computer Power and Human Reason*, San Francisco, CA: W. H. Freeman, 1976.

Wilber, Ken, *The Atman Project*, Wheaton, IL: Theosophical Publishing, 1980.

Wintour, Patrick, "Facebook and Bebo Risk 'Infantilising' the Human Mind," *Guardian*, 24 Feb 2009: <www.guardian.co.uk/uk/2009/feb/24/social-networking-site-changing-childrens-brains>

Yogananda, Paramahansa, *Autobiography of a Yogi*, Los Angeles: Self-Realization Fellowship, 1952.

Zeidan, F., Johnson, S. K., Diamond, B. J., David, Z. and Goolkasian, P., "Mindfulness Meditation Improves Cognition: Evidence of Brief Mental Training," *Consciousness and Cognition*, Jun 2010: <www.ncbi.nlm.nih.gov/pubmed/20363650>

Zimmerman, F., *Children's Media Use and Sleep Problems: Issues and Unanswered Questions*, Menlo Park, CA: Henry J. Kaiser Foundation, June 2008.

人名和术语对照表

译者说明：原书索引繁杂，编辑一个精简的“人名和术语对照表”，以突出重点，似有必要。

A

abdominal brain 腹部脑
ADD 注意力缺陷综合征，多动症
Akashic records 阿卡西记录
Alexithymia 述情障碍
A. H. Almaas 阿尔玛斯
Anderson, Chris 克里斯・安德森
Atman 宇宙灵魂，自我
Aurobindo, Sri 室利・阿罗宾多

B

Balsekar, Ramesh 拉马虚・巴尔谢卡
Barlow, John Perry 约翰・佩里・巴洛
Bhoga 博加
Block, Jerald 杰拉尔德・布洛克
Body Area Network 体域网
body scheme 身体基模
Brecht, Bertolt 贝尔托・布莱希特
Brin, Sergey 谢尔盖・布林

C

Carr, Nicholas 尼古拉斯・卡尔
Cayce, Edgar 埃德加・凯西
Chogyam Trungpa 创巴仁波切
Church, Dawson 道森・丘奇
cognitive modality 认知模态，认知情态
conceptual mind 概念心
consciousness–processing 意识处理
cranial brain 颅内脑

D

E

F

G

H

I

inner states 心态

K

U. G. Krishnamurti 克里希那穆提

Kurzweil, Raymond 雷蒙德・库兹韦尔

L

Laing, Ronald David 罗纳德・莱因

Lanier, Jaron 杰伦・拉尼尔

Lankavatara Sutra 楞伽经

Laszlo, Erwin 欧文・拉兹洛

Laurel, Brenda 布兰达・劳莱尔

lila“莱拉”游戏

Lipton, Bruce 布鲁斯・利普顿

Literacy 书面文化，文化素养

Lovelace, Ada 阿达・拉夫莱斯

Lowen, Alexander 亚历山大・洛温

M

Maharaj，Nisargadatta 尼萨加达塔・马哈拉吉

Mander, Jerry 杰里・曼德尔

Maya 心灵创造的虚幻世界

Magatti, Mauro 莫洛・马加迪

mindfulness 正念内观

mind power 心能

Minsky, Marvin 马文・明斯基

morphogenetic field theory 形态发生场理论

Morin, Edgar 埃德加・莫兰

Morozov, Evgeny 耶夫根尼・莫洛佐夫

morphic field 形态发生场

Mumford，Lewis 刘易斯・芒福德

N

Nass, Clifford 克利福德・纳斯

no–mind “无念”

non–thought 无念想

Norvig, Peter 彼德・诺维格

not being 非存在

not–knowing 不知

number crunching 数字密集运算

O

object relation 对象关系

one–pointedness 心一境性

orienting response 定向反应

Osho 奥修

P

Palmer, Helen 海伦・帕玛

Pirandello, Luigi 路伊吉・皮兰德娄

psyche 心理，心灵，精神

psychosynthesis 心理综合论

R

S

T

U

V

W

Weizenbaum, Joseph 约瑟夫·魏泽鲍姆

Wiener, Norbert 诺伯特·维纳

Wilber, Ken 肯·威尔伯

Wilson, Michael 迈克尔·威尔逊

WISPs 无线识别和传感平台

Wojcicki, Anne 安妮·沃西基

Y

Yogananda 尤迦南达

译后记

这是我第一次翻译意大利学者的著作，感慨良多：（1）意大利古老文明焕发青春，我们要学习；（2）麦克卢汉的影响广阔而深远，意大利学者深受他及其学派的影响；（3）《被数字分裂的自我》和《数据时代》相互发明、交相辉映，两位作者心灵相通；（4）德克霍夫教授在加拿大退休以后，“转战”意大利几所大学，迎来第二个学术青春。他笔耕不听、撰写新作，而且为我们引荐《自我》和《数据》，我代表中国读者向他致意。

“深圳大学传播学院媒介环境学译丛”第二辑即将付梓，希望这套丛书遵循“跨学科—多学科—大文科—新文科”的方针一路走好，为中国学术发展添砖加瓦、略尽绵力。

何道宽

于深圳大学文化产业研究院

深圳大学传媒与文化发展研究中心

2020年12月30日